念完哈佛念阿弥陀佛

陈宇廷 著

陕西新华出版 三秦出版社

果麦文化 出品

自序

这不是一本宗教的书籍，
而是介绍一位资质很普通的人，
如何通过25年的寻找，
终于找到了心性答案的故事。

我生长在一个幸福温暖的大家庭中，
生命的前28年，
我没有什么心灵方面的追求，
只是顺着现代社会的标准人生轨道，
随波逐流，
进了普林斯顿，入了投资银行；
进了哈佛MBA，入了麦肯锡。

直到父亲送了我很多西方学府的科研报告，
使我对轮回是否存在产生了巨大的怀疑。
它要么存在，要么不存在。
要是不存在，那最好，我可以照常生活；
万一存在，哪怕只有万分之一的可能，
那我的生命非得改变不可。

因为，
即使在看这一本书的每一位，
在生生世世中，
都可能做过我的父母师长、兄弟姐妹、妻子儿女……

为了找答案，我上山参加禅七（连续七天的禁语密集禅修），
意外地发现，
本来以为自己的心念、思想、情绪，
完全是在自己掌握之中，
但一静下来，脑海中，
过去未来，欢喜烦恼，如翻江倒海，根本不受控制，
才发现自己竟然并不是自己身心的主人，
我的心并不完全受自己掌控，
怎么回事？怎么办？

为了"专业"地找答案，
我出家为僧三年，
在禅宗、汉传佛法、藏传佛法中找寻修心的方法。
离开寺院后，
又自台湾，找到了大陆，
找到藏区——西藏、青海、云南，又找到了印度、尼泊尔。

我曾经追随四十多位高僧活佛学习，
生起大信心、大欢喜。
但由于自己知见不清楚，向心外求法，
也曾受了不少骗，伤了很多心，吃了很多苦，走了很多弯路。
但是，

我一直没有退转,没有停止寻找。

现在,
我终于找到了心性的答案。
体悟到禅修的关键是"觉",
只要拿到"觉"这个打开心性的钥匙,
一切智慧慈悲,本自具足!
心中充满欢喜,充满感恩。
我才知道,无上珍宝,真的是在自己的心中,不必外求;
它从来没有离开过我,
只是过去我忘了,没有认出它来。

两年前,我协助父亲,将他近30年的修行心得,
结合科学与开发觉性的方法,
发展成为一门新的综合学科——觉性科学,
在台湾的大学中,开设了正式的三年学分课程。

现在,
推广这套科学化、现代化、生活化的修行体系,
让认真寻找心性的朋友们,不必走弯路,
我们走了二三十年的路,在四五年就能到达。

这是我的愿心,也是我写这本书的动机。

目 录

第一章 童年与家庭教育 001

家 / 兄弟姐妹 / 家庭生活 / 父亲 / 母亲 / 家庭教育 / 家世 / 家世对我的影响

第二章 少年当自强 017

高中生活 / 陈家就靠我弟了 / 决定出国 / 出国读高中考大学 / 普林斯顿

第三章 哈佛MBA 025

私募基金与投资银行 / 家教传承救了我 / 申请MBA / 哈佛第一堂课 / 骄傲不起来 / 每课必须有一部分人不及格 / 辩论与朋友 / 小趣事和我在哈佛的外号

第四章 初踏修行路 037

很普通的人生追求 / 父亲以科学打开我的眼界 / 真的有轮回？ / 老和尚要我参加禅七 / 父亲的禅七经验引起我巨大的好奇 / 第一次参加禅七 / 老和尚的告诫 / 修行前最后玩一场 / 一个使我决定从军的游戏 / 当兵 / 参究儒家思想 / 上山做义工 / 参加连续四十九天的禅七 / 禅七的目的 / 出家前在麦肯锡工作时的修行

第五章　出家　　　　　　　　　　　　　　　　063

决定出家／放下／成立中台佛教学院／佛学院招生／佛学院开课／负责万人朝山法会／负责中台禅寺动土奠基大典／面对内心的烦恼／赌气想修出神通／跟随星云大师／佛光山的禅堂／开始接触藏传佛法／修行是否需要出家？／青海玉树大灌顶／慈悲心受到考验／吃素和色欲／空中的瑞相／离开中台山，修四加行／还俗与"饿七"／还俗以后／学历和修行成反比——专作厨房的大师兄见显法师／当家见坦法师／修禅定的见融法师／见能法师／见通法师／最照顾我的见先法师和见义法师

第六章　四进四出麦肯锡　　　　　　　　　　113

毕业后第一次参加麦肯锡／当兵后第二次参加麦肯锡／还俗后第三次参加麦肯锡／公益后第四次参加麦肯锡／几位留下很深印象的麦肯锡人／为什么离开麦肯锡

第七章　传统公益和护持佛法　　　　　　　　125

热情投入公益／三个小故事／尼泊尔深山寻找空行母／慈悲心的层次／基金会转向护持佛法／父亲改变了佛法的社会形象和地位／护持建设台湾的大型汉传佛教寺院／出任基金会执行长，推动护法项目／拍摄文成公主入藏之旅／班庆寺和八蚌寺／大宝法王与楚布寺成佛之道／《寻找香格里拉——大宝法王传奇》／纽西堪布仁波切／护持建设佛学院／列些林佛学院与尼泊尔小喇嘛认养计划／护持修建禅修闭关中心／桑耶青浦山的闭关行者／护持修行人：礼佛到拉萨的人／能做这么多事情，主要是由于我父亲／在生活中"保持觉性"才是修行的根本

第八章　求法　　165

求法引言／关于上师／求法简列／宗萨钦哲仁波切——印度之旅／创古仁波切与堪布卡特仁波切——第一次入藏／竹青仁波切——尼泊尔慈悲智慧之旅／咏给明就仁波切——禅修／直贡法王——问答／夏扎法王——专带闭关的大禅师／贝诺法王——印度求法之旅／土登尼玛仁波切——英国求法问苦之旅／图登诺布仁波切——年轻的长者／睡觉法王——我想建佛塔的故事／佛法不离世间觉

第九章　公益创新　　189

公益创新——解脱事业／为"解脱"而办企业／公益创投／NPP做了什么？／中国的公益发展蓝图／策略公益和世界家族公益会／唐爱益与策略公益／洛克菲勒与桥梁领导力／洛克菲勒的家族传统／给想做公益者的几点建议／下一场梦

第十章　婚姻探险之旅　　207

佛菩萨的预示／我当时的婚姻观念／大宝法王禅观／准备婚礼／有趣的结婚登记之旅／设计婚礼／婚姻誓词／婚礼流程／真正修行开始／落难陌生人之间的磨合／央金的转变／作茧自缚／自性音乐／有趣的小事——看电影的故事／心想事成／太太变成了菩萨，我怎么办？／美国严肃的夫妻生活／每年搬家的生活／烦恼即菩提／练习将婚姻中的烦恼变成禅修工具／原来烦恼的因在自身之内／央金写书的故事／"觉观烦恼"是一种自我疗愈／央金歌舞法／央金六法／女儿乐乐／菩提伴侣，共同愿心

第十一章　念完阿弥陀佛回归觉性科学　　247

要找到适合自己的修行方法／修行是一条逐渐深入的路／

烦恼真的是修行最重要的助缘／熟悉觉性／生活中的修行逐渐稳定／愿心逐渐浮现／觉性科学／将禅修科学化、现代化、生活化／根据学员需求而设计的觉性科学课程／错误的禅修观念／觉性禅修的次第／怎么知道自己修行是否正确？／随缘开始演讲和教学／教学相长／五六年可能修到什么地步？／帮助企业带给员工快乐的心愿／在北京举办觉性科学论坛／父亲开场演讲／觉性科学新知／禅修在企业领域的应用／禅修在公益文化领域的应用／实用的禅修方法／我们的心愿

附件一 一些关于学佛与修行的科学观念 301

以科学观念介绍佛法和修行／什么是"佛"？本体和"觉性之海"／什么是"佛法"？回归"觉性之海"的方法／什么是"空性"？大脑是一个调频选台器／什么是"修行"？带着"觉"融回觉性之海的过程／什么是"皈依"？／推荐阅读

附件二 破除迷信的《楞严经》五十阴魔 313

第一类：色阴结束过程中会发生的现象／第二类：受阴结束过程中会发生的现象／第三类：想阴结束过程中会发生的现象／第四类：行阴结束过程中会发生的现象／第五类：识阴结束过程中会发生的现象／佛陀的结语摘要

附件三 学员反馈与心得 329

上海学员的反馈／南宁学员的反馈／沈阳学员的反馈／成都学员的反馈／北京学员的反馈／昆明学员的反馈／广州学员的反馈

感　谢 343

第一章　童年与家庭教育

家／兄弟姐妹／家庭生活
父亲／母亲／家庭教育
家世／家世对我的影响

我的家

1964年10月11日，我出生在纽约市的哥伦比亚大学长老教会医院。那时候我母亲在哥伦比亚大学读微生物博士，父亲在纽约大学库兰特数学研究所读数学博士。

出生不到两个月，爷爷得了肝癌，父母带我回国陪爷爷。爷爷过世后，把我留下来陪奶奶，一年多之后回到纽约。

据说我小时候非常聪明，一岁多就会背很多唐诗。不过后来有一次奔跑时撞到柱子，一半的脸都成了黑青色，我想大概是从那个时候起就变笨了很多。

哥伦比亚大学紧邻哈林区，但为了母亲上学方便，我们住在她学校旁边的一栋简单公寓里，每天父亲坐地铁到纽约市的南边去上课。哈林区是相当危险的贫民窟，到今天我还记得，有一次从窗口看到小偷从天井的防火梯爬进对面人家，有人报警之后，来了一个肥胖的警察，他一面爬，一面发抖，我好奇地偷偷看着。

我回到美国，不会英文，不喜欢上幼稚园，也没有朋友，总是一个人躲在教室最后面和天竺鼠玩。去公园的时候，老师总是担心我落后走丢。最深的印象，是一次上厕所时，没有卫生纸，又有人把灯关了，我一个人在黑暗中，不知道该怎么办，坐在马桶上很久很久。

到5岁多的时候，蒋中正先生和蒋经国先生希望我父亲回台湾工作，让王永庆先生出面请他做明志工专——现在的明志大学——的校长，是台湾最年轻的校长。

我小学在复兴小学，是一个明星小学，有点儿像现在的北京四中，学生读书成绩都特别好，多半家境也比较好。

刚回国时我们住在信义路我爷爷的公馆里，院子很大，还有假山和防空洞。后来没多久，这个老房子被拆掉了，那块地方后来做成了纪念蒋中正先生的中正纪念堂。我们就搬到了仁爱路三段120号，在空军总部的正对面，地点有点像是在北京长安街的正中心地带。房子大概900平米，占地大约1500平米。

原来全家和奶奶一起住在一栋房子里。奶奶的房子楼下是大客厅、大饭厅、小饭厅、一个书房，还有厨房跟地下室；楼上是奶奶的卧室、会客房，父母房，我和弟弟一间，还有一间是照顾奶奶的老家人住的。

后来孩子多了，把车库上面加盖了大约150平米，父母和我们五个孩子住。三间卧室，一间小客厅，一间小厨房。三间卧室父母住一间，我和我二弟住一间，三个小的弟弟妹妹住一间。楼下车库后面还有工作人员吃饭和住宿的地方。

我的兄弟姐妹

我二弟陈宇铭，1967年出生，比我小两岁半。我出国以后，强烈建议他也出来读书。他大学读了华顿商学院的一个特殊课程，在四年内同时拿到华顿商学院大学部以及电机工程部的双重学士。毕业后去摩根士丹利做了一段时间投行以及医疗方面的创投基金，后来又进了哈佛法律学院，拿到法律博士。哈佛毕业之后，回台湾参加了很多次禅七，决定去佛光山佛学院，读了一段时间，然后在我们的陈诚文教基金会任职，做了非常多的慈善公益项目。

他是一位谦谦的儒家君子，很善良，对自己要求很严，朋友很多。那时还办了许多民间书院，在台湾推广中华文化和儿童读诵四书五经。同时组织了很多朝圣团，到尼泊尔圣地向许多高僧活佛求法，在那里支持和创建了许多公益慈善项目。

后来有一天，他突然不见了，再出现的时候我们才知道他一个人去了美国，在一个山里闭关。相当长的一段时间，就一个人过着。中间没钱了就跑出来打零工、擦窗、洗车，赚点钱又回去闭关，直到大概2004年，他才又开始出来做些事业，住在旧金山一带，从事房地产和能源方面的交易，同时担任好几家公司的财务长。

他喜欢禅修闭关，在山头上买了一栋巨大的别墅和一栋客人住的房子，从门口开车到主房子要好几分钟时间。2013年，他事业的因缘突然成熟了，在加州开展了几个大型旅游房地产项目，又被邀请参加成了一家大型投资基金的合伙人，同时出任几家公司总裁，包括一家他投资多年的高科技飞机公司的CEO，有多项美国国防部委托研发的独特旋翼直升机技术，和国内企业合作生产。他最大的心愿是早日放下一切去闭关修行。

我三弟陈宇慷，比我小七岁，也在我的建议下出国读书，申请进了明星学校——圣保罗初中和高中，所以英文特别好，打橄榄球，体格强壮，到今天仍常跑铁人三项。他是标准的老三性格，特别和善，总是在照顾别人、帮别人忙，男孩女孩都喜欢他，朋友满天下。后来进了麻省理工学院，毕业之后回到台湾跟朋友一起做了一家拍摄电影和电视广告的公司，一直到今天，做得非常成功。他是一个超级稳重、温暖的好先生、好爸爸，和青梅竹马，同年同月同日生的程思聆女士结婚，幸福美满，两人从来没吵过架，生有四个孩子，最大的已经上初中了。

老四是妹妹，叫陈宇慧。她跟我们几个哥哥不一样，她遗传了父亲的头脑跟智商，还有母亲的特强的记忆能力。她在台湾读复兴小学、初中，之后考进师大附中。在我记忆中，她永远都是全校第一名，只有一次可能考了第二名，回家大哭，我们劝了好久。她也不是总在读书，只是脑筋特别好。

师大附中读完之后，她托福成绩是当时台湾最高分，申请进了麻省理工学院，毕业之后，大多时间住在香港，在摩根大通等银行、投行工作。

最不可思议的是，她一边做投行，一边生了五个小孩，一边还写了四部畅销武侠小说，一共三四百万字，非常出名，被两岸三地誉为"女金庸"。我们几个哥哥们，总会说这是因为我们从小带她看武侠小说的原因！

我三弟和四妹也是麻省理工学院佛学社的创始人，帮助很多人接触了佛法。他们也看了很多佛书，参加了很多法会和禅修。我妹妹几乎会背诵整部《金刚经》，她写的第二套武侠小说叫做《灵剑》，把很多神通的境界和修行感觉融会在了一起。金庸的小说也曾涉猎过一部分这方面内容，但我觉得没有到我妹妹写的这个深度，而且她是一位有正见的修行人，所以她写得很通俗易懂又有趣，又不失正确的见解。虽然我妹妹没有像其他几个兄弟这样投入佛教修行，但是通过她的武侠小说，把那些特别好的观念，用一般人容易接受的方式表达出来，我觉得非常了不起，兄弟们都没有她的这个头脑。

老五是弟弟，陈宇全，比我小14岁，他开始懂事的时候，全家都开始学佛了，所以他很小就接触了佛法。他很特别——在读初中高中的时候，校长和训导主任就常常会跟他聊，商量怎么去帮助那些不良少年学生，因为他总是善于倾听，而且总是真心地帮助别人，他也很照顾一些不良少年，他说这些人主要是内心很苦，通常是家里有问题，如果真正感同身受地去帮助他们，跟他们交朋友其实很容易，就这样，校长和训导主任都搞不定的流氓学生很多都成了他的朋友。

他读完初中，看到我们都从国外留学回来，拿了很好的学历，在很多人羡慕的跨国金融顾问企业中工作，就说，我觉得哥哥姐姐们没有找到人生真正的意义，修行并没有成就，如果读了那么多书，花了那么多工夫也还没找到，我干吗也要去走那么一圈？他就跟我父母说要去读佛学院，不要走哥哥姐姐的路。所以他初中毕业就去读了佛光山佛学院。

后来他去西藏学藏文，又去尼泊尔求法。1997年，他在尼泊尔跟随创古仁波切出家，出家后留在尼泊尔的佛学院继续读书，拿到了"堪布"的学位，相当于佛学教授的资格，我们现在都称他为堪布罗卓丹杰。他的藏文非常流利，现在是第十七世大宝法王最主要的中文翻译，也可以说是大宝法王最好的朋友和弟子之一。为了更了解世界、帮助更多人，他正在台湾大学进修EMBA。他常在台湾、香港和东南亚各地巡回教学，也帮一些藏传大师们翻译。他的教学特别现代又平易近人，而且配合影视、音乐、PowerPoint的现代工具教学，极受欢迎，学生非常多。

我的家庭生活

仁爱路的大房子里人很多。印象中家里有三位司机、两位厨师、两位端饭洗盘子的、三位保姆、两位照顾我奶奶的老阿姨，还有一位看着我父亲他们长大的老家人，是我爷爷的副官，是我们孩子们最怀念的一位老家人。门卫那边还有大概一中队的兵，轮流守卫。

我是在这样一个环境里长大的，我们从小觉得有好多家人。有些家庭把帮忙的家人当佣人，有的还规定佣人见到主人一定要弯下腰来，讲排场，讲尊卑，我就觉得很不习惯，去那样的家里做客就会觉得很奇怪、很拘谨，觉得好像什么地方不对。如果是在电影里，他们的生活可能是让人羡慕的，但是我还是觉得我这样和家人一起的感觉比较自在。

后来年纪大了些，尤其是开始学佛以后，就更加清楚，我们孩子们享受的这一切，其实都是我爷爷早年为国家付出的恩荫，他经历北伐和抗日战争的枪林弹雨，身上还有子弹孔。别人尊敬我们，是因为我爷爷在台湾实践了和平的土地改革，让全台湾的佃农们都有了自己的土地，让很多地主们投入了工商业界，成为今日的许多大企业家族。1949年，他将台湾安定下来，为保留中华文化做出了很大贡献。

我爷爷为台湾做了很多事情，工作一直累到胃出血，最后肝癌过世，真的是鞠躬尽瘁了。所以我们能得到这么多人的照顾，其实是爷爷的功德和福报，不是我们的。小的时候搞不清楚这点，糊里糊涂的，只是觉得在一个大家庭里，人很多很热闹开心，有叔叔伯伯阿姨一堆人在照顾。但是长大之后慢慢发现，这不是我的，我何德何能，它是在消我的福报，我不应该去承受这些福报。

我父亲做"国防部长"的时候，有一连真枪实弹的兵照顾我们，我们家院子围墙有很大两扇铁门，进门时总有卫士会帮着开门，后来我们就自己带着钥匙，停了车自己从侧门进去开大铁门，然后把车开进去停好，之后再自己关门，不让那些卫士为我们服务。

有一次玩到深夜很晚回家，我们把车开到门口，不想打扰卫兵，又刚好忘了带钥匙，我就爬墙进去，爬到墙头一看卫兵拿枪对着我，我吓一跳，他也吓一跳，还好他没开枪，要不然"国防部长"的儿子就在自己家围墙上被打死了。

我们在那里一直住到1994年。虽然房子是我们的，但土地早年都是国家的，我们一直没想到要变更名目占为己有，也没有想到把地买下来。那段时间我父亲开始学佛，做了大量的捐献、布施、供养，把家中所有的古董、字画、礼品等都捐了。而这时那块地的地价也贵到我们买不起的地步了，他就跟我们说，这个地上的房子是我们的，但地是属于公家的，父亲和姑姑叔叔们就决定把这整个地方捐给国家做公益。

我们捐出去之后，房子做了一些整修变成了"副总统官邸"，后来有一位"副总统"住了，之后那个地方就空着了。当时我们捐出来是希望它能做一些有意义的公益用途，没有想到还是别人在住。

后来有一个好笑的插曲，大概2011年，"国防部"又回来找我父亲，说我们当年办理捐献的所有相关文件全弄丢了，房子居然没有过户，还是我们的，那位"副总统"等于是没付租金，免费在我们家住了好多年！

长辈们得知这个消息，觉得简直是在开玩笑。我那时就建议我们不要捐了，应该拿回来作为陈诚基金会，做社会公益。父亲和姑姑叔叔们商量，都同意捐了就捐了。其实父亲的兄弟姐妹们也都不是很有钱，多半都是教授、学者、工程师，但是大家还是觉得捐了会比较符合我爷爷奶奶一辈子的心愿。我父亲在2012年办完了捐赠手续后，笑着说："没想到捐一栋房子花了十八年！"

我爷爷交待的后事很简单："诚死火葬，以不占地为原则。"但蒋中正为了纪念他，在台湾泰山建设了一个几千亩的纪念墓园。大约1991年，我父亲将爷爷的墓园也捐作了国家公园，将爷爷奶奶的骨灰灵位送到了佛光山。灵位在那里放了一段时间，现在暂放在辞修高中纪念我爷爷的一间小屋中，希望有一天能回到大陆。

我父亲捐掉仁爱路大房子之后，租了一个大约150多平米的公寓，直到2009年，我二弟、三弟、四妹一起以贷款方式，帮我父母买了一个大概180平米的公寓，在台北我三弟家附近，因此他和弟妹可以方便照顾父母。父母住在那里很方便，去书店和超市都可以走路，有时候乘坐出租车、捷运，生活很自在。

我的父亲

我的一生中对我影响最大的就是我的父亲。

他成长于抗日战争年代，他告诉我们，他的父亲和周围的人，每天谈的都是民族大义，没有哪一个人是在为自己的利益着想。他是在那样的一个氛围中长大的，也养成了凡事从国家民族的角度考虑问题的习惯。

爷爷是一位大将军，也是一位儒者。从小父亲就在一个儒家思想的环境中长大，学习四维八德。诚意，正心，修身，齐家，治国，平天下。

还有"知止而后有定，定而后能静，静而后能安，安而后能虑，虑而后能得"。一个中国读书人应有的抱负是："为天地立心，为生民立命，为往圣继绝学，为万世开太平"。

他高中出国，后来读麻省理工学院电机系。在他那个年代，应该是全大学部唯一一位台湾去的学生。电机系大概200个学生，他是其中一位。之后又去读纽约大学的库兰特数学研究所，拿到数学博士。库兰特研究所一直是美国排名第一的应用数学研究所，早年由一群为逃避希特勒统治而到了纽约的德国犹太教授所建立，出了非常多的人才跟大奖得主。我父亲的同班同学里就有很多位担任过伯克莱大学、哥伦比亚大学和其他大学的数学系主任。

之后他受两位蒋先生的邀请，回到台湾，在教育界服务，从校长进入"教育部"，成为"教育部副部长"，其间建立了台湾的专科职业教育体系以及台湾国立科技大学。之后他进入政界，历任国民党"组工会主任"、"副秘书长"、"科技部长"、"经济部长"、"国防部长"、"监察院长"。可以说是亚洲少数有教育、外交、情治、科技、经济、国防、监察经验的政治家，也是台湾七十年代到九十年代末期的政治经济的主要推手。

印象中，那时候父亲非常忙碌，总在工作，谈的话题都是"国家大事"。他为社会国家所做的贡献，我们从小耳濡目染，虽然对我们有相当大的教育功能，但也给我不少压力，觉得自己永远不可能像他一样，以下简谈一些他做的事，可以感受到我们这一代承受的期待和压力。

由于父亲的判断力超强，记忆更好，人缘好、人脉广，加上超强的执行力，因此总是临危受命，负责推动最重要的改革和创新。

当台湾这个没资源的小岛大量需要人才时，他被延请进入"教育部"，建立了台湾的职业教育体系，创办了台湾科技大学，成为"教育部副部长"。

当美国和台湾断绝外交关系，台湾人心惶惶时，他被任命为"组工会主任"，推动政治和政党改革。

当台湾经济需要升级时，他又被任命为"科技部长"，推动台湾高科技发展，包括现在最知名的新竹科学园区。他接手时只有7家摇摇欲坠的公司，现在成了台湾经济发展的火车头。

当台币被美国逼得快速升值了40%，大量企业面临危机时，他被任命为"经济部长"，成功地帮助大量的台湾企业升级转型。

当台湾的安定成为最重要的主题时，他又被任命为"国防部长"，负责将军事升级现代化。

当台湾富裕了，人心浮躁不安时，他又被任命为"监察院长"，整顿公务人员纪律。他代表着政府清廉的形象，在全台湾演讲五百多场，推动禅修净化人心。

1996年大选，他希望以身作则，建立一个清廉的选贤与能的机制。他很忧心，如果领导人没有兼顾能力与道德，会成为台湾全民的灾难。

之后他离开了政坛，全心投入社会公益和佛法修行。在将近三十年的修行生涯中，他博览经教，向四五十位大修行人学习了各种深入的禅修方法，投入很多年的时间大闭关禅修，对心性和觉性有很深的体悟。这些精彩的故事，且容我在后面的章节中再详述。

父亲不只养我、教育我，还以身作则，树立了人生榜样。他带了我入佛门，教了我修行方法，甚至引领我认识觉性、熟悉觉性、深入觉性。他不只是我的父亲，也是我的导师，甚至可以说是上师。我时常想，不晓得我上辈子积了什么德，能有这样完美的爸爸。

他今年76岁，或许由于禅修功夫很深，看起来很年轻，精力比我还旺盛，头脑更是比我灵敏千倍。他年初告诉我："年龄是心理作用，人心不老，人就不会老，从现在起，我要把自己当成38岁，你也该把自己看成24岁，我要开始重新活出一个新的人生，总结我30年来的禅修经历，推广'觉性科学'，帮助中国，帮助人类。"

他说现在是他"第三个人生"的开始。他的政治生涯是他的第一个人生；他的学佛修行是第二个人生；现在推广"觉性科学"，是第三个人生的开始。我常觉得，人一生能活出三个人生来，是一件很美妙圆满有趣的事。76岁仍有赤子之心，乐观积极地利益众生，更是一件极为快乐的事。

不过，现在我父亲已经不是我一个人的父亲了，也不只是我们一家人的父亲，而是一位大家的大爸爸，关怀着所有的人。

近年来我投入很多时间协助父亲完成他的心愿。他正在用非宗教化的方法，把禅修科学化、现代化、生活化，帮助想学的人很有效率地学到正确的知识，在生活中尽快应用，很快便能达到身心健康快乐。也想帮助已经修行多年，但是摸不到路的朋友们，能够体验到心性的实相。

有如此的父亲，又有这样的机会日夜一起工作，实在是非常幸福的。

我的母亲

我母亲的父亲是位人格深受尊敬的老一辈银行家。他早年是中国农业银行的上海总经理，当时农业银行是中国四大发钞银行之一。后来去了香港，做华人银行董事长，兼海外信托银行的副董事长。外公人称"银行医生"，因为他正直诚恳，乐于助人，是一位谦谦君子，而且还有将面临危机的银行挽救回来的特殊专业能力。

抗战时，母亲的母亲带了孩子们从上海到香港，她还记得出发时有三艘大邮轮，但只有一艘到了，另外两艘被日机击沉，在火海中，伴随着人们的惨叫，沉入水中。

母亲在香港长大，受很严格的英式女子教育长大，英文非常流利。我时常提到我父亲的理解力和智商是非常高的，但我母亲的记忆力也超强，可以说是过目不忘，我们兄弟几个好像都没遗传到这点，理解力和记忆力跟他们两个人都相差很远。

我母亲特别好学。在我从小的记忆里，每天晚上10点多11点，母亲把我们哄睡了之后，就一个人坐在书桌前，在一盏小小的灯下面读书。她不只英文好、中文好、广东话好，还会法文、日文，后来还学了台语，学了珠宝鉴赏、陶艺、花艺等。她总是在用功读书，甚至到凌晨一两点钟，时常就在桌前睡着了，没多久眼睛睁开，又继续学习。除了学习之外，其他时候当然就是照顾我们，她是一个非常温暖的妈妈。

我母亲是一个非常有气质的中国女性，在台湾几乎所有见过我母亲的人都这么说。即使现在母亲75岁了，新遇到她的人，仍总会说，你母亲气质怎么这么好？她年轻的时候，是一位古典中国美女，有不少传统文化杂志会请她做封面模特儿。

她当初在美国读的是韦斯利大学，也就是宋美龄女士读书时的著名女子大学，她在韦斯利大学三年级时就嫁给了我父亲。毕业之后到纽约哥伦比亚大学读微生物系，拿了硕士，攻博士，在洛克菲勒大学做生物研究。

后来妈妈生了我和二弟宇铭，占去了她很多时间和精力。1970年她决定跟着我父亲回台湾，从此她一直扮演着相夫教子的角色，一直到我父亲退休以后，她才开始自己出来做了一个中国女工的工作坊，专门推广中国母亲的艺术，还做了一个母亲的艺术协会，项目包括花艺、茶艺、针织，她花了很多工夫把这些中国传统艺术现代化，让这些传统手艺能在生活中使用，并且传承下来，让很多现代的妈妈们、太太们、年轻的女性开始学习针织。她常说手工针织最容易帮助女性安静下来，女人的心一静下来，尊贵、恬雅、温柔、贤淑这些气质，就会自然显现出来。二十多年来，她一直在做这件事。

家庭教育

在成长过程中，父母亲从来没有对我们的课业提过很多要求，没说过一定要考什么分，一定要学什么东西，一定要读什么系。母亲会陪我们做功课，也会请家庭教师，但并没有特别在乎我们的成绩。我印象中，考得特别好没被表扬过，考得不好也没被骂过。

很小的时候父亲有时间陪我们，后来大部分时间他都在工作，偶然周末或者下班回来会和我们打篮球，也不会对我们的生活有太多过问和干涉。奶奶还在时，晚上睡前去和奶奶说晚安，吃饭大人一桌、小孩一桌，上初中的，才能坐大人桌。在家可以说是大人们过大人们的生活，小孩子在过小孩子的生活。

父母在孩子面前基本不谈公事，尤其从来不谈人的是非，不谈这个叔叔好那个叔叔不好,这个伯伯怎么样,那个阿姨怎么样,谁穿得怎么样,谁吃得怎么样,谁有钱,谁没钱,他们不谈这种事。只是问问我们的学校在做什么,课业怎样之类的事情。年纪大一点之后,父亲会跟我谈谈一些国家的大事,和他在做的一些事情。记得有一次他问我学生闹学运,我会怎么做。我说我会把美国最出名的歌手们请来,天天开音乐会、办Party,就没人去闹事了。他微笑着听了。

后来我了解到,我家这个氛围跟我爷爷的教育有关系,连年的战乱与烦杂的国事使我爷爷脾气变得很大,我奶奶和他结婚时就说,你回家在孩子面前永远不准发脾气,他真的就做到了,不管在外面多辛苦,不管战争、国家建设的压力有多大,我爷爷只要一回到家,就自动开心起来了,他们更从来不讲张家长李家短的闲话,也不让小孩子讲别人的闲话。他们对我父亲的教育也是没有打骂,永远非常温柔。

不过,我觉得最关键的一点,还是父母以身作则的力量。我父亲成长的过程中,其实很少见到我爷爷,我爷爷永远在外面打仗、处理"国家大事",他身上的那种正气,是自然而然地传达给周围的人的,所以父亲从小就知道那是一个榜样,为国为民是正确、该做的,我父亲对我们也是一样。

也因此,我们几兄弟都不太懂得利益交换,更不太会为自己谋利益,在我们的教育中没有受过这方面的训练。年轻时听父母谈的都是国家,之后就是佛法。考虑的是如何利益众生,怎样能让更多人认识真正的佛法,怎样学习,怎样推广。我们能和志同道合的伙伴做事业,但对怎么自己多分些钱一直糊里糊涂,所以兄弟姐妹生活都不错,但也都不特别富有。

我有些朋友来自商业家庭,高中时他们就跟我讲,他父亲从小就教他怎么用人,说你周围所有人以后都是你的手下,你要知道怎么用他们,怎样让他们为你做事,帮你赚钱。同时,你要能知道别人身上有哪些点是能为你所用的。听了这些话之后我全身都觉得很不舒服,我觉得人与人之间不应该是这样一种上下尊卑的关系,大家都应该是一群朋友。

家世

如果自我奶奶的祖上算起，到我父亲已经是第五代政治世家了。

我的奶奶谭祥女士，是清末民初湖南的大家闺秀。她的祖父（我的太外公）谭钟骥先生是一位儒者，满清末年重臣。曾担任过很多重要的职位，政绩卓著。他是咸丰六年（1856）进士，曾任陕西巡抚、浙江巡抚、陕甘总督、闽浙总督、两广总督、吏部尚书、工部尚书、兵部尚书、北洋大臣。和李鸿章同期等同为九位封疆大臣之一，平定了孙中山先生的第一次广州起义。

她的父亲（我的曾外公）谭延闿先生，也是清末进士，最后一批觐见慈禧太后的。曾经三次担任湖南都督，但却和孙中山先生一起革命，推翻了满清政府，并成为中华民国主席（相当于总统）。1930年病逝，葬于南京中山陵旁，蒋中正先生为其墓碑题词。

他们的一生都相当传奇和精彩，都是动荡时代中，为国家民族做了很多事的人。但由于刚好处于几次大的改朝换代时期，使他们成了"前朝人物"，知道的人不多了。世间无常，生死轮回，本来如此，想到清朝《顺治皇帝赞僧诗》："禹开九州汤放桀，秦吞六国汉登基，古来多少英雄汉，南北山头卧土泥。"

不过，他们不只是位高权重的大官，而且是代表中华传统文化的人物，都是一生正直清廉、为国为民、文才武略兼修的儒者。

他们的事迹，已经成为历史，像一场梦一样过去了，但是他们的精神，却依然影响着我们后辈。

家世对我的影响

印象中，父母从来没有对我们说教，但他们为人处世的态度自然会影响我们，让我们有一颗平常心，不会有那种觉得自己很了不起的分别心。他们的身教除了为人处世的态度之外，还有他们对国家和社会所做的事情给我们后代带来的影响。我现在还记得小学一二年级时，就总有同学看着我指指点点。很多人一提到爷爷陈诚的名字，就会跷起大拇指。不只是同学，连老师们都一样。我常听到，"哪一个是陈诚的孙子？"小时候并不懂爷爷为国家做了这么多的贡献，但总是觉得长大了不能丢他的脸。

印象最深的是连上厕所排队的时候，别的孩子会问："你是陈诚的孙子啊？他是一个很伟大很伟大的伟人啊！"也总会有人问我："你是陈诚的孙子，那你长大以后要做什么？"那时我是小孩子，什么都不懂，还要去问别人"伟人"是什么。犯错的时候，老师也会经常讲："作为你爷爷的孙子，你不能太丢脸了，这种事你怎么能做得出来？"所以我就会对自己有很强的约束，不需要别人来要求。

现在我自己当父亲了，兄弟姐妹们也都为人父母了，更感觉身教比言传和其他教育形式都重要。想想看，如果一个人自己总是想着钱，想着心机斗争，跟太太总是讲是非闲话，小孩们学到的肯定就是这些。如果每天想的就是吃喝玩乐，回家就谈打球玩乐、时髦流行，小孩子就会觉得吃喝玩乐是人生最重要的。等到有一天你再来教育他，说做人、读书最重要，他根本不理你，因为你的身教已经在他小小的脑海里留下烙印了。所以，在真正为人父母之前，一定要调整好自己的状态，等当了父母之后再在孩子面前装好人是来不及的，因为装是装不像的，一不小心就会犯错，孩子就都学去了。

我回头看时，觉得自己真是挺有福气的，能够投抬投到这样一个家庭里，我们几个兄弟姐妹读书、做事、做人不论怎样，至少都是很正派的人，这个不是父母教出来的，是他们以身作则带出来的。

我爷爷和父亲还留下一点比较特别的身教，就是不讲心机。我爷爷人如其名，他名叫陈诚，人也是诚实、诚信、诚恳，他解决问题都是凭认真和晓以大义，国家民族永远第一，他一生一直如此。这也是为什么即使是敌人，包括共产党周恩来总理都很尊重他，和他成了很好的朋友。

在台湾有很长一段时间老百姓都把他叫做陈诚伯，没有叫他"副总统"、"行政院长"、"总理"，这表示大家对他非常尊敬和热爱，甚至中南部有很多人会把他供在家里的佛堂上。他立身的"正"，就对我们形成了自然的约束力，让我们朝正大光明的方向学习。

看我爷爷和父亲的传记，都会有一种感觉，他们心中没有《厚黑学》之类的东西，没有鬼谷子的心机之术，不以政治的黑暗面规则去做事，他们一直用"正大光明"之心推动国事。如果需要统合不同类型的人，父亲教我们第一件事是放下自我，然后去了解每一种人，看他们需要什么，再想你怎样能够给他所需要的，这样，你就能把事情推动起来了。在成事的过程中，最重要一点是"无我利他"，没有自我，不去想自我利益，而是要照顾到别人的需求和利益。我们都习惯在这样一个没有心机的环境里，为了国家人类这样的目标去做事。

这样的成长环境，是我觉得比较特别的地方，我很幸运生在这样的一个家庭中。

第二章　少年当自强

高中生活／陈家就靠我弟了
决定出国／出国读高中考大学
普林斯顿

高中生活

我高中联考考进了成功高中，是当时男子学校的第三名，也是我的第三志愿。我父亲他们都是师大附中毕业的，我只进了成功高中，觉得非常难过，其实我只差一分就可以进师大附中。

那时候我很不喜欢读书，把大部分时间都花在课外活动，网球、游泳、篮球、吉他，都是年轻人喜欢做的事情，虽然也都是健康的活动，但我功课就非常差了。高一升高二，高二升高三都在留级的边缘，十几科里有三四科不及格就要留级，我每次都是刚好勉强过关。到快要考大学的时候，我对前途就很迷茫了。在台湾考大学全凭本事，没有任何人情可说。

回头想起来，从小学到初中，最兴奋的时候就是每学期刚开学发课本的那几天，我回到家里就会一口气把很多课本都看完，像是历史、地理、国文、生物，等等。上课时就会觉得很烦、很无聊。所以说我不喜欢读书并不是不喜欢知识，而是不喜欢那种填鸭式的教育，但社会又要求你非这样做不可，这就让我很烦，变成了个"坏学生"。

陈家就靠我弟了

有一件事我印象很深刻，一天我二弟陈宇铭来找我说："爸爸跟我说了一句很奇怪的话。"我问他是什么，他说："爸爸说大概以后陈家就靠我了。但是你不是老大吗？怎么会说靠我了呢？"我听得懂是什么意思，觉得极度丢脸。

其实我父亲从来也没批评过我什么，只是我太不上进了，要大学联考了也不特别准备，有点儿放弃课业的感觉，他觉得这样不行，但也没有去逼我，觉得不读就算了,就指望老二吧。

当时我父亲的很多朋友的孩子都在读台北美国学校或出国留学了,上了哈佛、耶鲁之类的一流大学,在一起吃饭聊天的时候,谈到会讲几国语言之类的问题,我都很脸红,他们可能会讲英文、中文、日文,还有法文、西班牙文,我就只会国语,而且讲得还不是特别好。

决定出国

人生经常会有一些特别的因缘。

1980年,我的外祖父去美国做心脏病手术,结果很不幸过世了。我们到香港参加他的葬礼,当时的场景让我印象很深,我们所有孝子孝女都跪在灵堂前面。

外祖父当时是华人银行董事长,来的人非常多,但是拜完了之后聊的都是"周末去打球怎么样……好啊好啊……我们约谁一起去好呢……"张家长李家短,诸如此类的内容,我当时就开始想,什么是朋友?人的生死、名声这些东西到底是干什么的,搞不清楚。

那次葬礼期间,母亲住在芝加哥的姐姐也来了。大概母亲对我前途也很担心,和她提起,她说那里有一个公立高中叫做Glenbrook South很不错,如果我想出国读书,读完高二以后,可以去她那里住。我基本上当场就决定要去了,开始认真了解怎样才能进美国最好的大学。

我发现要进美国最好的大学,除了成绩需要非常好,还要参加很多课外活动,有很多课业以外的能力和成就,还有和人相处的能力,就是要很全面才行。回到台湾以后我就向我父亲请求要到美国去读书,我当时高三上学期读了一点点,我就跟父亲说能不能不要在成功高中读完高三再出国,而是放我几个月的假(九月到来年二月),我到美国去重新读高二下学期。这样我就有差不多五个多月的时间,可以做自己想做的事,我保证去美国之后会认真读书,我父亲就说好,愿意帮我安排。

我把自己那几个月的时间排得非常满,每天早上5点多,天还没亮就起来,一直到晚上12点以后才睡。一早起来我先练跆拳道，父亲请了一位以前的国家队教练来教我，早上先去国父纪念馆跑步，跑完步练各式各样的拉筋、踢腿，我记得最辛苦的是踢国父纪念馆前面的那些棕榈树，踢沙包不难，踢棕榈树就痛得不得了，拉筋也痛，但每天就这样撑着，我一定要在去美国之前考到黑带。

跆拳之后去练网球，也是要打出成绩，因为我知道美国很看重这些方面的成果，一次比赛后我在台湾16岁组双打第五名，当时水准不是很高，所以拿个第五名也没什么了不起，不过起码算是个像样的成绩。我也很努力去把桥牌、围棋练到一定的程度，同时每天练书法，印象中总是练到手累得发抖，不过也可能是运动过度。后来申请每一个学校的时候，我都会写一幅篆书，用很好的筒子装好，和我的申请表一起寄去，都是相当有水准的作品。

当然还有拼命补英文，每天至少有三四个小时吧。还拼命练高尔夫球，希望能够打到70多杆的成绩，不过后来最好的一次也大概只打了79杆，就没办法再好了，因为练习的时间实在不够。另外还练过一段时间吉他，可以自弹自唱一些曲子。其实，所有这些活动里，我除了对打网球和弹吉他多一点兴趣之外，其他那些真的是为了达到承诺，对我父亲的承诺，为了进一个好学校而做的努力。

出国读高中考大学

到了美国之后，我几乎再没有拿过A以下的成绩，一直到进了研究院才放松下来。这当然是拼到很累才能做到的，多年后梦中仍常梦到考试答不出来急得满头大汗。我读的公立高中是个以白人为主的世界，没有什么东方人，黑人更少。我代表学校参加网球比赛的时候还带着字典背单词，大家都觉得我是一个东方来的老土，人家在开心地谈男女朋友、谈电视节目、谈吃喝玩乐，我拿着字典背单词，显然是个书呆子。不过还好我有跆拳黑带，还特意在学校表演了耍双节棍，所以也没什么人敢嘲笑或欺负我。

不过在很多需要大家合作的课程上，我就辛苦了。同学们不愿意跟我这样一个土土的中国人在一起,三四个人一起做作业的时候就没人理我,我只能自己完成这些别人几个人一起做的功课。还有几次上课的时候,老师以为我在看课外读物,把我的字典没收了,害得我一节课什么都听不懂,课后去找老师解释,老师才笑着把字典还给我。但是老师们也真的把我当成一个很特别的学生,因为我非常努力,比所有美国同学都认真。因为我脑筋并不比大家好,只能靠努力。

那段时间,整个人是有一种"精神"的,觉得人生很短,一定要好好利用,不让时间空过。我把每天都排得很满,除了课业就是运动,没有任何人逼我。那时候电话费很贵,父亲几乎没有给我打过电话,母亲偶尔写信,也极少打电话。读了一年半之后,觉得申请学校有希望,我就开始联络让二弟陈宇铭也过来,跟我住一起读书,他跟我在芝加哥一起住了半年,后来他进了华顿商学院,又拿了哈佛法律博士。

快要开始申请学校的时候,我发现在美国大学也要求考一些试,像是SAT,当时只考数学跟英文两科,满分都是800。另外还有ACT,考一些物理化学之类的科目,但最重要的就是这个SAT。数学我当然考得不错,总能有接近满分的成绩,但第一次考英文我就傻掉了,满分800我考了260,基本上是小学程度吧,要进个好大学一点戏都没有。

我只好开始拼了,在三四个月之内考了四次,第一次260,第二次400,第三次一样又是400,我大哭了一场,觉得彻底完了,人生要毁了。最后我说一定要再去考一场,结果考前生了重病,那几天我的两个表弟都去参加夏令营,我阿姨在一家医药公司上班,姨爹在开一个餐厅,所以白天没人在家,我生着重病,还拿着生字卡在背,想吃东西只能从楼上四肢着地爬下楼,结果楼梯爬到一半就昏倒了,醒来看见生字卡散得到处都是,捡起来继续往下爬,从冰箱里拿了牛奶喝,爬回去继续背,心里想的就是拼死也要考过去,结果这次考了个520,也不是一个很了不起的分数,但至少超过500就有一丝机会能进顶级学校了。

我申请了三十多个大学,基本上只要是好学校我都申请。那时没有计算机,每个学校问的问题都不同,全都要分别用打字机打好,所以我申请学校花了很多工夫。普林斯顿大学、哈佛大学和别的几个学校都派人来做过面试。我记得普林斯顿大学来面试的人看我在台湾的成绩单里有很多F，他就笑着问我这个F是什么东西，我也笑着说，"F就是F，不是fantastic！"他听了大笑。他走的时候说："我们给你这次面试是觉得你很奇怪，你之前是那么烂的一个学生，来美国上这么一个不错的公立高中，一直都拿A，四个老师给你写的推荐信也都一致赞叹。"我没有找名人或大人物推荐，找的都是学校的老师，好像还有一个台湾的朋友，老师们都说我是他们遇到过的不是最聪明的，但是是最努力的学生。最后，普林斯顿就说："可能会给你个机会，看看我们的名额到时候再说。"

之后，收到的大部分都是拒绝信Rejection Letter。哈佛的第一句话就是"感谢你申请了我们学校……但是，很遗憾的，我们必须……"，然后是耶鲁寄来了，也一样，再后来是伯克莱、麻省理工学院，当时很难过，因为最想进的是麻省理工学院。记得每次一看到"但是"两个字，就全身发麻。

普林斯顿

我就这样天天盼着等着，终于等到了普林斯顿录取信Offer。也收到一些其他学校的录取信，我记得还有哥伦比亚、康奈尔、芝加哥等十几所，但是最好的就是普林斯顿了。

普林斯顿大学在那几年中，连续都是全美国排名第一的大学。哈佛、耶鲁、斯坦福都排在后面，收了我我也挺意外的。不管如何，至少进了一个好学校，达到了初步的目标。去普林斯顿大学之前的最后一个暑假回台湾，别人总会问我要去哪里读大学，我就说是普林斯顿，别人就会很赞叹，我也很享受这种快乐。这样的经历后来进哈佛MBA时也有，进麦肯锡时也有，甚至很希望别人问起。但我慢慢发现，这种快乐是非常短暂的，它可能有几分钟，甚至只有几秒钟。我就开始想"快乐"这东西到底是什么，花了这么多工夫得到一点点快乐，有什么意思？

而且，这回的快乐跟着一大堆痛苦。什么痛苦呢？比如进到普林斯顿大学，发现一学年五六百人个个都是一方好汉，你在小城里一直都是第一名第二名,突然到了这个地方一个比一个强,一个比一个聪明,考试成绩出来一看,一个班70人你可能考65名,第一年就有不少同学受不了压力而精神崩溃直接退学了。

我倒没有这个问题,因为我本来就是个留级生、边缘人,但也是因为水平低,大学四年几乎都在拼命读书,我是读电机计算机的,有过设计计算机程序连续44个小时不睡觉的经历,不过同班还有一个家伙80多个小时没睡觉,课业压力极大。最后我在普林斯顿的毕业成绩是3.83,在A和A-中间,算是还不错的成绩,尤其是对我这么一位脑筋不特别好的人来说。

在我那个年代,普林斯顿的学生都非常用功,课业也很多很重,唯一轻松的是星期五晚上,大家参加各式各样的兄弟会,喝酒、跳舞、唱歌、交女朋友,就差不多是电视上看到的那种美国大学生活。星期六早上大家起不来,下午大概运动一下,星期天又开始拼功课。

最辛苦的是像文学之类的课,每个星期都要求看好几本书,看完要写报告,这个事情把我累得半死,因为要边看边查字典,即使是美国人也很难一下子读完,让中国人读中文小说一天读完一本也很难啊。有种说法说美国的大学进去比较容易,出来很难,我觉得普林斯顿大学是进去难得我半死,出来也难得不得了。

第三章　哈佛 MBA

私募基金与投资银行 / 家教传承救了我 / 申请MBA
哈佛第一堂课 / 骄傲不起来
每课必须有一部分人不及格 / 辩论与朋友
小趣事和我在哈佛的外号

私募基金与投资银行

毕业后我进的第一家公司老板是大投资银行摩根士丹利的明星合伙人，四十岁离开摩根士丹利自己组私募基金，我就在那个时候参与的。前半年的工作是帮他准备各种资金募集的数据、表格、报告，跟着他美国亚洲到处募款，把基金组起来。那时候我工作很拼，我记得至少有十几次在办公室地上过夜。

我当时相当认同那时做投行流行的生活哲学，叫"Work Hard, Play Hard"，拼命工作，拼命玩乐。就是说工作时非常拼命投入，不眠不休，玩儿的时候则痛快Party。我工作和住的地方离纽约市大概40分钟，偶尔下了班进市区Party、跳舞、喝酒到天明，第二天一早坐着火车回来上班。周末多半待在家里，有时候朋友来我们会去玩风浪板，就是一个板上有个大帆，据说这是陆地上的人类能够在海上做的最快的运动。冬天就去滑雪、开小飞机，基本上过着这样的一种生活，蛮单纯的。

我住的地方当时是全美国最有钱的区Greenwich，房地产特别贵，两年我都找了室友合租，一个人负担不起。有很多房子从院子门口开进去要好几分钟才能到达，多半都是Old Money（"老钱"：有祖传财产的贵族型的人）。比如我的老板，是白人，他常带我去一些他去的高尔夫球俱乐部，见不到任何有色人种，那里人的谈吐就像是电视剧里看到的那样。

那时候我就发现，作为一个外国人，要得到欧美人的尊重，你得真正非常认同和尊敬你自己的文化。想去讨好美国人，在文化上跟着他们走，永远不会得到尊重，必须有自己的东西。尤其跟美国上流社会相处时，他们一定会问你国家的艺术、文化、宗教、历史，他们会感觉你是否对你自己的国家、民族、文化有很深入的热爱。我不是指政治意义上的爱国、爱民族，而是爱和理解自己的文化、艺术、历史，要是你不了解这些，他们就不会跟你深入交谈。但是要注意，对自己文化的尊重不是自大，不是那种"我的国家最伟大，我的文化最伟大，一切都是我最好"，不是这个，而是你要能从自己的文化里，提炼出一种全世界人类的共同价值。

家教传承救了我

当时我做财务分析员，我们投资一家公司的时候，我负责做所有的财务模型和价值评估，我是从学计算机的跳到这行来，花了好多工夫学基本财务会计知识，还要用当时很落后的计算机跑程序。由于我们的基金主要投资医疗和生技产业，我还研读了大量医疗和生物科技方面的书，从细胞学一直到生物科技的基因重组，因为我们需要对即将购买或者要投资的公司有清楚深入的了解。

平时我参加的一些Party，在场很多都是高盛、摩根士丹利、所罗门兄弟、雷曼兄弟这类公司的人，大家聚在一起聊天、喝酒、跳舞，有时就会被问起一些机密的问题。这时候非常考验定力和道德观，任何一家公司在并购前后平均股票会涨30%~60%，有时还会涨好几倍，如果事先知道了一些内线消息，就可以从中获得不可思议的利润，这叫内线交易，当然是不合法的。

曾经有一位台湾来的商人，对我特别好，只要有机会就跑来问东问西。他也投了我们基金一两百万美元，但只要他一问到机密的问题，比如我在做什么项目、在看些什么公司，我就会很客气地对他说，对不起，这实在不能透露。

有一次我去拜访他在华盛顿的住处，看到他有一台非常漂亮的超级跑车，他就说你要不要开一开，我说好啊。年轻男孩谁不喜欢好车啊。开完之后他说："车送你，你拿去开。"我想了想说："这不行，不能拿你的车。"

后来有一天，突然来了一群人把我所有的数据记录、计算机、日记都拿走了，他们是美国SEC（证券交易委员会）的调查员，专门来调查我。我老板非常紧张，因为那位台湾商人被查出从事大量内线交易，听说赚了上亿美元，还有一位我也认识的摩根士丹利的年轻分析员透露了资料给他，据说也分了上百万美元。后来《华尔街日报》头版都登了出来，那个年轻人被判刑很多年，一生基本毁了。这位台湾商人和这些内线联络，包括和我打电话，都是用街头的公用电话，但这些也全部被政府监听录音下来了。

我被叫到了SEC的办公室，一个进去都是大理石柱，大得像法院一样的地方，他们跟我谈了一会儿，问了几个问题，没用多久就说，我们看了你所有的数据，听了你几个月的录音，没有任何问题，谢谢你今天来。就把我的计算机和数据记录全还给我了。我本来也不很担心，因为我记得自己在这方面很小心，没透露过内线消息，倒是想到自己和女朋友几个月的对话全给录音了，心中总是有点不好意思。

这件事还让我因祸得福，对我申请哈佛MBA有很大的帮助——申请哈佛的时候要回答一个问题：你这一生遇到的最大的道德挑战是什么？于是，我刚好就有这么一个有趣的故事可以写。

回想起来，我觉得家教传承在这件事上保护了我，如果没有这些，就危险了，一辆超级跑车，几百万美元现金，很可能就会为了这些，透露了一点消息，然后就到牢里去了，一辈子就玩完了，这可不是开玩笑的。

申请MBA

申请MBA的时候，我觉得一定要读最好的学校。由于普林斯顿大学已经是全美第一了，我想MBA也一定得读最一流的，但是一流的MBA招生人数很少，竞争比进大学还要激烈。

我申请了六家，是按当年的排名，第一名是哈佛，我公司的两个老板都是哈佛的MBA，然后是斯坦福、华顿、MIT、芝加哥、哥伦比亚。最终他们收我的顺序，刚好是按六五四三二一的顺序，哈佛最后寄来录取信，那时候我已经开始在斯坦福找宿舍了。

接到哈佛的通知很意外，也觉得有点儿幸运，回想起来，可能是面试时的一个小插曲给我带来了幸运：我是自己开车去哈佛面试的，开了四五个小时，相当劳累。面试我的是一个优雅的黑女人，大概四五十岁，谈话时感觉非常严谨和严肃，使我有一点点紧张。

但是，她跟我谈了十多分钟，突然就低着头睡着了，还打着不很小声的呼噜。

我就坐在那里等着，等了差不多十五分钟，她突然抬起头来，看了我一眼，又左右看看，回过神来，很不好意思的样子，我就在她说话之前先说了一句"I'm terribly sorry to bore you to sleep"，意思是"真是太对不起了，我的回答这么无聊，害得你睡着了"，她听了大笑。我想这个小插曲说不定对我有些帮助。

由于大学申请了三十多所学校、MBA申请了六所，做了大量的研究，整理出一大套资料，我也成了申请学校的专家，帮了不少朋友进了一流的大学和MBA。有趣的是，有一位拿了我的整套数据开了个申请MBA保证班，赚了好几千万，太有商业头脑了。

哈佛第一堂课

哈佛的第一堂课给我印象很深，已经二十多年了我还记得很清楚，不是别的，就是"道德"。

老师讲了两点，第一，做违反自己良心道德的事，就好像面对涂满了肥皂的滑梯，你一踏出去，就会顺着滑梯一滑到底，回不了头的；第二，不要让自己的生活过度奢华，要存一笔钱叫做Walk Away Money，走人钱，让你能随时拍拍屁股走人。当你的上司、政府、客户要求你做超出道德良心底线的事，你要有能力说"不"，然后离开。但是如果你花费高，没有存钱，没有准备，到时候就会非常被动，你有房屋贷款，要负担小孩子的学费、家庭的生活费，你就会被迫走下这个涂了肥皂的滑梯。

骄傲不起来

到了哈佛，大家都会有一个共同的体会，就是在那里无论如何骄傲不起来，因为真的是人上有人，天外有天。我的同学里有很多精彩的人物，比如有一个很不起眼的同学，留着小胡子看起来年纪很大，讲话也有点吞吞吐吐，口齿不清，澳洲人，36岁才来读MBA。原来他很年轻就创立了一家公司，卖了几千万美金，之后又买了几个公司，卖了再赚几千万，这样来回四五次，赚了上亿美金，然后不知道要做什么，跑来读MBA。他说话老师都会怕，因为他有百分之百的实务经验。暑假时他找不到工作，因为Over Qualify，资格过高。

还有位英国同学，能弹能唱，很像英国险峻海峡Dire Straits乐队的主唱Mark Knopfler，每星期五最后一节课结束后，他就会作一首诗歌，把整个星期里所有的人、事、课程都写在歌词里唱出来，总得到满堂掌声。

另外有一个总是坐在最后排，留小胡子，很壮，是迈阿密海岸巡防大队的大队长，专门负责缉毒，抓墨西哥和哥伦比亚的毒枭。他开一辆红色保时捷跑车，娶了一位像模特一样个子很高的金发美女。他说他这样是想证明给所有人看——做正当的职业，认真诚实地工作，一样可以开跑车娶美女，过非常令人羡慕的生活。他经常要指挥七八架直升机、十几艘快艇，带着全副武装的人马去围剿毒枭的船队和基地。他接到过很多生命威胁信，很多同事都被杀了，甚至有些同事全家都被杀了。他是一个很勇敢的人。

我们班上有好几位军人，一位坦克大队长，一位潜水艇的少校，一位海军陆战队的，还有一位我记得好像是开F16战斗机的。开F16的总是和隔壁一位开F18的斗嘴，他是开前座的，另外一位是坐后座的，永远吵不过他。

班上还有三位黑人同学，其中一位已经在斯坦福大学拿了博士，是一位有成就的学者。我们有一节课讲种族歧视的问题，他就讲了一些自己的经历，他说他来哈佛已经被警察抓过几次，同学们都很意外地问为什么，他说譬如有一次和两个朋友走在校园里，就听见旁边警车上对讲机里说，"小心小心，有个黑人，五尺七左右，短头发，戴眼镜，白衬衫，穿着牛仔裤，在街上跟两个女孩子在一起，赶快逮捕这个人"，他们就跳下车不分青红皂白把我压在地上，用手铐铐起来，非常凶悍地把我拉到警察局里去。当然事后警方道了歉放我出来，但是在这样一个讲民主、自由、人权的社会里，我这样一个人竟然被抓了两次，你想我心里是什么感觉。

他讲完这个故事之后，坐在后排的迈阿密海岸巡防大队长当场大哭，然后跑上前来抱着他大哭，说："我这辈子没这么哭过，我们白人太对不起你们了，我对不起所有的美国黑人兄弟。"

还有位英国同学，是我们所有男同学"最受不了的"，原因是他太完美了。他出生在英国排名前十大的企业家族，听说他姐姐结婚的时候，包了几架大型客机载亲友到一个私人岛上举行婚礼。他不但有钱，长得又很帅，还不是普通的帅，是走在街上会让女人忍不住回头看的那种帅。长得好看又会穿衣服，极有品位。

长相好还只是小事，偏偏他头脑又非常好，几乎每次他在课堂发言，大家都觉得讲得太好了，很多人甚至开始记笔记；我们要看三四个小时的Case个案，他不到一个小时就能看完，并且讲得头头是道。脑子好有钱又帅，这也就罢了，这种男人不少，多半性格使人讨厌，偏偏他做人又非常谦虚有礼、圆融可爱，英文叫做"Smooth"，让别的男人想批评他，嫉妒他，也找不到机会。有一次到餐厅去吃饭，没有空位了，他走进去和女服务员聊天，软语哀求，最后女孩子收拾出来一个角落，专门从厨房搬出一张桌子，铺上一块白桌巾，让我们坐下，他就是这样一个非常圆融可爱、让人无法拒绝的人。

哈佛MBA不仅教人赚钱，教人做事，更多的是教人做人。这点非常特别，让我印象很深刻。

每课必须有一部分人不及格

哈佛MBA第一年的读书压力特别大，每课都有Forced Curve，也就是规定每课必须有一部分人不及格，大家都满分，你99分就不及格了。而且很多课没有考试，50%~70%的成绩来自教授的主观评分。

什么是主观评分？哈佛MBA的特点是所有课程都是以案例教学，每天课程中教授会通过问问题、回答问题，带着大家讨论，引导大家互相学习。在这个过程中，教授会评估你的参与度如何，对大家的学习是否有贡献，等等。但完全是他的主观判断。他认为你好可以是满分，觉得你不好就可以给你不及格。

我记得有个教授特别凶，开始没多久就打算杀鸡儆猴。他选了坐在我前面的同学针对昨晚读的个案开题：如果你是总经理，你会如何销售这个产品？这位同学刚回答几句，教授就打断他说，你讲的完全不合理，你有没有考虑过别的方法？那位同学答不出来，就僵在那儿。教授故意不急着问别人，只是瞪着眼看他。

坐在我的位置，可以看到那位同学拿笔的右手开始发抖，当时教室极其安静，可以听见他的笔打在纸上的声音，还可以看到他额头侧边的汗慢慢流下来。过了好几分钟，教授才点了别人回答。

那位教授很坏，应该是想在头几节课来个下马威吧。当同学发言后，他时常会问大家：谁知道他讲的哪里有问题？大家就会举手发言批评，每到这节课，大家都特别紧张。

几乎每天晚上两三点钟，所有宿舍都还灯火通明，因为每天要看两三个个案。比如在会计学课程上，还没有上过课，第一个个案就要我们分析公司的财务，到第三节课就要制作财务电子表格了。在这样的压力下，有一位非洲来的同学就自动退学了，蛮可怜的。他是他们国家的一位银行高层经理，但是从来没用过计算机，所以完全没办法适应，就读不下去了。想想看，能进哈佛是何等开心，但如果中途被淘汰掉了，回去之后对所有长官、同事、下属、朋友、家长怎么交代，这个压力很恐怖。

由于我在大学是学电机计算机的，那时的英文仍远不如同学们，因此读书压力更大。平均一个个案要准备3小时，然后还要小组讨论，以备第二天教授和同学们的挑战，所以基本上所有时间都用在读书上。

辩论与朋友

但是这种辩论式的学习方法，对于我的思考也有很大的帮助。像我曾经选修的第三世界经济课，我和老师之间就有过激烈的辩论。那位老师是美国人，而美国人经常会用自己的逻辑和道德标准评判第三世界，当时我有一个受到父亲影响的观点——贪污在很多发展中国家，其实是个润滑剂，很多事情没有它就动不了，所以不能简单本着道德观反贪，而是要分析根源，再慢慢用制度来规范它。

虽然我的家族几代以来都是极度清廉的公务人员，但我们并不觉得自己的道德观有多了不起。每个国家，每个时代，都有不同的情况。之所以出现贪污，一定是权力不清楚，资源分配不合理，制度法规不透明，不公开，等等。要去找原因，而不是批判。举例来说，如果飞机不论经济舱、商务舱、头等舱的价钱都一样，走后门就肯定盛行，一定会有人塞钱，有人拿钱，这就是制度体系不对称所造成的。

如果不去找根源，而是一下子把贪污全掐掉，润滑剂突然没有了，有的国家政府运作就可能会大幅减速，甚至于停顿，并带出很多新的问题。当然，放任贪污自流肯定是不成体统的，重点是处理时要有次第，有时间性，找到根源，再配合道德观的力量，国家民族的使命、愿景、尊严，甚至用高薪养廉，和其他很多东西加在一起，慢慢扭转。我和教授针对这个问题有很多辩论，到最后他仍然觉得我不对，还说了一些很不客气的话，等到我再回辩的时候，他转头找了别的同学继续讨论了。

那节课结束之后，至少有十几个同学专门写了字条给我说：你谈得太好了，我们非常认同你的说法。好几位都成了我很好的朋友。其中有一位后来成为麦肯锡台湾的负责人、摩托罗拉的策略长、Skype的总裁。他后来也练习开发觉性，并且有很多境界，相当特别。一次他向我父亲请教该如何修行时，我父亲教了他"禅睡"的方法。禅睡是一种帮助人能在5分钟左右达到30~40分钟睡眠的方法，对忙碌的企业家特别有用。大概一个月之后，他来找我，想好好谈谈。

原来他在自己的办公室——台湾敦化北路麦肯锡最好的办公室里——禅睡的时候，身心突然分开了，心离开身体到外面去了，然后又回到自己身体里。第一次他以为是幻觉，第二次他也只是觉得奇怪，第三次他离开身体以后，专门穿过门，出去看看别人在做什么，并且记住，回到身体里之后就赶快再开了门出去验证，结果他发现刚才看到的都是真的。

他说他体会到人的确好像有一个"心"或"不动的觉性"是存在于肉体之外的。肉体好像是个房子，心或觉性住在里面。他问我是否就是这个东西在轮回。我说可以这么说，但更重要的是，如果轮回存在，那么几万几亿生生世世下来，很可能这个世界上几乎所有的人，都曾经做过自己的父母师长、兄弟姐妹、妻子儿女。若体会到这点，人生观肯定会得以改变。

当时我们计划要在千禧年举办一个大会，邀请国际的大政治家、企业家、科学家，以及有证悟的修行人，一起来专门探讨这类的问题。比如，如果轮回存在这个观念被证实并被普遍接受，对企业、经济、教育以及人类社会的制度，将会带来怎样的改变？如果不少日本人曾是中国人，有些中国人曾是美国人，我们的做法和想法会不会不一样？如果地球上70%的人都有这样的认识，对全球和平又有什么影响？

当时我们开始联络了一些人，也打算邀请前美国副总统戈尔、南非总统曼德拉、俄国的戈尔巴乔夫、苹果的乔布斯等人，我们还一起拜见了一些大修行人，并向父亲报告了这件事。不过可惜那时我的修行没有到位，因缘也没有成熟，所以这个大会没有开成，但我认为未来还是要做的。

还有一位有趣的同学，也是那堂课之后熟悉起来的。他是高盛证券出来的，后来也在麦肯锡工作多年，之后自己开了三家公司，都很成功地卖掉了，现在是一家大型上市公司的执行长。他告诉我他见到外星人的经历。那是他在高盛的第二年，一次他和三位朋友在Route 1上开车，Route 1是美国最东边的一条国道。他去找加油站的时候开车开岔路了，到了一个人烟比较稀少的地方，看到路旁有光，停了车去看，结果看到一个飞碟，差不多像房子那么大，两个灰色的小人站在外面，他们四个人当时傻掉了，那两个小人一看到他们，就走回飞碟，无声无息地飞走了。他说他从来没和别人讲过这件事，怕被人嘲笑，他说："我认为你应该会相信。"我说："是啊，本来就有很多不同的世界和生物，通过禅修，有时会遇到那些很不一样的生命体，知道宇宙中不仅仅只有我们人类而已。"

小趣事和我在哈佛的外号

在哈佛第一年，教室是固定的，不同课程换不同的老师，我们班的学生有70人上下。那一学年大概500人，我应该是唯一一个台湾去的，同级的还有两位大陆来的，不是很熟。

第一年暑假我已经开始学佛了，参加了几次连续七天的禅修，开始对心灵有一种完全不一样的认识。我那时就觉得佛法不像是个宗教，而是一套让人了解内心，甚至宇宙和生命真相的科学实验手册；佛陀也更像是一位超级科学家，找到了帮助人离苦得乐的配方，教人如何一步一步，以自己的身心做实验，开发潜能与智慧，亲身体悟生命的实相。

在学习方面，第一年刚从"Work Hard, Play Hard"的状态进到哈佛，虽然大部分时间在读书，但也还会偷偷溜出去玩，上课偶尔也迟到。因为之前做分析员赚的钱不少，开了台小跑车，穿的是满身名牌，连红利每年都有六七万美金，对一个刚毕业的大学生来说很不错了。

那时同学们给我的外号是"The Evil Doctor Chen，邪恶的陈博士"，和多年后许多欧美大家族称我为"Happy Buddha，快乐的佛"，真是天壤之别。

有一段时间我跷课太多，一天，我上课迟到，趁老师回头写黑板时，偷偷从后门进去，走过教室里一排排的阶梯，溜到我的位置坐下的时候，老师刚好写完黑板回过头，突然个子最大的两个从军队来的同学——海军陆战队员和坦克大队长——冲过来把我抓住，说："你是谁，哪里来的，我们没见过你。"把我扛起来拖了出去，全班大笑。我们班是非常可爱又幽默和谐的。

前半年很辛苦，后半年课程压力小了，大家也熟了，到星期五的最后一节课，通常课还没有开始，香槟酒就已经准备好了，摆在桌上，下课前半小时，老师会说：开瓶吧。然后大家就开始喝酒辩论谈个案，特别开心。

我们还有一些评奖，每星期都要发好几个不同的奖项，我印象最深的是两个奖，一个叫鲨鱼奖，一个叫Chicken奖。鲨鱼奖发给本周最不客气地攻击别的同学的人，比如别人刚做完报告，他马上就举手说这个分析不对，然后猛烈攻击，让人家无地自容，这样的人就会得到鲨鱼奖。每周都会选一次，有几个人很坏，经常拿到鲨鱼奖。后来我听说有的班上几乎全是鲨鱼，如果在他们班的话，日子可能要苦一些了。

Chicken奖基本上是胆小马屁精奖。由于70%的成绩都来自老师的主观评分，所以就有很多人专门讨好老师，Chicken奖就是发给这种拉下脸讨好老师的人。另外一些奖，比如跟屁虫奖，别人回答完问题，他就在旁边举手发言说：我真的是很同意他的观点，他讲的真是非常好。如果总也不讲话，老师就对他没印象，于是这些人就想方设法插一句话进去，说了这种完全不知所云的，对讨论内容完全没有贡献的话的人，我们就会发一个跟屁虫奖。

大学时候我一直不擅长闲聊天，所以大家谈打球、游玩、喝酒、跳舞之类的话题，我就不知道该谈什么，所以朋友不多，像个书呆子。但是在哈佛，大家的谈话都有主题了，我就有话可聊了。尤其是第二年，我开始认真交朋友，时常专门请一些我觉得有特色的同学单独吃饭，了解他的成长背景、家族，这种交往所带来的学习是很深入的，别人也会觉得我是一个很认真的人。

在哈佛受到的很多训练让我受益一生，比如演讲的训练。现在我已经演讲过几百场了，最多的有三四千人，还主持过电视节目、广播节目，都没有怯场过，但我以前可不是这样的。

哈佛有一节课叫"沟通"，其中最重要的课程内容就是上台去做一次报告，老师和同学们当场评判，有一台摄像机全程拍摄，事后再和老师一起看录像检讨得失。我当时讲完了以后，老师就问："大家觉得讲得怎么样啊？有什么建议？"同学们争相举手，使我很紧张。

我印象最深的是有一个同学，这家伙真的很坏，板着脸，很客气地说："我给您一个重要忠告，建议您以后上台演讲的时候，把您的笔记写在一张小一点的硬纸片上，而不要拿一张A4的大纸。"

我说："谢谢您的建议，为什么呢？"

他说："因为你拿着大纸片发抖太明显了。"

全班哄堂大笑。印象中他得了那一周的鲨鱼奖。回头想想都是些蛮好玩的经历。

有点遗憾的是那时候我英文不够好，虽然在普林斯顿也拼了四年英文，但我智慧未开，英文离现在有很大差距。如果英文再好一点，在哈佛会学到更多，也会交到更多朋友。

第四章　初踏修行路

很普通的人生追求 / 父亲以科学打开我的眼界
真的有轮回？ / 老和尚要我参加禅七
父亲的禅七经验引起我巨大的好奇
第一次参加禅七 / 老和尚的告诫
修行前最后玩一场 / 一个使我决定从军的游戏
当兵 / 参究儒家思想 / 上山做义工
参加连续四十九天的禅七 / 禅七的目的
出家前在麦肯锡工作时的修行

很普通的人生追求

自从到了美国，我慢慢一步一步地走向了一个相当稳定的人生轨道。一直到哈佛MBA，我的人生追求都很普通，读最好的学校，考最好的成绩，找到最理想的工作。什么是最理想的工作呢？薪水高、行业好、能学到东西，未来可以创造一个自己的企业。还有娶个好太太，生些好孩子，幸福美满。除了写作文交作业，很少想到什么造福人类、帮助众生的大事；日常生活中，也从来没有思考过生命的问题。

我是从我父亲那里第一次听到"修行"这个名词，我问他"修行"是什么，他说，修行就是修练自己的心性，走上一条"明心见性，见性成佛"的路。当时我对生从哪里来，死到哪里去，不怎么关心；对成佛也没什么兴趣，心里觉得修行是个很遥远的，和我无关的宗教上的事。

父亲也没要我修行，只是常和我谈起他在工作上接触的新领域，反而引起了我极大的兴趣。

父亲以科学打开我的眼界

当时他任职"科技部长"，启动了一些大型科研项目，研究许多有特殊能力的人士。比如，有一位能直接看出别人身体的病症，甚至我父亲拿朋友的照片给他看，他都能讲出问题所在，我父亲打电话向朋友们确认，他们都很惊讶地说："你怎么会知道的？"

这种事无法用巧合来解释，他不可能认识这些人，而且大多数朋友的身体状况我父亲也并不清楚。我父亲问他是怎么做到的，他说："每看到一个人，我就会把自己放在与对方共振的状态里，对方哪里不舒服我也会不舒服，所以我就知道他身体的问题。"我父亲当时就感觉这是值得研究的现象。

还有一些人，可以在打坐的时候让意识离开身体，到各处去走。我父亲说了一些地方来考他们，一开始说的是自己家里，比如卧房之类他们不曾进去的地方，他们可以很清楚说出来。我父亲想这也有可能是聊天的时候无意透露过，就又讲了几个比较秘密的地方，他们不可能去过，在台湾政府里也只有极少数人才知道这些地方，而他们的描述也和实际一模一样。我父亲觉得这一方面的特殊能力也非常值得研究。

每次遇到这样的人，我父亲都会讲给我们听，和我们讨论。他自己也在寻找答案，想搞清楚究竟是怎么回事，是什么能量造成这样的现象？应该如何运用现代科技研究这些对人类很重要，但是过去不知道该如何研究的现象。那时他已经隐约感觉到，人的意识可能并不完全存在于肉体内，这种现象才可能发生。

他搜集了大量这方面的资料，开展很多大规模实验。比如，他招集了十位最好的教授做这方面的研究，十位来自五个领域，包括电机、物理、生物、化学、医学等最主要的学科。其中电机系的教授李嗣涔，有很多突破性的实验，发表了许多论文，出版了不少书籍，后来担任了台湾大学的校长。李校长发表了很多研究报告，其中有很多有趣的研究，比如"五官可互换"的实验，他训练了一百五十多位不到十岁的孩子，三十多天，其中四分之一能用手指尖触摸着包裹在不透明蜡丸中的纸团，说出纸上所写的文字。

其实，当时我父亲做的事情，是在把中华传统文化里的珍宝科学化。

真的有轮回？

为了启动科研项目，父亲阅读了大量的科研书籍，他一面自己看，一面把这些书也介绍给我，对我的冲击非常大。

其中对我影响最大的，是美国几个重要学府关于濒死经验和轮回的研究。

濒死经验是研究临床死亡后又被救活的人。临床死亡的人，不只呼吸停了，心脏停了，连脑波也停了，就像手机电池卸掉了一样。

有一些人在临床死亡一段时间之后，又被救活了。使科学家极为意外的是，一部分临床死亡又复活的人，居然记得在临床死亡的那一段时间发生的事，有些人会记得医生说的话，有些人能叙述自己飘在空中看医生给自己做手术的过程和细节，还有人走到了房间外面去。

还有一些"儿童轮回案例"的科学研究。像是许多有前世记忆的小孩，他们身上的胎记或疤痕，和上一世死亡的情形有直接关系。科学家找到孩子上辈子的生平记录，竟然和小孩叙述的一样。科学家也没说证明了轮回存在，只是说想不出来，除了轮回存在以外，还有什么别的理论可以解释这些现象。

这些记载我都是在科学资料里看到的，有哈佛大学的、耶鲁大学的、维吉尼亚大学的、芝加哥大学的，都是名校大教授做的各种关于生死和轮回的实验。他们的实验方法和报告都非常严谨和科学，连美国重要的科学期刊都刊登过这方面的研究报告。其中一位大教授还发表了三百多篇学术论文，写了一本两千多页的书《轮回与生物学》。还有一位耶鲁大学心理医师的科学研究，他用催眠的方法，帮助几百位病患回溯前世，看到过去，治疗了他们今生的心理问题，又出了一本书叫《前世今生》，非常轰动。

这些研究并没有使我相信轮回是真实存在的，但真让我吓了一大跳，心中产生了巨大的疑惑。一方面，从小所受到的教育，都认为相信轮回是很丢脸的迷信，是愚夫愚妇和乡下老太太才会相信的事，我一个堂堂哈佛MBA怎么能去相信这种东西？但是另一方面，我父亲给我的全是科学研究和数据，我觉得奇怪，怎么会活到将近三十岁了，而有这么一大块知识空白。

当时我就想，只有两个可能性：一是所有这些大教授，包括爱因斯坦，还有从古到今的修行者，学佛的帝王将相、高僧大德，全是糊涂、迷信、愚痴，或者脑中产生了幻觉、精神分裂了；另外一个可能就是轮回是个真实存在的自然现象，只是近代科学还没研究清楚，是我自己糊涂愚痴。

想来想去只有这两种可能性。我当时也没把握，只是觉得这件事太重要了，哪怕它只有万分之一可能是真的，我这一生的目的、方向、对人处世的态度肯定都得改变。周围的人可能都做过父母师长、敌人情人，甚至可能做过恐龙把我吃掉过……我必须得认真投入一些时间去了解。

如果轮回不存在，那就简单了，我可以继续过原来的生活——工作、结婚，生子，变老，然后死了就算了。但如果轮回真的存在，我必须展开新的人生。

就是这么一个简单的想法，我展开了对佛教这个领域的探索。

老和尚要我参加禅七

为了找答案，我又看了大量研究，请教了很多"高人"，那时我寒暑假回国，时常上山拜见一位惟觉老和尚。我急着想得到生命的答案，至少请教了上百个各式各样的问题，现在回想有很多很愚蠢，和真正的修行不怎么相干，但是他都不厌其烦地一个一个解答。最后有一天，他说："你不要问了！"我心想："老和尚也有被问烦的一天！"但他又说："有很多问题你必须开始修行，亲身经验，才能得到答案。"

这使我极感兴趣，原来有方法可以亲自经验，不需要盲目去相信，这个挺好的。使我想起来在美国读高中时，有基督教的神父要我入教，对我说，如果你信主，死了以后天使就会来接你上天国。我就说，我现在怎么样才能知道你说的是真实的？万一天使没来怎么办？晚来了怎么办？万一天使没来阿拉来了怎么办？如果是观音菩萨呢？阎罗王呢？如果你们能让我在死以前就能确定，我就信。他们说，那没办法，你这是被妖魔干扰了才会问这种问题，只要相信，耶稣天使就会来。对我来说，这就好比要我去学一门联考不一定会考的科目，我不愿意投入时间。

而老和尚说轮回是可以亲身经验的，那可有意思了。我就问，怎么样才能经验到呢？他说，首先你必须开始禅修，最好来参加"禅七"。

父亲的禅七经验引起我巨大的好奇

"禅七"是指一种连续七天的密集禅修活动。每天从早上5点钟一直到晚上10点钟，除了早课、晚课，以及早、中、晚饭，其他时间都在静坐，每次一小时，一天大约坐十次，全程禁语，不能讲话。

我对禅七可是充满了期待，因为我父亲第一次参加就有很特别的经验。

父亲告诉我，想要彻底搞清楚这个领域，去看再多的数据，去问再高的人，都是没有用的。一定要用自己的身心投入，自己亲身体验到的才是自己的。就好像一位没有听觉的人想了解贝多芬的音乐，老师再怎么写下音符，用各种比喻交响曲有多美妙，他也没有办法感觉到，他必须把听觉恢复，才可能真正开始了解，欣赏到音乐之美。

而禅修就是恢复我们本能最根本的方法，也是深入自心最关键的方法。

他第一次参加禅七是在1990年。那时他正从"经济部长"转任"国防部长"，中间有十天的假期，他没告诉任何人，一个人开车上山参加了禅七。

他后来告诉我们，头两三天就是腿痛、累，因为刚开始打坐的时候整个身心都在进行调试，长时间坐着不动，没有练过腿的人筋骨酸痛，总之很多烦恼。但到了第四天，禅宗经典里面谈到的一些境界就开始出现了，举例来讲，有一种境界叫做"旧路回家"，就是看到自己从现在走回到过去。

我父亲当时五十三岁，他在这个境界里回溯，看到自己越来越年轻，像看电影一样，回到大学、高中、初中、小学，最后看到自己在襁褓中的婴儿时代，被母亲抱在怀里，然后又进入一个空间，回到了过去生，也是像看电影一样，在空中看到自己在那里，很清楚知道那个电影场景里哪一个人是自己，对他说过的话还有记忆，然后就这样一直回到很多生。这是他第一次禅修的经验。三十年来，他从来不对外人谈论他的禅修境界，一直到最近，我请求他写书，求了很多次，他才决定谈谈其中一部分的经验。

我对父亲是极为尊敬的，而且他是麻省理工学院学电机的，又是纽约大学库兰特数学院的博士，又是"科技部长"，所以当他谈起那些体验，让我们很惊讶，也对禅修产生了巨大的好奇与兴趣。这些境界是梦吗？还是幻觉？到底是什么？

之后他又参加了几次禅七，又经历了同样的境界。这样重复几次之后，他告诉我们说这是非常特别的，如果是幻觉或者是梦，不可能这么准确地重复，可以确信不是幻觉，这些事情好像是自己的"心"曾经经验过的一样。后来他又经验过很多其他的境界，像是看到其他世界的生命体，都是他从来没看过也没想过的，这些境界也依然可以准确重复。

有一件我印象很深的事。一次我父亲参加完禅七后没多久，我们一起在家里的禅堂打坐，他突然跟我讲："宇廷啊，这几天又有很特别的现象，我还在研究。"

我问："什么现象？"

他说："昨天我看到我们房间里来了一条龙。"

我问："什么龙，是恐龙吗？"

他说："不是，是天上的龙，'天龙八部'那种，金色的。"

他说着又大概比划了一下，说两个手合抱只能抱起来一半，像非常粗的大树，非常非常长，上百米，卷起来的。

我说："是跟中国人画的龙一样吗？"

他说："对，就是那样。"

我说："您是打坐时看到的吗？"

他说："是我张开眼睛时看到的，我一面看着一面在想，这么大的一条龙是怎么进来这么小的房间里的？它把整个房间里塞得满满的，但它又可以进出，看不到它怎么穿过房子的，就又到另外一个空间去了。我在研究，这是眼睛的幻觉，还是看到某一种不同的空间？"

我就说："您一直坐在那？"

他说："中间我走开了一下，去洗洗脸啊，清醒一下，看是不是幻觉，回来看到它还在这儿，可以确定不是幻觉。但是后来它就走掉了，我看着它飞走的。"

这是怎么回事呢？我们俩就在想，要搞清楚可能不是太容易，想不出来应该如何设计科学研究，但这么重要的事，不研究对人类又实在太可惜了。

第一次参加禅七

哈佛MBA第一年暑假，我去参加了惟觉老和尚在万里灵泉寺主持的禅七。灵泉寺在台北阳明山国家公园边上，当时是一个很小的道场，只有十几位出家人，旧旧的，但是很干净，两边有溪流，中间是寺院，山有点陡峭，时常起雾。

　　为了做准备，上山前我读了不少禅宗的书。了解到禅七的目的是"开悟"。"悟后起修，方是真修"。也就是说开悟以后才算是真正修行的开始，是"明心见性，见性成佛"的起点。所以，虽然并不清楚开悟究竟是什么意思，但心中把开悟设成了一个重要目标。至于明心见性成佛，更是个很遥远的事，我参加禅七主要还是希望看到些有趣的景象和境界。

　　想到自己是普林斯顿、哈佛MBA，觉得只要设了目标，一定就能达成。可惜禅修并非如此，和学历、事业、名气、家世都毫无关系。

　　头几天除了腿痛，还是腿痛，痛到什么都听不进去了。第四天开始，虽然没有像父亲一样的境界，但是有两个很特别的发现。

　　第一，我发现我对自己的心并没有百分之百的控制力。在参加禅七之前我就接触到这个观念，有时候我会觉察自己吃饭、开车、走路、做事的时候，自己的心里都在想些什么，有些什么情绪起伏。我发现偶然是自己自主地在想事情，但大多时候，我的心并不完全受自己控制，念头有点随机起伏着。不过当时没认真去想，只是觉得怪怪的。

　　而禅七的时候，整天坐着向内看自己的心，非常清楚地看到，自己的身体、感受、思想、苦乐、烦恼，竟然八九成都不受自己控制。我当时觉得这实在太严重了，严重到恐怖的地步。我竟然不是自己的主人，这是开什么玩笑？

　　每天静坐时，越是要自己静下来，没有念头，心中的念头反而越多，过去的事、现在的腿痛、对未来的想象，甚至早上刚吃什么东西，各种杂七杂八零碎的思想，都从脑子里浮现出来了。

　　几天下来，越坐越烦恼，越是努力不去想，思想却像瀑布一样，停不下来，烦恼的情绪越来越强，无法自主。也使我记得父母告诉过我，我三四岁时脾气特别好强，会生自己的气，气了大哭，哭一阵后，一面哭一面一抽一抽地说："我不要哭了，但是，但是，我停不下来。"小时候做不了主也就算了，怎么现在老大一个人了，对自己的很多心理变化，居然毫无办法控制。

　　虽然很烦，但是这个发现对我来说，倒是比看到龙、看到天界、看到过去生更引起了我的兴趣。我突然发现平时我的开心、生气、难过、愤怒、悲伤，全都是被外界影响的，别人说的话，别人做的事，甚至只是我看的一场电影，这些都在一直不断地影响我，激起我的思想、情绪，甚至是烦恼。这个所谓的"我"，根本就像是个电动玩具机器人，但遥控器却在别人手上，随着外境不自主地起舞。

虽然不是完全不能控制自己，但是能控制的部分好像并不是很多。老和尚说，学会控制自己的心，做自己的主人，不再像玩偶一样被外面的境界和他人摆弄，这就是禅修的目的。通过禅修，看到自己的起心动念，看到每一个念头的起落，是很重要的第一步。看不到自己念头，不算是真的开始修行了。

我禅七的第二个体悟，是我没有自己原来想象的那么好。我和60多位参加禅七的人，从早到晚很安静地坐着。不过，那只是外面看起来安静，内心其实有很多汹涌澎湃的思想，停不下来。

举咳嗽这么一个小例子来说，在这样极端安静的环境中，突然有人咳嗽，我的心中有时会突然产生愤怒，很难克制，过一段时间又会平息下来。而突然之间自己想要咳嗽，只能强行忍住，而喉咙没有道理地开始越来越痒，心中就会生起各种情绪。对刚才别人咳嗽的时候所产生的愤怒，会很有罪恶感。对自己想要咳嗽，又生起了烦恼。

有时偷偷张开眼睛，看到所有人都像是泥塑木雕的一样一动不动，心中又会生起比较高低上下之心，想到他们做得到为什么我做不到，这也是多年来养成的争胜好强之心的呈现，但是腿痛腰痛，又静不下来。

到了第六天第七天，心中的烦恼更多，怎么一点境界都没有，万一最后老和尚要我发言怎么办？回家兄弟姊妹问起来怎么办？强烈的自我意识，使我更加静不下来。

不过，在短短的几天之内，倒是让我把自己的比较心、我慢心、优越感、竞争心等负面的心态，看得一清二楚，自己并不像以前想的那么好，原来内心问题这么多。

这次禅七是我踏上修行之路的第二个重要事件，第一个是我父亲给我的那些科学书籍和研究，使我发现轮回有可能存在，而起了极大的好奇心；而这次清楚发现自己的心并不大受控制，决心要通过修行来修炼自己的心，做自己的主人，不让自己的一生随波逐流。

老和尚的告诫

老和尚反复告诫，在禅修的过程中，进入任何境界，不论是看到轮回、转世、外星世界，或是经验到地狱之苦、恐怖的魔境，都只是修行的过程，不是目的。

经验到心性的实相，"明心见性，见性成佛"，然后回来帮助众生，才是修行的目的。当时有了这么个理论的认识，但并不十分清楚到底是什么意思。心中还是挺希望看到些有趣的景象和境界。

这回参加禅七，想开悟没开，想看过去生没看到。回到哈佛以后，仍然心有不甘，决心卷土重来，再多拼几次，就不信我开不了悟。

回头看看，自己当时实在很可笑，也很可爱，当时并不懂，开悟不是靠拼能拼出来的。

修行前最后玩一场

从哈佛MBA毕业以前，我已经非常清楚未来会走上一条修行的路。当然，那时以为修行是放下一切，持守很多戒律，去山里禅修打坐，一条很苦的路。而我玩心不死，觉得还有很多该玩的还没玩够，害怕以后开始修行就玩不了了！于是一考完期末考，我连毕业典礼都没参加，就用暑假在投行工作赚的一点钱，带着我的两个弟弟，专门去欧洲玩了大概两个多月的时间。我们用穷学生的玩法，买了两个月的火车票，白天到处参观，晚上睡在火车上。第二天又到另外一个城市，这样跑了欧洲七八个国家，看他们的人文、风情、地理，对我开拓眼界各方面是很好的。

当然，这种玩够了才愿意开始修行的心，也是很傻的。真正的禅修是保持觉性的清明，是随时随地都可以修的，和工作、游玩、恋爱都没有冲突。但是那时我并不知道。只是想，啊！我一开始修行就得放下一切，没得玩了。

那次欧洲之旅，倒是帮助我放下了喜欢旅游的心，因为那以后，我对到处游历、猎奇、看风景都没兴趣了，觉得还不如看看电视、国家地理频道、探索者频道或者3D影片，反而看得更清楚一点，学到的也更多。英文有一个说法叫"Been there, done that"，意思就是我去过了、经验过了，就满足了、了结了，就是这样。之后多年的全球旅行，全都是为了公事或寻师访道。

一个使我决定从军的游戏

我在哈佛毕业之前就被麦肯锡公司录取了，所以一回台湾就去公司报到。很开心，留学生涯结束了，可以安定下来了。然而，那时遇到一位老师，让我做了一个特别的游戏。

他当时让我做的功课是这样的——拿一个小笔记本，从第一页开始往后，写下国家、社会、周围的人为你做过什么；从最后一页往前开始，写下你为国家、社会、周围的人做过什么，看这两个方向在哪里能碰到。

正面这方向，我想了很多，想起小时候在美国带我长大的几个保姆，她们给我的玩具，想起在哈林区的公园我父亲带我玩球，还想起五岁之前住的那个公寓，这已经是不知道多少年没想过的事情了。走进去是客厅，正对面是父母的睡房，右面是厨房，左边是我和弟弟的小房间，从厕所窗可以看到哈德逊河，听到哈德逊河上的邮轮传来"嘟——嘟——"的鸣笛声。

想到父母照顾我时的笑脸，想到他们抱着我，晚上睡觉帮我盖被，很多温暖的小细节一个个浮现出来，还想起生病的时候躺到那里，我妈妈拿冰毛巾帮我捂到头上，擦着身体，帮我降温；还有妈妈半夜陪着我读书；之后想起老师们，幼儿园老师、小学老师、初中老师，最深的印象是保健室的老师，遇到头痛啊、跌伤啊，保健室的老师帮我换药。

好像最开始想到的都跟生病被照顾有关，我小时候很顽皮，做错了事情老师们就会骂我，也被打不少，但都是为了我好。还有所有照顾过我的人，帮助过我的人，写都写不完。后来又想到更大的，比如，晚上在灯光下写着写着，突然发现，这是电力公司很多人的工作我才会有灯光啊，以前没想过这事情；晚上出去散步，也会想到脚下的路是很多人辛苦铺的；还有吃米饭的时候也觉得很惭愧，这是农民种的，"粒粒皆辛苦"呀。很多都是以前没想过的，越写越多，写了一大堆。

笔记本的另外一面我就想不出很多。偶尔会照顾我弟弟？可能还不如欺负他的时间多；或者是我帮同学忙，好像也不如同学帮我的多。想来想去也想不出什么东西来，我已经不是儿童了，二十七八岁的成年人，工作过、见过世面，但竟然真的没帮别人做过什么像样的事情。这一面只写了两三页，都是鸡毛蒜皮的小事，越写越觉得丢脸。

当兵

我做完这个功课之后，心中很不舒服，就去向父亲报告我的想法——我想回国当兵。我觉得最起码，我应该尽一个台湾男孩的基本义务。虽然大多男孩都不想当兵，怕吃苦，觉得浪费两三年时间，所以都想方设法逃避。我生在美国，拿美国护照，倒是本来也不用当兵，但那时候想到"你为国家、社会、周围的人做过什么"，内心有一种很大的罪恶感。

我把内心的想法告诉了父亲，当时他是"国防部长"，听了我的想法之后说："很好，我帮你安排。"

但是我那时还是比较顽皮的，对父亲说："能不能11月左右去当兵？"

他说："你为什么要11月去当兵？"

我说："8月9月太热了，在大太阳底下受不了。"心中其实也想再多玩两三个月。

他说："好。"

不过，我父亲做事是雷厉风行的，没几天就回来说："恭喜，都安排好了，8月开始。"

我说："怎么还是8月啊？"

他说："就这个时候，你要去就赶快去，不要浪费时间。"

去当兵先是三个月的集训，天天操练、队列、跑步、仰卧起坐、伏地挺身。这些内容都是比较基本的，倒不是特种部队训练，但对我当时来讲，已经算是魔鬼训练营了。可以想象一下，我从哈佛MBA毕业、做投资银行、乘老板的私人飞机到处开会、住别墅、滑雪、玩风浪板，我从那样一种生活里突然跑到了军队，每天伏地起身、仰卧起坐，全身都是汗，干了又湿，湿了又干，住在上百人一起，全是汗臭味的大通铺中。也没有时间洗澡，最多洗个"战斗澡"，就15秒到30秒，把身体冲一下。公共厕所的味道真是无法形容，我第一次看到粪坑里有这么多的蛆。

还好当兵之前我已经参加过几次禅七，所以我能把这些都当成修心的练习，但最初仍然不容易适应，碰到身体的不舒服还是会生闷气。另外，别人都是高中或大学毕业去当兵，我比别人至少超重十几公斤，他们基本都是瘦子，就我一个胖子，排队时从侧面一看，只有我的肚子是凸出来的，被连长、营长嘲笑过很多次。

每天操练我们的是班长、排长和连长。年轻的兵多半总在私下抱怨他们，但是在我看来，他们走职业军人的路也真是蛮辛苦的，他们也都是年轻人。连长年纪跟我差不多，是一位很认真负责的连长，标准的职业军人，话不多，以身作则，跑步永远跑在最前面。每天操练完了之后他们还得继续工作，有时写报告，有时站岗，我当时已经开始学佛，又有世界经历，对他们都还蛮关心的，会有感同身受的感觉。他们也知道我是"国防部长"的儿子，倒是没给我什么特别的好待遇，该做的事情我绝对不能比别人少做，有时还得多做一点点，不过当然，他们也不可能欺负我、虐待我。

那段时间，每天操练身体，同时努力突破对干净和睡眠的执着、对汗臭味的厌恶、睡眠不足的烦恼、体能不济之类的。后来回来的时候瘦了大概十几公斤，变壮了，胸肌像个男子汉，还有一点点腹肌出来，很健康，脸也瘦瘦的。

除了训练之外，每天晚上都有不少自习时间，可以好好看书。那时候我看了一本书叫做《时空之外》，对我影响很大，是一个美国女作家写的，她从1970年代突然开始出现双重人格，另外一个人格是个男的，当这个男的出现的时候，女作家的先生就会访谈他，他就会谈论很多问题，人类的起源、多重空间、世界是怎么来的、时间是怎么产生的、有没有轮回、神是不是存在、佛是什么、外星球什么样子，滔滔不绝一直不停地讲，后来录音整理下来就成了七八本书。我一看就感觉这书不是杜撰编出来的，想象力再好也没法编出这样的故事。我后来又看了大量这方面"新时代"的书。

那时也看了南怀瑾老师的《金刚经说什么》，还有很多佛教大师和修行人的传记，比如唐玄奘真正的传记。到后来，有时候一天有三四个小时的自习时间，就可以看更多的书，我都会很认真地做笔记。

那段时间我一直很认真地持咒。当兵前老和尚传了一个咒语给我，叫做"准提佛母神咒"，简单来说是一个保平安的咒语，是我学习的第一个咒语。当时我对咒语还搞不清楚，想着能平安就念了，后来才了解咒语是什么——咒语的关键是音波和频率，它调整你的脑波振动频率，和另外时空与能量交集，可以说它像是一个调频器，把你的频率调到不同的地方，调到平和、调到慈悲、调到智慧、调到力量，或者把你与不同世界的能量相连。因为整个宇宙、世界、人都是能量构成的，从最小的元素，分子、原子、质子、中子、电子、微粒子、光子等，都是能量。

能量是什么，就是一种波的振动，咒语的关键就是这个。但我当时并不知道，只想保平安。这个咒语对我当时的作用也很大，训练队列要在太阳下站着不能动，一动就会被叫出来罚做伏地挺身，太阳晒在钢盔上像个蒸笼，一站就要一两个小时，全身汗湿得像在洗澡，那个时候我就很认真地持咒，心一直放在咒语上，就安定下来了，不会觉得热难以忍受了。所以从浅一点的来讲，持咒是对修行的第一步——练习"定力"，很有帮助的方法。

值得提一句的是，准提佛母是观音菩萨事业的化身，意思是慈悲利他的事业的展现，二十年后，我刚好是在准提佛母的诞辰日完婚，倒是个很吉祥的巧合。

参究儒家思想

当兵之前，我父亲要我做一个功课，也是他当时正在做的功课，就是参究儒家的思想。"参究"就是认真思维，想清楚，用心领会的意思。比如四维八德，礼、义、廉、耻；忠、孝、仁、爱、信、义、和、平，把每一个字拿出来仔细想,在笔记本上写下自己对这个字的领悟,自己在这个字上做了些什么事。

我高中没有读完就出国了,对于这些名词,从来没有仔细思考过。父亲要我"参究",而不是对我说教,又引起了我的好奇和兴趣。这个功课我在当兵前后做了大约一年,对我的影响很大。每次想完都觉得很丢脸,觉得自己作为一个中国人,连这些基本的字到底是什么意思都没搞清楚,更不用提做到了多少。

比如就"忠"字来讲,什么是忠?怎么去忠?该对谁忠?我忠于自己吗?我忠于国家了吗?再比如"孝",我有很多思考,父母对我的照顾超过我对他们的照顾几百倍,我有没有感恩?有没有报答?我小时候又很顽皮,让父母有很多担心的地方,他们从来没有批评或要求过我,我的"孝"搞到哪儿去了?仁爱也想不太清楚;礼义廉耻方面,因为我主要受美国教育,所以更不怎么清楚,很多中国传统礼数还是后来在寺院里学的。

那时候我非常喜欢两本书,都是南怀瑾老师的,一本叫《论语别裁》,一本叫《孟子他说》。我从小很讨厌儒家思想,觉得都是迂腐教条,但是看了南怀瑾老师的解释之后,开始觉得儒家思想对自己的日常生活很有帮助。当时我也已经开始学佛,就把儒家思想和修心的方法连在一起,儒家的忠、孝、仁、爱、信、义都成为修心的方法和条件,开始从完全不一样的角度重新看儒家思想。

每次做完这个功课之后,我还会再做另外两个功课,"感恩"和"忏悔"。忏悔并不是要每次都痛哭流涕道歉,只是想想做了什么蠢事,以后别再做了,也包括对以前得罪过的人说对不起,有时实际去做,有时是心里想着。至于感恩,每次练习的时候,我总是会想起很多应该感谢但没有感谢的人,他们有一些可能是再也找不到了的人,都写下来,当时写了好多这方面的功课笔记。

现在回头看,我觉得参究儒家思想对大陆的一些年轻人来说,或许也是个不错的游戏。这样讲不知道对不对,大陆的一些家庭过去可能不太强调这些传统文化观念;在台湾,忠、孝、仁、爱、信、义、和、平,即使到了现代,也还是比较根深蒂固的。

四维八德这些基本的道德底线非常重要，没有这些基础，就直接跳到心灵修行或学佛，其实是有障碍，甚至危险的，一个人如果带着扭曲的心态、自卑、骄傲、愤怒、不感恩、不领情的心态去修行，当你修出"止"的境界，产生一些特殊能力时，很容易会心智大乱，会变得更加自大、傲慢，把自己当成一个伟大的人，要别人来尊敬，甚至展现能力去吸引徒众、骗财骗色，这种问题很容易出现。

　　如果一个人连基本伦常都没有，就直接去修高级的法，更是很危险的，也会给国家和社会带来危险。所以，虽然儒家的道理"不究竟"，"不究竟"意思是说它不能帮你了解生死，了解生命的真相，了解宇宙的真相，这本来也不是儒家的目的，但是它能让你成为一个基本上心态平和、有道德观的人，我认为这对国家社会也很重要。

　　当兵到了最后一个星期，集训即将结束，要抽签分派到不同的军种和职务，去当正式的兵了。这个时候我接到父亲的电话，说"内政部长"发现我拿美国护照，是美国人，前面只是参加集训没关系，但是后面当正式的兵，就无从做起了。"内政部长"和我父亲商量看有没有什么方法可以变通，我父亲就笑了，难道我们要为他当兵走后门吗？大家都笑了，当然不能做那样的事情。我也就没有再继续当兵了。

上山做义工

　　当兵回来之后，我上山去向老和尚报告当兵的心得，得知老和尚要举行一场连续七七四十九天的禅七，我就说希望能参加，老和尚答应了。

　　结果下山向我父亲报告时，一位老师知道之后，骂了我一顿，说你凭什么去参加，那些去参加这个禅七的人都已经真正为寺院做了很多付出，在那儿做了很久的义工或是捐了很多钱，要不然就是已经参禅了十几二十年的"老参"。你算老几，就因为你是陈诚的孙子、陈履安的儿子，就可以大摇大摆地去参加？老和尚给你这个面子，你自己不觉得脸红吗？

　　我听了当然很不舒服，但想想还是挺有道理的，就问："那怎么办呢？"

他说："你去帮忙啊，看寺院里有多少事情要做。"

我问："有什么事？"

他说："你又不是瞎子，自己不会去看吗？"

我就上山去一看，哎呀还得了，这个地方最多只能挤得下三十多人，哪能满足四十九天禅七上百人的食宿？所以需要建设大量的寮房，还要修建厕所、水塔、水管，在这荒山野地，又没钱请工人，全都是大家当义工帮忙。

我就这么住上山去了。山上没法用大机械，大家只能用扁担扛一袋一袋的沙子和石头，还好我刚当完兵，基本上还可以扛得动砖头，但扛的还是比人家少。每天就做这些工作。虽然这个工作表面看起来没什么特别的，但感觉很不一样，因为山上的义工几乎都参加过禅修，对于怎么看自己的心念，都有一些初步的功夫，所以在做工过程中，大家除了按指令做事之外，就是专心看着自己的心，看着自己的情绪、感觉、念头，其实这就是动中的禅修，生活中的禅修。那段生活非常有意思，身体上很累，但心里很快乐。

有些场景我印象很深，一次晚上做工到了两三点钟，山里一到晚上就云云雾雾的，还会飘毛毛细雨，在云雾细雨中我们用电线接了灯泡照明，气氛昏昏黄黄的，突然间来了一群师姐，就是一些女义工，她们煮了一大锅的红豆桂圆汤，送来给我们补一补，怕我们晚上受凉，是她们自己发心在山下做好运上来的。我们每人拿了一个碗，坐在石头上、地上、树边，几十个人都没有一点声音，安静地吃着，因为如果碗筷碰出响声是心不清楚嘛，心很清楚就不会喊里喀嚓响，除非故意去敲它，我觉得那真是一幅好美好美的景象，到今天都记得。

那段时间，每天满身大汗在那么一个破破烂烂的环境里，心里的快乐却是从来没得到过的，比我以前进普林斯顿都快乐，比进哈佛都快乐，比做投资银行玩风浪板都快乐。

我就想，这是怎么回事？怎么会这么有意思？

我想这种快乐是好几方面的。首先，心中无我，做这个事情我不求什么；也没有高低上下，不需要去跟人家比较我是谁，他是谁；他是组长，我是组员；他拿得多，我拿得少；我做得多，他做得少……大家都是平等的，这个过程就有一种修心的作用，带来心里的清净和身体的舒服快乐，实在很特别。

经历了这样一段时间之后，我就对出家修行有了很强的向往。义工做了几个月之后，禅七就开始了，前面三四期禅七我没有进去坐，因为我想先花一点时间练腿，再做些服务的工作，累积点福德资粮，因为开始专心打禅之后，每天吃喝要其他人照顾，自己就是专心修行证悟，所以我就先做了前面三期的"护法"，也就是护持佛法的义工。护就是保护，持就是练习，佛的意思是觉，法就是方法。所以护持佛法就是练习，珍惜这些帮助自己觉悟的方法。

护法的工作很简单，其实就是每天把地扫干净，把师兄弟们休息时要吃的饮食放好，把垃圾倒掉，鞋子摆整齐，然后坐在门口。由于寺院山上是公众的地方，偶然会有游客和居士信徒不知道里面有人在参禅，我们会很客气地说，"对不起，这里正在进行禅七，大殿不方便进去，可以在其他地方走一走"，基本上就是做一个接待的工作。

更多的时间我其实没事做，就和大家一起打坐，要不然就是看看经书，像是《楞严经》、《圆觉经》、《大乘本生心地观经》、《六祖坛经》，这些佛经的白话版本都是那时候看的。虽然不大懂，但倒是对我有一个极大的帮助，就是使我不会升起大我慢心，不会自以为成道成菩萨成佛了。这些佛经比较像是实验手册，对修行的方法、禅定的次第、突破障碍的方法、菩萨的位阶与功德等等，都有详细的记载。认真看过佛经的人，能分辨出社会上龙蛇混杂的各种心灵老师，比较不容易被自称成佛作祖之人所骗。

参加连续四十九天的禅七

那回是近代少有的连续四十九天禅七。来了一百多人，各行各业的人物都有。有教师、家庭主妇、出租车司机、水电工、大企业家、建筑师……什么样的人都有。中间有时候我父亲会来参加，但那时他已经就任"国防部长"，很忙，只能周末来两三天。

当时的禅七基本上用三个方法，一是数息，二是参话头，三是中道实相观。一个方法练习两到三个星期。

数息就是数呼吸，吸气时不数，吐气的时候开始数数，顺着你的气息长短,刚开始的时候一口气只能数到5,后来慢慢心稳定下来,至少可以数到10。有时候其实可以更长一些,但通常我都数到10,只是会越数越慢。数息是为了让心里有个依靠,人就比较容易静下来,这是第一步。

第二步是禅宗的传统方法,宋朝时候开始的,叫做"参话头"。"话头"是指一个念头或者一句话的起点,"参"就是去感觉、体会、怀疑一下。最常用的方法就是用念阿弥陀佛四个字,开始极小声念,慢慢转成用心念,之后不必念完四个字,只要念到"阿"字,感觉一下这声音到底是哪里来的,从唇尖来的吗?从脑来的吗?从心来的吗?心又是什么?

参久了你会产生一种疑惑,然后一直保持这个疑问的感觉,称为"疑情",通常这样一段时间以后,疑情会成团,最后疑团会爆炸,会突然体会到很多东西,比如我父亲经验到的"旧路回家",进入时光隧道看到过去生;也有人会经验到一切万事万物都是心的化现,没有内外中间。但是后来我才知道,能得到这样体悟的人并不多,不到1%,更多的人只是进入安静的境界,能进入这么深的并不多。

我自己并没有通过参话头得到像我父亲那样得到深层的体悟,也可以说这个传统的方法对我并不很适用,只经验到一些初浅的境界。

最后一个方法叫"中道实相观",这是老和尚专门命名的方法,就是把万缘放下,保持心的放松、清楚、明白,保持在那个感觉上。传统的形容词是保持"如如不动,了了分明"。

这三个方法和我后来在藏传佛法中学到的"止观禅修"有同有不同。止观是"止"和"观"两大类的方法。"止"是把心静下来,"观"可以说是真的修行开始,是要通过很多禅修的方法,观察并体悟到心的作用,乃至于心的本质本体。

老和尚在禅七中传授的数息是"止"的其中一个方法,参话头有点像是"观"的方法。在完整的止观禅修中,有很多观念头、观心性的方法。可能是因为多年战乱,很多这些方法在汉传佛法里恐怕是失传了。

藏传佛法中最重要的禅修指导手册里,清楚地介绍了练习止观的方法,如何见到自性的方法(相当于禅宗的"开悟"),还有"老师教学指南",告诉禅修老师怎么指导学生见性,甚至还有评量悟境是否正确的方法,比较类似于一个科学实验手册，而不像是宗教书籍。

我在汉传佛法中从来没有接触到这么细的说明和这么完整的系统。但是最有趣的是，藏传佛法最珍贵的禅修教学手册之一——《达波南杰大手印禅修》中，一开始就讲，这整套方法是汉地传来的。

我想可能是汉地最后几百年战争太多，从明末清初的混战之后，清朝盛世没持续多久又开始内忧外患，白莲教、太平天国、列强侵略、民国革命、军阀混战、抗日战争、国共内战……所以整个修行制度被破坏了，很多禅修的方法没有传承下来，所以到了我参加禅七的时候，只用这三个方法，对我来讲，并不很用得上功。

我记得七个星期的禅七中，我们数息就数了两三个星期，到最后的几天，心进入了一种非常平稳安详的状态，在那之前，禅修书中谈到的"八触"现象也出现了一些。"八触"是指当我们的心境在转化的过程中，身体会产生的八种反应，分别是动、痒、轻、重、冷、暖、滑、涩。动，就是感觉身体里好像总是有一个力量要带着身体动起来；痒，就是觉得痒；轻，是觉得整个人好像浮在空中一样，但并不是真的离开地了；重，是稳如泰山，像山一样绑在那里，完全不想动；冷，是觉得非常的冷；暖，是觉得热；滑，是皮肤就好像涂了油，像丝一样光滑细；涩，是皮肤像麂皮、鲨鱼皮、砂纸一样。

比如，有段时间我热得不得了，那时候是台湾的冬天，大概最多十一二度吧，有时可能还低于十度。山上阴阴雨雨的，又吹着风，冷得不得了。我们打坐时，都穿着黑色的外袍，称为海青，基本整个人都是包起来的，海青里穿着毛衣，毛衣下又穿了好多衣服，而我反而越来越热，到后来打坐的时候就披一件薄薄的、跟丝一样的黑长衫，里面全脱光了，就穿着内裤，热得不得了。

所以我一直将佛法和禅修当成科学实验手册，而不是宗教信仰。

很多人没有把基本的道理学会就开始禅修或跳入佛教，其实是有危险的。后来我了解，的确有些很不好的老师，为了吸引人或勾引信众，或者是骗财骗色，会说当你产生这些身体现象都是他加持出来的，是因为他赐予你能量，你必须给他更多钱，更多供养，甚至漂亮女孩要把身体献给他，修行功力才会更进一步，等等。台湾还真的有不少人被这么骗过。后来大陆也出了不少这种骗子，有的还号称自己是历史上的某某祖师、某某大活佛转世的，骗了不少人。

其实任何境界发生，都是一个身体和心理转化的科学现象，就像慢跑可以减肥、增加体能和抵抗力是一样的，和是谁教你慢跑的其实没有什么关系。

可惜我们从小没有学到这方面的基本常识，所以一旦出现与我们一般知道的不一样的现象，就特别惊奇，很容易迷信一个人，被骗进去了。这是为什么我们总觉得未来禅修和心灵方面的教学，都应该进入正式的学府，以科学的方法来研究和练习，人就不容易走偏，而且也会更有效率。

禅七的目的

再谈谈从传统的教理上来说，禅七的目的是什么。

禅七还有一个名称"打七"，意思是打掉第七意识。根据佛法唯识宗，"万法唯识所现"，意思是一切现象的呈现是因为我们的八个意识，眼、耳、鼻、舌、身、意六识，再加上第七识，末那识，也称为执我识，以及第八识，含藏识，即所有生生世世的因果与记忆。

从科学的角度来讲，就是这个世界呈现在我的面前，是因为眼睛能看到这些光波，耳朵能听到这些音波，有这些嗅觉，有如此的触觉，因此显现这样一个世界。如果我们的五官，也叫做"五识"，转变了的话，在同样的空间中，会感知到另外一个世界，就好像晚上我们不开灯坐在一起，如果旁边有一只蝙蝠，它觉知的世界和我们看到的完全不同。或是我们在黑暗中聊天，旁边坐了一只猫，它觉得亮得很啊。其实我们在同样一个世界里面，但是我们的"识"不一样。

五官产生的五识加上意识，也就是我们能够思想的这个功能，一共是六识。

然后，掌管和控制这六识的，称为第七识，也就是一种自我的感觉，也有人把它称为"我执"，就是觉得有个"我"在看、"我"在听、"我"在想。以看书为例，原来其实只有一个单纯的"看书"，并没一个"我在看书"的感觉，但我一提醒你，是你在看书，你的这个"我在看书"的感觉就出现了。

这是什么呢，"我"是什么呢，感觉起来又模糊不清，这个打七就是要通过静下来之后，以参话头的方法，清楚地认识到底这是一个怎么回事，是不是真的有这么一个自我存在，需要一天到晚被保护，甚至扩大。所以禅七也被称为打七，就是通过认清楚，把这第七意识去掉。

为什么要去掉呢？就佛法唯识宗来讲，生生世世的因果和记忆是藏在第八意识里，也称作八意识田或八识田，它像一个田地一样，生生世世做过的事、讲过的话、想过的事，都存在这个长期记忆库里面。而存取这些数据，就是通过第七识。如果第七识去掉了，就不再种新的因和受苦果了。

根据我自己的体会，这个长期记忆库倒不是一个宗教或哲学的概念，而是可以通过禅修亲身觉受到的，但它并不存在于这身体或大脑里面。像是参话头旧路回家就是进入了八识田，看到生生世世的记忆影子，甚至许多不属于这个四度时空的世界。我自己当时没有那么深的体会，但也看到许多这生的各种早已忘记的事，也点点滴滴看到一些过去的小故事，好像找到了一个以为丢掉了的大硬盘，原来什么都还记在上面。

通过你的第七意识，也就是你的这个模糊不清的"我"的感觉，你从第八意识里面拿东西出来。而参话头的话头，话的源头，也就是意识的源头，思想冒出来的那个地方。那个地方其实就是你和你的八识田连接的地方，所以当人突然进入了那里，就会看到八识田，各种境界就容易出现，每个人都不太一样。当你亲自见到了这些自己做的善善恶恶事情，你才有机会去清除和整理不好的记忆，佛门的宗教名词称之为忏悔业障、消除业障，把以前种的因慢慢转化和转变，这是当时我学到的一套禅宗的修行的整体观念。

在这个过程中，我是有一点点经验的，不能说完全修进去了，但能感觉到很多，以前觉得过去做的事情，像是得罪了人，伤了人的心，其实都没有过去，一定要从心中解掉这些结。

我以前通过参究礼义廉耻忠孝仁爱信义和平，也曾回想起很多事情，但那些只是一般的回想，当人在很静的"止"的状态中时，这些各种善善恶恶的记忆都会自己冒出来。刚开始冒出来的时候，我吓了一大跳，以前自己做的不该做的事情，哪怕是小小的坏事，其实自己内心深处的八识田中全记得。自己以前的烦恼、不开心的时候，通过看个电影、喝杯酒忘掉的那些事，原来都还在那个地方，没有消掉，以前就像是用石头压草，把它们给压住了，其实草都在。

当心一静下来,这些东西就会反扑出来。反扑出来怎么处理呢?有一段时间,我的心就突然完全乱掉了,不知道怎么处理跳出来的记忆。比如七七四十九天的禅七中,我有好几天几乎像半疯掉了一样,充满了烦恼和愤怒,我不知道哪里来的,不知什么事就烦、就气,其实好好地静坐着,身体又舒服,吃穿都好,都有人照顾,没什么事情好气的,但就是气气气,气得快炸了。

我只好一个人偷偷跑到后山,没有人的山林和水边,一个人坐在一块大石头上打坐,感觉整个人在冒火。我就坐在那里,有时候看看鱼、看看蝌蚪,但烦得怒火冲天,不晓得怎么办。后来老和尚发现了,把我找去,问我:"你看念头哪里来的啊?那念头是真的吗?到底谁在气啊?"我也答不出来,连听都听不清楚,只记得他问的什么什么的,都没有用,心中就是烦烦烦,整个人快炸掉了。由于实在太热,晚上回房基本是脱光了不盖被子睡,还用水泼在自己身上。

几天后,一个晚上,老和尚又找我去,我还是很烦,又热又气,老和尚给了我一大杯西柚汁,大概有个一两千cc吧。我就开始喝,边喝边气,但是越喝越冷,越喝越冷,呼呼火就降下去了,人就开始冷得发抖,烦恼也没有了。原来这个身心之间有这种关连,以前自己根本不知道,书上倒是有写,但没体会过想象不出来。

所以那段禅七的时候,我就发现,这可不得了,还不只是自己的心不能做主,这一生干的所有的好事坏事,甚至于自己过去干过的事情,不去处理不行,早晚还得去处理,吓死人了,这么多,到底怎么办呢?

一方面,我生起了一种急迫感和要赶快学习的心,另一方面,也更有信心,觉得我一定找得到答案,能解决这些问题。这些是我二十多年前四十九天禅七时候的一些经验。

那期间当然也有一些时间是进入了美好的境界,像是轻安的状态。在那状态中真的很美很舒服,那真是无处不美,看到任何一个人都觉得很和善、很慈悲,和兄弟姐妹、最亲的亲人都一样。当时我们在山上,四十九天都是禁语,不准讲话,互相也避免眼神的交流,因为不要互相干扰,不要让心跑出去,要随时掌握住自己的心。

在轻安的一个境界中，不只感觉每一个人都善良可爱；连看到一只鸟、一只虫、一只蜘蛛，都觉得美得可以写出一首诗。山上蜘蛛很多，两公尺大的网，中间都坐着一只大花蜘蛛，而且有一大堆。那时一点都不觉得恶心或可怕，看到每一只都觉得好美好美，好可爱。

同时又觉得空气好新鲜，闻到到处都是香的，整个人又是轻飘飘的，全身经络好像都是通的一样，非常非常的舒服，在那种状态里也有一段时间。觉得实在太美好了，呼吸没有这么顺畅过，一切都是美好的，进入了那样一种状态中。

其实这个状态也是禅修的过程而已，称为轻安状态。我们很容易执着这种状态，因为实在是很舒服。

这一类的现象并不是开悟，更不是证悟，只是往这条路上走的时候，身心转换过程中自然出现的现象。如果有老师带你去生起这类的现象，你要很感恩，但也并不表示他一定就是你的根本上师。人要做自己的主人，你的身、心、道德观要掌握在自己手里，不能随便跟人走了。最重要的是，自己一定要把知识和见解学清楚，不能糊里糊涂地走上修行的路。

四十九天禅七完了以后，我又继续在山上参加了三次禅七，在这一共七十天当中，虽然没有什么大的开悟，但是对修行越来越有兴趣，但是也有越来越多不明白的地方，八识田中浮出的业力到底怎么消？消到哪里去了？我怎样修心性才能稳定？禅宗讲求明心见性，要见到自己的心性，到底这个见性是见什么？心到底是什么？究竟什么是开悟？如何评量？怎么知道自己开悟没有？一堆问题。

出家前在麦肯锡工作时的修行

四十九天的禅七结束之后，我又留在山上继续参加了三期。到了下山的时候，我向老和尚说很希望能留下来继续修行，他说："不行，你时间没到，现在不要留在山上。"我就问，下山后有什么要特别注意的。

"小心女人。"

"哦！好。"

下山以后，不确定自己该做什么。一天，我去麦肯锡看一位朋友，遇到台湾公司的总经理，他看到我就说，你要不要回来？以前给你的offer现在仍然算数。于是我就开始在麦肯锡上班了。

那时我没有女朋友，在麦肯锡工作收入很不错，一个人住的房子也很舒服，听了老和尚的话之后我就很小心，不让任何女孩子到我家来，除了我母亲、妹妹，还有从小照顾我的那个阿姨偶尔来。当然，也托麦肯锡的福，时常每天工作到深夜十二点，周末也都在工作，本来也没什么机会交女朋友。

参加过禅七之后，我平时更加用功修行了。不过那时候并不懂得每天的上班、开会、吃饭、开车这些都可以是禅修，在日常生活中还是觉得用不上功，只会下了班以后在家中静修。我租的房子离麦肯锡很近，走路大概几分钟就可以到。一回家我就开始做一些修持的法门，都是佛门传统的方法，除了打坐之外，最主要的就是诵经，把《金刚经》很认真很恭敬地打开，从第一个字到最后一个字，一个字一个字地念完，总共念了好几百遍。

现在回想起来，那是很浅的功课，只是简单的修止、修定的方法，或者说是在和修行结一个更深的缘而已。读经永远是好事，但是一定要带着觉性去读才有意义。昏昏沉沉、糊里糊涂地读是没什么意义的。修行最重要的，是要尽早经验到自己的觉性，学会在生活中禅修的方法，然后在日常生活中练习。我们不可能离开生活，另外找一个开悟，但是那时候我并不知道这些。

另一个功课叫拜忏，是一套忏悔的方法。在军队的时候我做过很多感恩和忏悔的练习，但这又不太一样，因为参加禅七之后，我已经亲身经验到、知道有过去生了，也经验到一些八识田中过去的种子业力这些东西，因此我很关心这些过去造的恶业怎么消掉。

我当时修的忏悔法门有三四种。第一种方法是"七周缘慈"，是通过思考的方法，想到过去自己可能伤害过和帮助过我们的人，佛门称为冤亲债主，然后感谢他们，回馈他们，向他们道歉。

第二种是"万佛忏"，是一本很厚的经书。在每一段忏悔和感恩的文字之后，有几尊佛的名号。我每天念一段文字，然后念一尊佛号就五体投地拜一次佛,一共一万尊。我觉得这个特别有意思,原来我没想到有这么多佛,每尊佛都有不同的名字,还有自己的世界、弟子、修行法门。不过,那时候我在麦肯锡工作很累,每天回家都已经很晚了。十点十一点回到家,赶快把西装一脱,洗个"战斗澡",到客厅把佛像经书放好,就开始拜佛,每天拜三五十尊,拜一百尊就累得不得了,有时拜到趴在地上睡着了。万佛忏我大概拜了两次,也就是说拜了二万尊佛。另外我还修了几次"梁皇宝忏"、"慈悲三昧水忏"、"观音忏",这些和万佛忏大同小异的功课。

严格来讲,每天晚上做完功课之后,应该还要好好检讨自己这一天有没有生起一些贪、嗔、痴、慢、疑之类不好的念头。但是到后来一般回到家做完功课,实在太疲劳了,通常只是大致想一想,一般没有很严重的错。在麦肯锡上班,制定企业策略,执行计划,不会做什么太大的坏事,稍微想一想就差不多睡着了。

我就这样每天周而复始地练习,内心总有一种紧迫感——这功课我已经很拼了,很认真在做,但到底最后什么是证悟?明心见性到底是怎样的?一直搞不清楚。我拼命看书,到处请教高人,看有没有什么新的方法,有效的方法。当时很希望能有机会把全部时间用来去学佛修行。总是担心如果这么做企业继续忙下去,每天只有一两个小时修行,其他时间在造业,可能到60岁还没搞清楚,人生就糊里糊涂过完了,怎么办?很紧张,很有压力。

第五章　出家

决定出家／放下／成立中台佛教学院

佛学院招生／佛学院开课／负责万人朝山法会

负责中台禅寺动土奠基大典／面对内心的烦恼

赌气想修出神通／跟随星云大师

佛光山的禅堂／开始接触藏传佛法

修行是否需要出家？／青海玉树大灌顶

慈悲心受到考验／吃素和色欲

空中的瑞相／离开中台山，修四加行

还俗与"饿七"／还俗以后

学历和修行成反比——专作厨房的大师兄见显法师

当家见坦法师／修禅定的见融法师

见能法师／见通法师

最照顾我的见先法师和见义法师

决定出家

有一天，我又上山去请教惟觉老和尚，也可能是我把他问得烦了，他最后说他打算近期成立一个佛教学院，让学生在四年把所有重要的佛法学完。这正符合我的学习习惯，听了极为心动。他又接着说，但这个佛教学院只收出家人。我当场就问："我能不能来学？"他说："可以啊。"我说："那我要跟您出家了。"他说："好啊。"我回家向父亲报告，他也同意了。我就这么决定去出家了，动机和过程都很单纯，希望像读MBA一样，"全职、专业、有效率地"学习修行的方法，然后回到世间运用和实践。

出家的前一天晚上，我住到寺院里，先把头发全剃了，只留一小撮头发，这样第二天惟觉老和尚用刮胡刀把头刮光就算剃度了，要不然老和尚帮我们剪头发会花很多时间。之前我常上山做义工，禅七时也做了很长时间的护法，所以和师兄弟们本来就很熟，像个大家庭一样。那时候寺院中所有的人，不管出家的还是在家的，都是为了证悟，为了明心见性，为了改变自己的习气行为，才来到山上的，每一个人修行都很认真，大家在一起互相鼓励，充满了一种非常美好的气氛。

出家后就不用原来的名字陈宇廷了，老和尚为我取的内外名号，是"见安"和"传宇"。一般师兄弟都称我"见安"。老和尚说"见安传宇"，是"正见心安，传遍宇宙"，挺吉祥的，也有点预言的味道。

我出家的动机很单纯，所以我也很低调，只是想尽快把禅修证悟的理论和方法学清楚，所以没通知什么人。我心想来参加我的剃度典礼的，大概只会有我的父母、弟弟妹妹，还有四五位老朋友。

没想到第二天一早走出寮房时，山上满是记者，台湾所有主要的媒体都来了，麦克风、摄影机架得满满的。

那是1992年10月14日。当天台湾所有的电视新闻和报纸都报道了我出家的消息。第一天几乎各大媒体都是头版头条，之后连续好几天也仍然如此，讨论我出家的各种相关消息维持了两三个月。

现在回头想想，这么多媒体报道，主要有几个原因。第一当然是因为我的家世。"副总统"陈诚的孙子、"国防部长"陈履安的儿子出家为僧，是很有新闻性的。第二是当时台湾正处于经济快速发展、社会快速富裕，但心灵也快速空虚的阶段，社会对佛法和心灵有很大的需求，对佛教的印象也正在大转变的时期，而我读了普林斯顿、哈佛，又在麦肯锡工作过，和原来出家人的形象很不一样，所以我出家这件事才会受关注。在我父亲学佛之前，台湾的佛教虽然不能说是地下宗教，但也是一个很受打压的状况。普遍对佛教的印象是《红楼梦》、《水浒传》、金庸武侠小说里的那些看法，认为寺庙是失意的、失恋的、失败的、逃避的、不晓得人生该怎么办的、像林黛玉贾宝玉那样的人的世界。

但是"国防部长"学佛，大大转变了台湾对佛教的态度。在那之前，政府有不成文的规矩，高僧是不允许上电视的，电视剧里的假和尚倒是可以。我父亲学佛之后，记者跟着采访和拍摄，自然把这些禁忌都破掉了，让佛法化暗为明，高级知识分子学佛也不觉得丢脸，不需要躲躲藏藏了，学佛禅修甚至成了高尚、流行的活动。

我出家这件事就更特别了，因为在这之前虽然可以自由学佛，但是人们还是会把出家看作是倒霉失意者去逃避，愚夫愚妇去混饭吃，没文化的人去浑浑噩噩敲钟过日子的事情。这是当时的主流看法。虽然那时已经有圣严法师从日本拿了博士学位，星云大师盖了宏伟的佛光山道场在办教育，但是整体来讲，大家还是把出家当作一种迷信的事来看。

我出家以后，有大量的知识分子也跟着出家了，尤其是大学生。像我出家的灵泉寺和中台禅寺，我出家的时候大概有40多位僧人，大学毕业的不多。到我三年后还俗离开的时候，增加到了500多位，我记得应该有300多位有大学以上学历。其中还有我二弟陈宇铭的同学，出家名见铎法师的哈佛法律系博士。还有她当时的男朋友，后来的见护法师，是加州理工学院的脑神经计算机系博士，都是学历非常高的，也都是很好的修行人。

当时带动了一大批优秀的人出家，倒并不是因为我成了榜样或模范，我没有那么了不起,而是本来许多年轻人想出家,多半会遭到父母师长的反对,而我成为一个很好的借口,"人家'国防部长'的儿子,读哈佛的都可以出家,我为什么不行?"有好多位后来出家的师兄弟特别感谢我,这么告诉我的。不过,现在回头看,我到底是帮了他们还是害了他们,我也没有把握。每一个人有自己的修行之路要走,有的人出家修行很好,也有些人出家不一定是最好的选择。

我出家第二天,有位多年没见面的高中同学,一位老好人,在报纸上看到我出家的消息,急急忙忙地赶上山找我,坐下来第一句话就是:"陈宇廷,别想不开了,咱们一群朋友大家凑点钱,你总可以东山再起,别这个样子!"很明显他以为我是事业垮了才出家的。

我说我出家跟这没关系,我事业好得很。

他又说:"哦?唉!天涯何处无芳草,真的不必这样,女孩子很多,兄弟们帮你介绍介绍,不要这样难过!"

我说跟这个也没关系。

他就说:"那你干吗出家?"

我就稍微简单地讲了一下我自己的体会,他听得一知半解,说:"这不行,你总之还是要传宗接代的。"

我突然就问了:"你曾祖父的妈妈叫什么?"他说不知道。我又问:"你曾祖父的父亲呢?"他也不知道,甚至曾祖父的名字也不知道。

我说:"我也只记得爷爷的父亲的名字,之上我也不知道。那我们是在传谁的宗,接谁的代呢?"

我和他谈到信仰不重要,通过禅修亲身经验才重要。比如相信轮回没有用,要亲自体会轮回到底存不存在才有意义。如果亲自体验到人人都做过我们的兄弟姐妹、父母师长,会自然生起慈悲心,想照顾周围的人,等等他以前没听过的观念。

他听了以后说:"哦?原来是这个样子的,很奇怪,我回去再想想",就下山走了。很多记者采访问的也不外乎这类问题。

放下

开始第一个学习的是"放下"。不亲身经验放下还真的不知道自己到底有些什么执着。当时台湾的汉传佛法,尤其惟觉老和尚,非常强调出家以后要放下过去世俗中一切的人、事、物。

对我当时来说,把身外之物放下不算是太困难。参加完70天的禅修以后,我就不大累积东西。当时我租了大建筑师李祖原的老家,什么家具我都不买。一个床垫睡在地上,一小片榻榻米配一张小方桌,楼上一个供桌和几个蒲团。没有电视。非常简单的生活。出家以前,我把大部分从小到大累积的东西都送人了或者丢了烧了。在纽约投资银行工作的时候,我很喜欢名牌,买了很多,有不少当时出名的阿玛尼Armani、范思哲Versace、Jean Paul Gautier、杜嘉班纳Dolce & Gabbana……各种名牌的西装、夹克、风衣、领带、皮带、袖扣、围巾、手巾都有。出家前基本一股脑都送光了。记得当时一面送,心里一面想,真奇怪,我怎么会去收集一大堆这种东西呢?一点用也没有。出了家就是几套僧服,大家都一样。不需要花任何时间装扮,头也不用梳,一个星期刮一次就可以了,倒是挺方便的。

有个小插曲。我们出家后所有为了信众办活动或做法事收到的供养金,都是交给山上的,自己不留钱,这是规矩,也是自我约束。大家非常地节俭。山上每一年发一次新衣服,新年去库房用旧衣服换新衣服。我出家第一年新年,到库房时发现去领的人很少,原来大家都在等别人先领,然后用旧衣换上更破旧的衣服。结果被老和尚发现,骂大家:"执着新衣服是执着,执着旧衣服也是执着!新衣服没人穿也是浪费。"但大多师兄弟们仍然不愿穿新衣,老和尚也没有办法。

成立中台佛教学院

出家以后,最让我难过的,是佛教学院没有马上成立起来,而上山来找我和采访我的人又实在太多,于是老和尚让我一个人住在一位大功德主杨德胜居士提供的关房中。那几个月没人打扰，我又看了大量的经书，其他时间就是打坐、诵经、持咒。

出家时对自己内心境界的体会，比禅七的时候更深。在社会上你会觉得自己是一个蛮好的人，努力读书工作，没有作奸犯科，对亲人朋友也不错，但是出家之后完全静下来，今生和过去的各种习性和业力会一直不断地浮出来，会发现自己真的做不了自己的主人，各式各样的念头都会出现，好的会很好，坏的会很坏。

我当时不知道如何处理这些各种强烈的情绪，觉得这样下去不行，一定要有个佛学院，把修行的理论和次第弄清楚，我出家就是为了这个目的，自己的生命问题，生死问题，可不能开玩笑。我就去求老和尚一定要把佛学院给办起来。但老和尚那时候努力要建设中台禅寺，特别需要人才。我的出家带动了大量的大学生出家，这些师兄弟，善良虔诚，都参加过禅七，体会到了一些心性，是老和尚管理寺务和募款最好的帮手。

所以大部分师兄弟们，刚剃了头就被派下山了。有的可能第二天就去当某一个寺院、精舍、禅修中心的住持、副住持、当家，负责办活动、办禅七、讲经说法，还有募款建寺。

其实这些师兄弟出家都是为了解脱和证悟。在我印象中，我真不记得有任何一位师兄弟是为了逃避，或是为了名利地位而出家的。大家刚出家，自己的修行还没有成就，这么早就去负责道场的营运，教化信众，心里都很不安。我就更急着想把佛学院早点办起来，想帮他们，也想救自己。

老和尚说，不对，你们要先累积功德，功德累积够了再来读佛学院，我俩就意见不合了。老和尚辩才无碍，我堂堂哈佛的MBA，每次总是讲不过他，总是没多久就被他说服了。但离开后回去想了几天几星期，又觉得不大对，再跑回来找老和尚辩论。

我对老和尚是非常尊敬的，每次要表达很强烈的反对意见时，都会先跪下来叩三个大头，再站起据理力争。就这么来来回回搞了大半年。到最后，也没搞清楚功德到底是什么、为什么捐款建寺院有功德、这功德对修行有什么用。我仍然坚持一定要办佛学院。

后来我听一位在佛光山出家的女众说，大学生出家的僧人是最好的"高档免费劳工",可以帮寺院做很多事。募款建设寺院、整理资料、办活动,他们都行。但当时我不是为了这些工作而出家的,我是为了求法、证悟、了生死、自觉觉他。

不过,今天来看,倒也没有谁对谁错,只是我们想走的路不同。我想要明心见性,想要了解整个佛法脉络,想要修行成就,经验实相,开发慈悲智慧,自己觉悟了以后回来度众生。我一直在找寻答案,自己也在生活中很努力去实践,直到今天也从来没有停下来,这是我今生的心愿。

但另一方面,有很多人喜欢出家的生活,有很多的心灵朋友,大家互相照顾,因此希望寺院更大,佛像更多更大更庄严,可以让更多一般人和游客与佛法结个善缘,也同样是很好的心愿。但那时我很坚持,没过几天就去辩论或哀求,请求老和尚支持我办佛学院,最后老和尚拗不过我,只好答应了。

他在中台禅寺的那一大块土地上,辟了一间大房间,是旧工寮的一部分,给我开始办学。当时老和尚命我出任教务主任。说是教务主任,其实也兼做教学的老师、打扫卫生的工友,因为就我一个人。经费是零,我向以前社会上的朋友募款,买了台复印机,弄了几台计算机。又找了几位师兄弟,还有几个小沙弥一起帮忙,油漆房子,打扫卫生,很快教务处就成形了。

地方有了,接着我开始请师兄弟来帮忙营运。有了我这个教务主任,还需要一位训导主任,管纪律和戒律。我从美国回来比较自由率性,搞戒律实在不像,得找一位比较严肃的人。师兄弟见灯法师,长得有点像达摩祖师,满脸络腮胡,台湾科技大学毕业,他的戒律非常好,话不多,持身很正,很稳重,禅修也好。我去找他,他同意了,老和尚也就任命了。他现在是中台禅寺的住持。再来我去找好朋友见护法师,那位加州理工学院的博士,参加作为老师。还有见定法师,一位四十岁上下,非常安静、稳重,像女教授一样的出家女众。我们大家一起整理教材,研究教学方法,怎样能让学生们最有收获,等等。我们时常讨论到深夜,整个寺院都黑了,就是我们教务处灯火通明。半夜在月光下,虫鸣声中各自回寮,是一段很值得怀念的日子。

现在台湾最大的佛学院——中台禅寺佛教学院,就是这么开始的。

佛学院招生

接着，就是要招学生了。

那时候老和尚把出家众都派出去做住持了，而我要把他们从大本山中台禅寺外面的寺院和精舍收回来读书，总是跟老和尚拉拉扯扯。那些精舍分布在台湾各地，台北、台中、台南、花莲、高雄都有，那时大概有二三十个，现在应该有几百个了吧。很多居士（在家的修行人）把他们自己的家、多出来的房子或他们的办公大楼，捐出来或借出来作为中台山的道场，佛门称为精舍。精舍通常就是一个禅堂、一个吃饭的地方和可以住上三五位出家众的地方。小的精舍差不多两三百平米，大的精舍很大，有的有好几千平米，甚至有几个精舍是完整的大寺院，是其他僧人捐给老和尚的，那就更大了，能住上百人。老和尚把师兄弟们派去这些地方负责教学和办活动。

我和老和尚周旋了很久，经过很多次讨论，我拿出了在麦肯锡公司学到的本事，画出了一个叫"三环一体"的修行制度。当时我觉得可以把修行想成三个环环相扣的圆圈。

第一个圆圈是修"功德"，对出家众而言，就是参加管理寺院和精舍；对信徒而言，就是行善和捐钱。

第二个是"教理"，也就是把佛法修行的道理学清楚。对出家众而言就是读佛学院；对信徒而言就是向出家众学习。

第三个是"禅修"，对信徒而言是参加一日禅、三日禅、禅七等等；对出家众而言就是带领禅修。

循环做这三件事情，是对出家人和信徒的证悟都有帮助的方法。当时没有计算机绘图，我用圆规和铅笔画出来，用剪刀裁出彩色的圆形和箭头色块，贴好了拿去向老和尚报告，他看了很开心，就公布了。

于是我有理由把派出去的出家众收回来读书，老和尚也有理由把他们派出去了！皆大欢喜！

一直到今天，有不少当时的出家众很感谢我让他们出家以后很快就有机会好好学习。他们对老和尚非常地忠心耿耿,想回来读佛学院也不敢讲,但如果是被我逼的,他们只好回来读书了,就顺理成章了。当然,每一位能不能回来,我都会和老和尚认真地商量,希望对寺院发展和师兄弟们的教育两方面都好。

不过,这也不能说明我就是对的,被派出去在精舍和寺院中通过工作磨练心性的师兄弟,之后回来学习经教与禅修,很多得到很高的修行成就,就是因为募款的工作很辛苦,有很多各式各样的烦恼,反而使他们的心被磨练得更稳定。

今天,老和尚的心愿完成了,宏伟的中台禅寺早已建成,每年吸引好几十万的信众和观光客,在全球也有了几百个精舍和道场。回想那段时光,很温馨快乐,是我生命中最美好的一段经验,也有一点对不起老和尚,给他添了那么多麻烦。他辛辛苦苦、不眠不休地募款建寺院,好不容易来了一群帮手,我这个刚出家的呆子,又把他们拉回了学校中。

佛学院开课

佛学院后来有两百多位学生,有不少在家居士也来听课。老和尚亲自讲解《教观纲宗》——一套汉传佛法的理论和修行论典。我发明了一些教学的方法,比如把一些核心的修行道理或是方法摘出来,让学生专门修习一段时间。像是有一个汉传佛法归类为小乘佛法的基本见解,称为"四念处",分别是"观身不净"、"观受是苦"、"观心无常"、"观法无我"。

"观身不净"是用几种方法观察身体,逐渐体会到身体是不清净的,借以放下对身体执着。"观受是苦"是观察心里的各种感受,逐渐体会到世间没有真实的快乐。"观心无常"是观察自己的起心动念,逐渐体会到心念是一直变化的,是无常的。"观法无我",法是指万事万物,不是佛法的法;观法无我会帮助修行人体会到一切事物中,并没一个长存不变的自我。

这些方法也可以换着修,比如观身不净之外,也可观受不净、观心不净、观法不净;也可以观身是苦、观身无常、观身无我等等,一共有十六个变化。

通常呢，一般人或佛学院，念完就过去了，但那时候我们很特别，我建议把每一句话拿出来各修几天或修一两个星期，让这些道理能进入心中，变成是生活的一部分。

当时我会运用这样的方法修行，可能是我过去生与藏传佛法有因缘，也可能和我以前参究忠孝仁爱信义和平有关，我总觉得这些道理不是用来讲的，也不是用来背诵的，而是用来练习实用的，因为这些道理，其实一听就懂，佛陀根本不需要花这么多功夫细细地讲，肯定是用来修行的。

我觉得将每个道理修一两个星期的方法很有效果。学生中有些出家比我久，有的学问比我多，有的禅修比我深，但是大家对我提出的方法倒是挺认同的。因为在这样练习的过程中，很多人都出现相当特别的境界，对佛法有更深入的亲身体验。

比如修观心无常的那段时间，很多人生起了很强的出离心，觉得这个世界不值得留恋，遭遇到任何不顺的事情，也都不会放在心上，感觉除了修持佛法之外，其他的都不重要，能够更专心修行。

又比如修观身不净，是对治欲念太强的一个方法，是一个小乘的方法。尤其是年轻的出家众，不可能剃了头色欲就没了。欲望很重的时候，通过这个方法，静下来，认真仔细观身不净，欲望自然就会轻一些。

那时候我们也修习观身不净中的"白骨观"，这是很多僧人都学的。"白骨观"是要你先想象出一个你执着的俊男或美女，然后观想他死了、烂了、变成了白骨。还可以用"九想观"作为辅助。直到今天我还能背得出来，"九想"是人死后，尸体胀、瘀、坏、涂、脓、噉、散、骨、烧。胀，就是人死了胀起来。瘀，就是瘀青。坏，就是开始烂。涂，就是脓水流出来了。噉，就是虫开始吃尸体。散，就是散开了。骨，头就是只剩白骨。烧，就是化为灰烬。

观想久了，会自然感觉到，其实一个人不过就是这么一个东西。出家时好几次在梦里出现美女来诱惑时，我只要心里一想到白骨观，美女就变得很丑、很恶心，身上都是烂肉和窟窿，色欲自然就消了。我当时觉得挺有效，但是一不修，又没有用了。

严格来讲，这些方法都不是最终证悟的方法，佛门称之为对治法门，意思是可以用来对付欲望的暂时有效方法，有点像是石头压草，石头搬走，杂草又恢复原状，甚至更多，但没有解决问题，只是暂时把烦恼压了下去，并没有消掉。

当时我们实验了很多这类的传统功课，蛮有意思的。

我们也去外面请了一些高僧来教导我们。其中有几位很有修为的大和尚，比如妙境长老，是修天台宗的，他来讲过几次课，但是他不愿意做我们的长期导师。还有好几位老和尚，我们四五个人去请，磕了很多头，但是他们仍不愿意，他们觉得来讲课会造成各方的困惑，就没有来。他们不希望为一宗一派一师服务，对佛法的理解和看法也和老和尚不大一样，所以后来大多数的课，都是老和尚亲自教学，相当辛苦。

我自己呢，倒是在离开老和尚将近十年后，才体会到他多次告诉我的禅修关键。印象最深的是有一次我做他的司机，半夜开车从台北到埔里中台禅寺。路上我一直问他，在生活中我到底该如何修行，他坐在我的右边，举起双手像是握住方向盘的样子说，就是这样修。我当时听得一头雾水，怎么问他都是这句话，就是这样修。

我现在才懂，并不一定要出家或是到寺院里面去做义工、捐款、打坐才是修行，才有功德，完全可以不离开日常生活，吃饭、走路、开车、上班、开会、看电影、谈恋爱、听音乐、打球，随时都可以禅修。但是必须要把一些基本方法学会，而且一定要先体会到"觉性"，或是说有了初步的"悟境"才行。老和尚常说的"悟后起修，才是真修"，指的就是这个。没有悟之前，修行是修行，生活是生活。如果没体会到"觉性"，容易成了口头禅，自欺欺人。

没有"觉"的日常生活，只是相似的修行，而不是真的修行。不过当时我怎么也听不懂！关键到底在哪里呢？我十几年后才知道，关键在对于"觉"的认识和体验。如果随时能带着清楚明白的"觉"，这其实就是禅修。而直到近两年，我才发现一些现代化、科学化的说法和方法，能够让人早一点觉受到这种初步的"悟境"，然后在日常生活中练习。

如果那时有人这么教我，真的可以省好多年的时间！

负责万人朝山法会

很多人觉得很奇怪，我既然选择出家，为什么不喜欢那些敲打唱诵、摇铃持鼓的法事活动，对于汉传佛法的早晚课唱诵，也提不起劲呢？我想，这大概和我出家的动机有关。

我出家的目的是学习修心的理论和方法，为了明心见性和自觉觉他，对寺院的法事活动无论如何提不起兴趣，更不想参与寺院的管理和营运。但中间曾被老和尚拉出来办过几次大型活动。每次事后都很有收获，今天更是回味无穷，但是过程都极为烦恼和痛苦。我那时常开玩笑地向老和尚抱怨，每次都是被你设计了，骗出来做事的。

我还记得第一次他用的是苦肉计，那是在灵泉寺，一个湿湿冷冷的冬天深夜。我在后山禅堂边上有个小房间，离山下的寺门和会客室走路有五六分钟的距离。我住在那里，每天自己读经打坐。有一天晚上，大约半夜12点，老和尚叫人来喊我。我跑下去，他刚从山下回来，那段时间他到处募款，要在台中埔里建设中台禅寺，非常非常辛苦。我到了会客室，看到他重感冒，戴着深黄色的瓜皮帽，穿着咖啡色的厚长中衫，身旁和桌边扔的都是卫生纸，一把鼻涕一把眼泪地咳嗽着。

老和尚看我来了，说："见安啊（我出家的法名叫见安）！师父老了，很尽力在做这些事情，但师父真的是老了，身体不大承受得住啦，你们年轻一辈，真的要多发心啊，要发慈悲心啊，为众生做点事情啊！"

我看到这个情境，当然马上就跪了下来说："师父您吩咐，要我做什么？"

老和尚修行真的是很有本事的，精神马上就好了，就像没病一样，笑眯眯地说："太好了，我们三个星期后要办一个万人朝山活动，现在没有人负责这个事情，你就来做吧。你去找一个叫见微的，她知道这件事。"

第二天早上起来，我去找见微法师，找到时，老和尚早已下山，不晓得到哪里去了。一谈之下，发现这万人朝山活动有几个不小的问题。第一呢，几万份文宣已经发出去了，但是日期写错了。这一下我的烦恼就生起来了。唉！发了几万份出去，日期错了。这种事叫我来负责？第二嘛，是个大问题，文宣上的募款账户写错了，是个严重的错误。第三，见微也刚出家，文化大学的，但是对如何办活动一点也不懂，而且也不是她负责，她只是传话。也就是说，除了我之外，山上并没有第二个人在管这个事情，而且万人朝山是真正会有一万多人来，不是"很多人"的意思；而且不是一万人到山上看看，而是要三步一拜朝山到这里来。老和尚当时有二三十个精舍，各约了三四百人，这上万人会从全台湾各地包游览车上山来。

而且所有人上来以后，下了车，要三步一拜到寺院。每唱诵一句"南无本师释迦牟尼佛"拜一次。边走边唱，唱完一句拜一次，然后站起来再唱，再拜。过程不但需要庄严肃穆，有气氛，还要让大家觉得有收获，不虚此行，拜到山上之后还要有好吃的素食给所有人吃，当然还要有足够的厕所才行。而山上什么都不够。

三个星期人就要来了，这个巨大的工程谁在管呢？没有人，就是我，而且前面的信息还发错了。我到处请师兄弟帮忙，但没人理我。该做菜的做菜，该种树的种树，该做什么的做什么，都说不是我的事啊。那些在禅堂里打坐一次可以坐两三个小时的师兄弟，这些事更不会来帮忙，也没有义务来帮忙，而且老和尚也没有交待他们来帮忙。怎么办？

我那个时候就体会到，以前古人讲，"宁带一团兵，不带一名僧。"因为僧人没有什么贪嗔痴。你没有办法用贪心、用钱、用名誉来勾引他工作；你也不能利用他们互相之间的比较竞争之心去激发他们；他没犯错的时候，你更没理由逼他，也不能以赶他走来威胁他。

那我怎么办呢？只好一个人先扛起来再说吧。重做所有的活动文宣，计划活动路线，和各精舍负责的住持师兄弟联络，和他们商量，求他们一定要找人上来帮忙。大概不到几天，我自己也累成了重感冒。睡眠不足，山上又湿又冷，也成了一把鼻涕一把眼泪，和老和尚一模一样。唉！这个时候就出现第二位、第三位师兄生起了同情心，看我这家伙是来真的，真的无私地在干事，自动出来帮忙了。

所以我发现在寺院里，你不以身作则，根本没有人理你，做事特别特别不容易。它跟以前做企业很不一样，在企业里可以威胁利诱，给奖金，你不行我炒你鱿鱼。在寺院里，人不犯重大戒律或错误，是不能赶人家走的，一定得用"心"才能领众。我一点点向大家说明为什么我们要办这次万人朝山、目的是什么、意义是什么、为什么一定要发慈悲心通过办活动修行……反正想尽办法感动师兄弟们，劝他们投入。哎呀，这可是和麦肯锡完全不一样的世界。

很多小事，我到今天还记得。最开始，一万人来了要如何排队都不清楚。我们寺院在山上，山路非常窄，有的地方只能一辆车通过，如果来一万人，每五十人一辆游览车，也要两百辆游览车。一辆大概有十公尺，排起来是个很长的距离，山路没有地方回转怎么办？又没有停车场，这么多车怎么停？好多好多事情要做，还要和警察打招呼，我就四处请教，但谁也没有经验。

还有一万人来该如何排队，也是我想出来的。原来师兄弟们想得很简单，一长列队，我一算，一万个人，一人间隔一公尺，一万人就是一万公尺，是十公里啊！这样后面的人拜到了天黑可能都还没到，那怎么行？我改成了五个人一排。

又想到大家念的声音肯定不整齐，人一多就会乱掉。怎样念大家的声音才会一样呢？我决定沿线装很多扩音器，预先录好音，这样才能掌握时间，每几十人就选一位带头的。大家一起念"南无本师释迦牟尼佛"，然后，咚！拜一下。还要能调整，要不然人多了，怕太慢。因为在中午之前，11点左右，所有的人都得拜完上到大殿禅堂来，要不然，整个山都会乱掉。还得让早期上来的人先下去，然后，车要怎么走，怎么回转，都要搞清楚。

山上的工作人员总共也就十几人，当人心一致的时候，做事效率倒是挺高的。那两星期的工作还包括寺院的基本建设，修路、安灯、装麦克风、建厕所、搭棚子……

三个星期不眠不休，又生了场重感冒，我的脾气变得很大，过程中也骂了不少人。办完之后，累得昏过去了，我发誓，我从此再也不干这种事了。我出家是来修行的，怎么反而嗔心更重了？还骂人造了恶业。这种事叫做领众，带领大众的事情，我不要再做了，决不做领导。

不过，回忆起来倒是件蛮好玩的事情，我这么一个新出家的傻子，竟然能带了一大群师兄弟完成这个艰难的任务。

负责中台禅寺动土奠基大典

我第二次负责大型活动,是我在做佛学院教务主任的时候。也是突然有一天,老和尚把我叫去,希望我出来负责寺务。我说,报告师父,佛学院实在太忙,为了准备教材、改作业,天天都弄到半夜一两点,不是我不帮忙,是真的没时间。他只好找别人负责,结果出了很多乱七八糟的问题,反正该想到的都没有想到,该做的都没有做。老和尚也急了,又把我叫去,说:"见安啊,你看这种事怎么办呀,那个又该怎么办呀。"等于是讲给我听,激我。我都不为所动。没多久,又是一次苦肉计,我记得老和尚那回不是病了,就是累坏了的那种样子。做弟子的再不帮忙扛,实在就太不像话了。

我说,好好好,我来弄,这次是做什么呢?中台禅寺的开幕奠基大典要我负责,预计最多来5万人,结果来了6万多人。而那时所谓的中台禅寺,其实就是一片长满了灌木和杂草的荒山,除了一些工寮和临时建筑之外,什么都没有。

信徒自全台湾各地来,如果只是参加个开幕典礼,既无聊也显得我们招待不周,荒山上连坐的地方也没有。于是我们决定信徒到了先朝山,像上回一样,下了车,三步一拜到寺院。接着是开幕典礼,之后是一个三四百个摊位的大型佛教园游会。

那段时间,印象中我每天身上挂了三个对讲机,骑着一台摩托车,满山遍野在跑。那次帮忙的人比较多,每天晚上开会都有三四十位师兄弟,还有一些没有出家的大学生,大家都来帮忙,所以有上百个人。我拿出麦肯锡的规划能力,分成很多组,做出进度表。但是,同样地,与出家人工作不大一样,如果自己不以身作则,人家不理你,什么事也办不成。

人多意见当然也多,而且我在寺院中,排行40多,还有很多出家比我早的师兄。但由于开幕典礼对寺院实在很重要,时间又很赶,就免不了争吵骂人。我记得有一次我和一位出家女众大吵了一架,面红耳赤,气得连F字都用上了。吵完以后,大家晚上睡觉时,我就一个人偷偷跑到佛堂去忏悔,心想白天什么话都骂出来了,实在太丢脸了吧,出了家怎么能骂得出这种脏话。

我一进去,哎呀,她也跪在那里忏悔。两个人相互一见了都大笑,觉得特别好玩。后来一段时间,碰到两个人坐在一起就笑,笑得简直是东倒西歪。因为都是为事吵起来的,都是为了寺院和信徒,没有什么私心,只是意见不同,大家又懂得修行,吵完了反而更加一条心。

我接手的时候大概只剩一个多月。那段时间最累人的,是连续来了两个台风。预计六万人到山上时,天还是黑的。于是我们张灯结彩,每两三公尺就挂一个很美丽的纸灯笼,挂了好几公里。几千个灯笼都是大家自己组合,自己拉线,自己挂,因为外包给工人实在太贵了。我们还沿路装了很多放音乐的喇叭。但是台风一来,就全刮在地上泥巴滩中了。为了惜福(珍惜福报),又不能丢了买新的,要洗好、晒干,再重新挂,山上没有义工,只有找师兄弟,求大家帮忙。

还有,老和尚执意种很多树,他种的树不是小树,是大概四五个人合抱、非常大的树。加长卡车运来时,又总是把电线绳子都钩倒了,到处都是土,乱得一塌糊涂⋯⋯唉,我又去和老和尚吵,我说开幕典礼之后再种,可不可以?他说,我们禅宗的门风是"丛林道场",丛林道场当然就得有树。这个理论,你说不对嘛,好像也有道理。

反正,短短的一个半月中,要把那里化为净土。我们铲平了一座高低不平、长满了小树丛和一个人高的杂草的荒山。小山整个变成了平的,这块地应该就是现在中台禅寺的中心点,原来是个突起来的山丘。

同时,要把老旧的工寮和临时建筑拆掉。我,还有训导主任见灯法师、教师见护法师,都成了工头。见灯法师几乎天天亲自开怪手(大型挖土机)挖山。他铲山和种树的本事都很大。为了拆掉一个老旧的大殿,我们天天拿着钉锤、榔头,咚咚咚,咚咚咚,在那敲呀,打呀。我还拍了不少照片,不知道现在还在不在,那是蛮好玩的画面。做粗活对我们来说是个解放,尤其是精力旺盛的年轻男众,读书读累了,反而做工、敲墙,都极为投入。大家齐心用力敲倒了一大面墙时,有人笑我们满身泥土臭汗,面目狰狞,看起来像个暴力集团,大家笑得不得了。

有次见灯法师板着脸,横拿着打洞机,咚咚咚咚。他本来就很严肃,这样看起来更凶悍。我笑着问:"你心里是想着在打墙,还是在打敌人呀?你的表情看起来像是在二次世界大战,拿着机关枪在打日本人的飞机。"

我自己也学会了开怪手和小山猫（小推土机）。因为用人力种树实在是太累了。种树需要挖一个又深又直的洞，还得有相当的技巧。怪手当时有两台，大的很便宜但很旧，小的可以用来种树，都是信徒捐的。寺院也有一辆大卡车，我们自己开，可以搬货，也可以运土。土实在太多自己运不完时才付钱请外面的工人把土运走。

我们总在想办法省钱，因为所有的经费都是各地的信徒捐的，佛门称为供养的。主要的募款人是老和尚，我在寺院从来没有管过钱，资金都是老和尚和另外几个师兄弟在调度。我父亲当时是护法会的会长，又是"国防部长"、"监察院长"，带了很多人参加禅修和禅七，包括很多大企业家、立法委员、官员、学者教授。我离开前已经有针对几十种不同行业人士的禅七，比如企业家禅七、大专生禅七、高中老师禅七、初中老师禅七、法官禅七、律师禅七、会计师禅七等。想参禅的人越来越多，原来没有分类，但是很多人打坐有收获，把朋友和公司的人员都带来了，逐渐形成了分行业的禅七。那时所有的禅七都是由老和尚亲自主持，有时也会请几位禅修较深或通达经论的师兄弟，像见鸣法师、见了法师等帮着带禅七，我只做过几次禅七的讲解。

老和尚亲自带禅七的力量还是不一样的。老和尚有相当的本事，在禅堂里面，尤其四十九天禅七中，很多人都感觉到，我们心中起了什么念头，想到什么事情，有什么问题，他都知道，在你问以前他就先回答了。我直到现在才体会到为什么他能知道每个人的想法，原来当人在深广的觉性中，没有自我的时候，会进入自己与他人是一体的状态中，在那情形中，不必经过思考，直接讲出来的法，自然是在座所有人需要的。老和尚很有修行，所以参加过禅七的人，很多人都成了信徒，还有很多请求跟随老和尚出家，有的成了大护法，出力、捐钱。

我们忙到最后一星期，终于铲平了那座山。一天半夜，下着大雨，大家都累得睡着了，结果送瓦斯的车群开到小山下，把六七百罐瓦斯卸在泥泞中。第二天我们还得搬上小山，谁去搬呢？又是大家一起来。把这些园游会要烧水烧菜用的瓦斯一个个搬上山。

我们又担心下雨。不能让远道而来的信徒们淋到雨，于是决定要搭棚，除了每一个摊位要有棚，还要有能容纳五万人的避雨棚。

我记得摆了大约400个摊位，有玩的，有吃的，有卖的，不过多半以吃的为主。包子、水饺、粽子、米粉、羹面等，总有两百多种各色素食小吃。通过这次活动，也看到台湾特别可爱的地方。来摆这些摊位的，都是发心的居士们，东西都是他们自己做好了带来，给大家免费吃喝的。游园券收到的钱，全都是捐给寺院的，等于是大家来一起出钱出力建设寺院，非常令人感动的。

事后总结，在不到两个月中，铲平了一座小山，运走了大概有四五百卡车的垃圾、杂草、泥土，制作了几百面大型广告牌，种了几百棵两三人高的小树、几十棵多人围抱的大树，挂了几万盏的灯笼，安排了一个巨型的园游会。很重要的，我们还建了两三百个厕所，女的是男的三倍。没办法，得自己建，挖化粪池、布水管等，很多工程，保证了人走后还是一片"净"土！

当园游会结束，最后一辆游览车走了的时候，我就累得昏过去了。醒来的时候，已经是晚上了，老和尚正在召集所有的师兄弟们，检讨这次活动办的缺失和问题。我走进去时，会议差不多要结束了，因此没听到老和尚对我的批评。哈！哈！

将近半夜走回寮房的时候，整个山上一片黑暗，除了一点昆虫的叫声之外，一片宁静。特别让我体会到世间无常，几个月的辛苦、劳累、欢喜、兴奋、热闹……突然一下子都没了，和梦境没两样。

面对内心的烦恼

出家的那段日子，不论修行事业多么顺利，不论有多少人赞叹我修得好、功德大，未来是"佛门龙象"，自己内心深处总有一个很大的苦恼。这个苦恼就是知道出家学佛的目的是要"明心见性"，也就是要开悟，悟到自己心性的本体，然后"悟后起修，才是真修"。未悟时的修行，只是相似的修行，是做白工。

悟了以后还要证悟，才能自觉觉他，自己证悟了才能真正利益众生。一般的佛事活动，不论是寺院建设得多么宏伟，佛学学得多高深，有多少万信徒、多崇高的宗教地位，都只是和众生结个善缘，没有什么真正的意义。释迦牟尼佛本人并没有提倡信佛教，他只是单纯地教授证悟的方法，弟子们认真地练习，自然就证悟了。

而那时的我，一直没有悟到心性到底是什么东西。而老和尚又说，悟是不能说的，说了就不是了，只能去悟。这下可好，有没有悟也不知道，也不能问，因为是"言语道断，心行处灭"，也就是用语言形容就是错的，起心动念去想，更是体会不到的。

而我又是一位受了现代逻辑教育长大的人，加上哈佛麦肯锡的训练，非想明白不可。悟到底是什么？不可说不可说。那怎么知道何谓悟、何谓误呢？可真是堕入了"雾"中。忙着办活动、忙着建立佛教学院的时候，会暂时忘掉一段时间，一静下来，就又想到这个核心问题，完全无解，因为不能问。于是，内心的急迫感和恐惧感越来越大，有十几次几乎到了要心理崩溃的地步。

我后来发现，师兄弟中，陷入这个困惑中出不来的人，当时至少有一半以上。刚出家的，还在一种如愿以偿的欢喜梦中，"啊！我终于出家了，可以修行了，一切太好了，太圆满了。"有一点像我刚被普林斯顿和哈佛录取了一样。这种欢喜是短暂的。我们生生世世的烦恼还有恶业，不会因为用剪刀把头发剃掉，就突然没有了。我们的智慧、对佛法的体悟，也不会因为把头刮光了，而突飞猛进。

我现在才了解我当时的苦和烦恼，来自掉入了古代社会的传统修行方法和观念，这些方法，时常反而会对现代人造成修行和见解上的混乱。不过当时我并不知道，所以对于没有证悟，自己的心又不受控制，越来越烦恼，甚至越来越有罪恶感。

虽然是在寺院里面，一个很善的环境中，有时会有一段时间没有任何理由地充满愤怒，见人就恨；又有一段时间独自禅修时，心中又充满了欲望；又有时在极度忙碌中，反而非常平和、慈悲。越来越害怕自己的心不受控制，用了各种对治的方法也没有用。

甚至有一段时间，只要自己起一个恶念，我就用点燃的香，朝自己的手臂和身体烧一个小洞，惩罚自己。弄得全身千疮百孔，天气热的时候起脓，搞得血肉模糊。双臂是烧满了，身上也乱七八糟。有一次老和尚听说了，把我叫去，语重心长地说："见安啊！电灯打不开要找开关，不能拼命去敲灯泡，灯泡敲碎了，就永远不会亮了！"但至于如何把我从这种可怕的境界救出来，他也不知道，只是带着关怀的眼神，很慈悲地看着我。我很感动，但是心中仍充满痛苦。

讲一个有趣的插曲吧，由于手臂上全是香烧的印记，我还俗以后总是穿着长袖遮住。有一次在美国开会，不小心露出手臂，一位美国朋友看了，感叹了一句："What a cool tattoo！（好酷的刺青啊！）"我也笑笑没说什么。从那时以后，我就不太在乎别人看到了。到今天，外在的疤痕已然淡了，内心的伤痛也早没了。但当我听到和我当时一样，卡在那境界中的修行朋友，心中立刻会感受到他们的痛苦，会有种冲动，想告诉他们正确的见解和方法。

赌气想修出神通

大概出家一年半时，有一段时间，我觉得身心都极度疲劳，赌气说，我不玩了，我不要明心见性，也不要成佛了，我干脆就修一点点神通境界出来算了。

我去找老和尚这样讲，死求活赖。老和尚告诫我，神通感应是不究竟的，只是禅修过程中会出现的现象，追求神通感应会耽误真正的修行。我说，那我不管，先修出神通或有些感应再说，出了问题您再来救就是了，比我现在修得不死不活的好。

老和尚拗不过我，只好说："好吧！好吧！我传给你一个咒和手印，叫秽迹金刚神咒，是东密（唐朝传到日本的密法）的一个重要的金刚护法。"

我学会了之后，大约一两个月的时间，天天拼命念这个咒语，早也念，晚也念，烦着时也念，好着时也念。有一天，在禅修半梦半醒的时候，出现了一尊很庄严威猛的四面护法，看着我说："你一直在求，你要什么，我都可以给你！"

那个情景到今天我还记得很清楚，他的长相有一点点像一尊希腊神像，很漂亮的卷卷的头发和胡子，高大强壮。我呆了一下，一时不知道自己要什么。

他问："你要女人吗？"手一挥，哗，出现一群各式各样的女人，有穿衣服的,也有没穿衣服的,个个美丽迷人。

我看了看,说:"这不是我要的。"

他又问:"钱呢?"手又一挥,哗,就像阿拉丁的灯神一样,眼前就堆满了金银财宝,像个小山一样高。

我说:"这个我也不要。"

他说:"那你要什么?"

我说:"我要证悟!"

他面有难色不说话。

我说:"怎么了?"

他说:"这得靠你自己,我给不了。"

我当时想:"该死!我就知道!还是得靠自己。"

他看着我,加了一句话:"不过,以后如果是要钱或是其他的,你可以找我。"之后留了个电话号码就走了。

多年后,我投身慈善公益事业,忙着募款。感觉世界上需要帮助的人越帮越多,好像永远帮不完,经费也总是不够。总觉得再有多点钱就可以多帮几位孤儿,多建几座寺院,多办些学校,多发些奖学金。那时,我就想到要去向那护法要钱,有点后悔,心想:"反正证悟可以自己修,早知道向他要点钱也不错呀。"但怎么也想不起他给的电话号码了。哈!哈!

总之,我出家时开悟和证悟是我唯一想要的,其他东西都不重要,即使赌气说不要了,实际上内心深处要的只有这个。而随着出家时间的增长,离这目标好像越来越远,甚至目标到底是什么,反而越来越模糊了。证悟成了个云雾中的名词,又不能问,也不能说,越来越怀疑自己是不是"误"了。

另一方面,老和尚越来越忙,每天去不同的道场,住在不同的居士家里,他不只需要募款建设小中台(现在的中台禅寺),还买了上千公顷的地,要建设大中台山禅修基地,又要建设台湾从北到南的各个精舍和中小型寺院,所以他永远在外面募款,越来越难有机会向他请法,而我自己的困惑也越来越深。

当时中台禅寺很讲究汉传佛法弘一大师和虚云老和尚的道风,出家以后,要尽量远离世俗的家,所以我并不常与父亲联络。但我的困境,逐渐传到他耳中,他很关心,建议我,你应该四处去参访!

于是我向老和尚请了假,暂时离开了中台佛教学院。

跟随星云大师

最开始我是去佛光山学习,住了大约三四个月。

佛光山是星云大师创建的大道场,有近千名出家人,在全球五大洲都有一两座大型寺院及许多中小型寺院和精舍,台湾各县市也都有寺院和精舍,是当时台湾最大的寺院体系。

星云大师在台湾无人不知、无人不晓,曾被提名诺贝尔和平奖,他的伟大事迹不需要我多说。大师对我极为照顾,我非常地感恩,在此仅介绍我体会到的大师两方面伟大之处。

第一方面是大师传承了中国寺院的古代道风,将寺院和僧众的规矩带到了台湾,而且发扬光大。星云大师11岁出家,1949年22岁到台湾。由于自幼在寺院中长大,对出家众的戒律和规矩都有完整的学习,但由于战乱,没有机会进入佛学院或禅堂学习经教和禅修,而是在那兵荒马乱的年代,凭借着无比强大的毅力、对佛法的信心、严谨的持戒,在那么困难、很少人供养的艰苦环境中,一步一步建立了这样一个庞大的寺院体系,将中国寺院的传承保留了下来,是极为了不起的。

这些规矩的范围非常广阔,包括规范僧人行为和生活中的点点滴滴,比如怎么站,怎么坐,怎么走路,怎么拿碗拿筷子,怎么吃饭等等。不只是教导这些外相,也教导在行住坐卧的时候,心念应该是怎么样的。这些基础,奠定了一位出家僧人的基本威仪。

在佛光山受过训练的出家众,在公众场合很容易分辨出来。

他们坐如钟,坐姿稳重,不会东倒西歪;双腿距离端正,不会大张着腿如土匪,也不会夹着如憋尿;双脚平放于地,决不抖腿,更不会跷着二郎腿。

走时行如风,身形正直,不会弯腰驼背;头正眼神略朝下,不会抬起下颚目中无人,也不会低着垂头丧气,更不会心思涣散,东张西望。

吃饭时左手持碗如龙捧珠，右手拿筷如凤点头，没有声音地、不急不缓地将食物送入口中，不会像动物一样低头趴身用嘴去啃咬食物，更不会狼吞虎咽，吃得口沫横飞。

这些很多人不重视的小事，其实对修行人非常重要，尤其是出家僧人。不只外人看了会觉得是一位堂堂正正、非常庄重的僧人，对佛法生起信心，对出家人生起尊重心。对自己的修行，也会因为持身正直，而气脉通顺、器宇轩昂，自然意诚心正。星云大师将这许许多多自古传承下来，儒家佛家共通的持身规矩，带到了台湾，成为数千僧众的基本礼仪和行为准则，大幅提升了佛教的形象与尊严。

另外，佛光山的四个信条，"给人信心，给人欢喜，给人希望，给人方便"，是非常了不起的菩萨行。星云大师的待人处世，总是能让所有来访的宾客、居士，都觉得特别舒服，感觉特别好。

所以佛光山也有点像一个超级服务团体。比如，你上山来的时候，他一定提前到，站在那里等你。你下山离开的时候，他们一定排好队站在那里跟你说再见。当车子开动，他们开始挥手道别，不会互相说话或回头走开。等到车走得老远了，他们完全出了你的视线了，确定了，他们才会离开。

又比如当时我在佛光山国际处服务，规定电话的铃声不超过三声就要接起来，因为超过三声对方就会觉得不舒服，会生烦恼，而菩萨一定不能让众生起烦恼。其实原则很简单，少照顾自己的需要，多让周围的人欢喜。很多规矩和礼仪我其实也没学得完全，山上许多僧众做得细致到真的让人觉得尊敬。

佛光山最重视的一套方法是"四摄法"，即布施、爱语、利行、同事，这四种摄受众生的方法，也是"菩萨必修法门"，想学习做菩萨的人必须做的事。

四摄法第一个法门是布施，就是给，和任何人相处都先给，没钱时，可以给人好吃的食物，给人想看的书；没有东西时，可以给人信心，给人欢喜，给人希望，给人方便。

第二是爱语，讲别人需要的话、好听的话、喜欢的话。

同事，就是和人一起平等工作。佛光山办活动的时候，出家众不是高高在上指导在家众做事，而是大家一起平等做事。

利行，就是做很多利益别人的行为，办孤儿院、老人院、救济活动、慈善项目、文化事业。还办了许多儿童和青少年夏令营，很多家长把问题儿童送到了佛光山，山上的出家众帮助改变了大量的问题儿童，使他们变得身心健康。很多问题儿童的家长其实本身都有问题，他们又顺便把这些问题家长也改变了。我常觉得佛光山的僧众真的都是三头六臂，什么都会，而且还要完全无我地付出。他们在日常生活和工作中，自然地具足了很多证悟的基本条件。

佛光山的禅堂

大约1993年，我父亲和一位居士，开始将禅修介绍给佛光山，帮助星云大师建立了禅堂，恢复了禅门规矩以及禅宗心法。在很短的时间之内，佛光山有一批僧众，很快就有了很深的体悟和境界。

这是因为这些出家多年的师兄弟们，具足出离心、有戒律、有功德、有平等心等等很多基本条件，当时唯一缺的，是怎么把修行和日常生活中连起来的禅修方法。而且很多出家十几二十年了，有急迫的求法之心，因此，一接触到禅宗心法，很快就能进入状况。

如同这本书最开始谈到，我希望帮助人将我学佛25年的路压缩成5到7年，但基本条件是想学的人真正重视修行这件事。如果重视，而且有效率地具备基本条件，不必像我那样绕一条远路，最少也能省掉十几年的寻寻觅觅。佛法在台湾兴盛了三四十年了，其实有很多这样的出家众，只要和现代化的明心见性之法接起来，啪，一下就能上去。之后，他们就可以弘法利益众生了，很轻松。

当时佛光山的这些僧众是如何被大师磨炼出来的呢？一位资深的长老曾经告诉我，其中一个方法是创造独当一面，让僧众勇于承担佛行事业的机会。当星云大师到全球弘法的时候，会带着一些出家已经有几年的弟子，如果弘法时看到有因缘，也就是有居士愿意护持，比如说供养一个地方，让僧人先住下来，再在那里办道场。星云大师就会对一名跟去的弟子说："好，那你留下来吧，你来负责在这里把寺院建起来，你的衣服、书籍，山上都会寄过来给你。"就把他一个人留了下来。

一个人怎么建道场呢？那就得想尽办法。比如先从华人小区开始广结善缘呀。你不付出、不照顾人、对人没帮助，谁理你呀？人家为什么要出钱建寺院呢？寺院得要带给当地好处才行！

除了所有的佛教规矩、经教、法事活动都得精通之外，佛光山的师兄弟们，不管男众或女众（佛门不论男女都称师兄弟），个个都能做一手好菜。这是结善缘最重要的基本功夫，民以食为天，会做非常好吃的素菜，信众就会聚过来。他们也会做针线、刺绣、折纸、穿念珠，等等，总之只要你去精舍，他们都有一个精致的小东西送你。

每次去，吃得又好，又有精致温馨的小礼物，你自然会开始常去，和他一起工作、做菜、办活动、参与讲经说法，逐渐人就聚集起来了，出钱的出钱，出力的出力，慢慢地寺院也就建起来了。

当辉煌的寺院建起来了，突然，有一天，星云大师一道命令说："请你回国，我把你派到非洲另外一个地方去建寺。"你一两天之内就必须坐飞机离开，行李事后再寄来给你。有人说是不近人情，但是大师曾对我父亲说："这样子一个出家人，不会对任何一个道场产生执着，他死的时候，不会说，这个道场是我的。"从真正的修行角度，这是有意义的，当然，如果当头的人心术不正，管理不恰当，也可能变成一种利用人的心机或手段，那就不好了。

什么叫执着呢？举个例子来说，像很多年以前，我从小长大的官邸，我父亲不是捐掉了吗，但是捐了之后很多年中，我的梦境中还时常梦见回到那个大房子里。也就是说，我们对物质、物体，都会产生执着。住过的房子、住过的家、爱过的人、上过的学校，不知不觉就都产生了执着。执着就是一种放不下的感觉，觉得这还是你的。所以，星云大师用这种方法来锻炼他的出家众，是非常特别的。

还有，当信徒上山时，每个人都是四菜一汤，甚至五六道美味素食，而且做得很漂亮，摆设得很精致。也因此，有些人以为佛光山僧众的餐饮都吃得非常好，其实，这些食物是做给信徒吃的，我们出家的男众、女众，都有分开的食堂，我们自己吃得都极度简单，只求营养够就算了，味道的确是不怎么样。

还有，佛光山要求，外面的长衫永远要干净整齐，不能有一点污渍，因为你那个时候是代表佛法。而内部的衣裤，就不需要浪费钱了，长衫脱了，大家里面都是很普通的，甚至缝缝补补、破破烂烂的旧衣。

我觉得佛光山的僧众，在这些方面，大多数人都能说到做到，很值得尊敬。我时常觉得，如果以这种精神办人间的事业，肯定能成为全球最有影响力的公益事业体。在佛光山几个月，我学到很多，非常感恩，但是那时我最关心的，仍然是明心见性，想要证悟，自觉觉他，利益众生，因此虽然很有收获，我还是离开了，继续参访。

开始接触藏传佛法

那时候，我父亲开始接触到藏传佛法，他介绍了一本《菩提道次第略论》给我。这本书是西藏格鲁派（黄教）的宗喀巴大师写的，是他的大论《菩提道次第广论》的修行简版。《略论》将《广论》里讲修行的部分节录出来，但也很厚，加上注释，有将近两寸厚。

看了这本书我才知道，修行的次第可以分得这么清楚。书中将修行分成下士道、中士道、上士道。一步步向前，和禅宗的"明心见性，见性成佛"，很不一样。我非常有兴趣，就开始走入了藏传佛法，希望找到答案。

我从一开始，就认定了佛法不是西方所谓的宗教，而是一套教人觉悟的方法，传到汉地叫汉传佛法，传到西藏称为藏传佛法。目标是同样的，但是方法会有些不同，以适合当地的文化、习惯、民情、时间、空间。

印度自古即有很清楚的逻辑观念，而且讲求通过辩论分析来破除错误的见解，理解真理。但我们中国古人并不怎么重视逻辑，甚至没有逻辑的概念，因此汉传佛法也不讲究逻辑。而藏传佛法较完整地吸收了印度晚期的整套佛法观念，它的逻辑和思维方法，更贴近于现代人，至少当时我是这么感觉的，藏传佛法好像比较适合像我这样受过现代教育之人的思维模式，比如需要做哪一些准备功课，有什么基础条件，一步一步怎么修，每一步会出什么问题，如何避免障碍，怎么知道自己的禅修境界正确与否。

没多久，我又接触到藏传佛法的噶举派（白教）。黄教重视经教和辩论，而白教重视禅修，将修行的方法，列出了由浅到深的清楚顺序。从四共加行开始学，再修四不共加行，之后是止观禅修，然后是各种本尊相应法，最后是大手印，简单明了。

先讲四共加行。加行就是前行，也称为转心四思维，先通过思维，使自己具足修行前必备的四种心态。接着修四不共加行，四个必修的标准功课，分别是十万遍皈依大礼拜、十万遍金刚萨埵、十万遍献曼达、十万遍上师相应法，目的是放下自我、消除业障、积聚资粮、与自心上师合为一体。

然后是"止观禅修"。将心静下来的"止"和认清自心作用、功能、本质的"观"。

本尊相应法则是针对发了菩提心，想利益众生的人。运用观想的方法，和宇宙中的各种正能量融为一体，最后体会到一切惟心造，都是自心的化现，如梦幻泡影一般。

大手印则是融合了止观禅修，将心安住在本性上，逐渐深入的方法，分成专一瑜伽、离戏瑜伽、一味瑜伽、无修瑜伽四个层次，各有上中下三级。

当时我看了，当然不可能都懂，但是好像溺水之人遇到了浮木一样，觉得找到了救命的宝贝，立刻开始认真投入。

修行是否需要出家？

我最早拜见的藏传大活佛之一是大司徒仁波切，是在香港遇到的。他是藏传佛法噶举传承的活佛，是现今第十七世大宝法王的上师。

藏传佛法主要有四大传承。四个传承的修行目标都是一样的，修行的方法也大同小异，只是着重点不同，得到法的传承脉络不同。一般称莲花生大士于第八世纪自印度带进西藏的佛法为宁玛传承，意思是旧的、古老的传承。由于法会时许多大师头戴红色的法帽，在汉地被称为红教。

当时莲花生大士是应西藏历史上最重要的藏王——赤松德赞的邀请，将佛法自印度带入西藏，将经典翻译成藏文，建立了寺院和僧团制度，传下了许多禅修证悟的法门。自此，藏族这个彪悍、战争不断的民族，开始信仰佛教，将宫廷上的刀枪剑戟，换成了经旗经幡；将誓死杀敌的气魄变成了誓死不违戒律；将英勇挫敌之心改成了勇猛精进，战胜贪嗔痴之心。千余年来，出现了无数的修行大成就者。

噶举传承大约于公元1200年时，由印度传入西藏。大司徒的封号是明成祖永乐帝封的，是在藏传佛教里非常受尊敬的高僧。这位大师当时四十七八岁，非常地有智慧，也是我父亲的上师之一。

当我向他报告了我的修行困境，请他指导我的时候，他突然问："你为什么出家？"

我说："我要修行，证悟，解脱生死，之后自觉觉他，有能力度众生了脱生死之苦！"（哈！这虽是我当时内心真实所想的，但也可说是"标准答案"。）

很意外地，他听了之后，说："你想要做这些事情很好，但是为什么要出家呢？"我吓了一跳，几年来，一直认为出家是证悟最好的方法，甚至是必要的条件。

他接着直接说："修行证悟和出不出家没有关系。在家出家都可以证悟。你想要的和出家是两码事情。"

我又呆了，不知该说什么才好。

他又问："你喜欢出家的生活吗？"

我问："您是指哪一方面？"

他说："像是每天固定的生活起居、体力的劳动、早晚摇铃持鼓的唱诵、经常的法会法事活动、信徒来笑笑地照顾他们呀、讲讲话、听听他们诉苦……如果你喜欢这种生活，则出家对你的修行证悟有帮助。如果不特别欢喜这些，你等于花了大量的心力和时间去适应另外一种生活。"

我说："这种生活也还OK！我也还可以过！但这不是最重要的，我觉得我最想要的是明心见性！是证悟！"

他又问："你适不适应这种生活呢？"

我说："我对这样的生活不讨厌，但是也不会特别喜欢。我想证悟以后，能对外面的整个世界有更深的了解，对众生的心更了解，能真的利益众生。"

他微笑着说："那出家的生活不一定适合你！甚至可能是个障碍。这和证悟没有什么关系。"

我问："我是否该还俗？"

他没有回答，只说："这你必须自己做决定。"

他并没有要我还俗，但种下了一个因，促使我认真思考自己该走什么路，最后决定回到世俗。回头想想，他是非常有智慧的，甚至可以说他没有上我的当。如果他说我应该还俗，而我还俗后有障碍、烦恼、痛苦，我会怪他。但是他要我自己决定。这也是教导我，一个修行人要对自己的生命负责任，不能什么都去问上师，要上师承担我们的因果业力，那是愚痴不负责任的行为。

现在我才确信，真的在家出家都可以修行证悟，关键在于要有正确的知见，并且体悟到"觉"。对于修行的过程要有一个了解，要找到适合自己的方法，每一个人都有一条自己的路，修行证悟不是把自己变成另外一个完美的人，而是要能透过"觉"，深入自己的内心世界，认出自己的觉性。

我后来又多次参加了大司徒仁波切的灌顶法会和佛法教学，他是我很尊敬的上师之一。

青海玉树大灌顶

在香港几天之后，我遇到了创古仁波切，也是噶举传承的活佛。他胖胖的，平时总是笑眯眯的，很开心的像个大爸爸一样，也不大讲究。当时见面是在他香港九龙的一个小小的道场中，和中台山佛光山比起来，像是个破破烂烂，还没有整修的小精舍，比起任何我见过的汉传大师的寺院都差太多了。他自己住的房间更小，床都摆不下，他就睡地上，就是这样的一个地方。

他回答我很多修行的问题之后就对我说，下星期他要和另外一位僧人，堪布卡特仁波切，一起回到他在青海玉树的祖寺——创古寺。我马上问："那我也跟你们去可以吗？"他答应了。于是我就和这两位大仁波切一起去了青海。

后来我才知道，他们两位是在藏传佛法里面分量非常重的大活佛。创古仁波切是第十六世大宝法王指定的所有年轻一代活佛的总经教师，也是藏传佛法中少数在全世界都有寺院道场的大活佛；堪布卡特仁波切在1970年代到美国弘法，在纽约州建立了一个巨型的寺院和闭关中心，有几十万西方弟子。两位都精通经教和禅修，但又极为谦虚和蔼可亲，所以我完全没想到他们是非常出名、深受尊敬的大活佛。

三四天后，这两位大爸爸，带着我，还有三位喇嘛一起出发去青海。其中有一位台湾喇嘛，会讲一点点藏文，也闭过三年关。那是1994年，我第一次到中国大陆，先到了广州，活佛的弟子招待我们住在五星级饭店。

然后坐飞机到西宁。西宁那时候黄沙遍地，尘土满天，和现在简直是两个世界。

当时青藏公路非常破旧，从西宁到玉树，开了两天，共20多小时的车程。我们乘坐一辆老旧的北京吉普，车子一路轰隆轰隆地开着，上上下下颠簸得很厉害，有时候整个身体会飞起来，头撞到车顶，撞醒了又睡，睡了又撞头。开始有一点烦恼，后来累得烦都烦不起来了。中间住在5000多公尺的高原县玛多，一个又脏又破又臭的小旅馆，几个跟去的人都生起很多烦恼。

到了这种破烂的地方，特别能看出人的修行。两位大活佛在欧美弘法时，可是时常被供养住在豪华酒店中的，但在这个脏乱的环境中，他们仍然很欢喜，很自在；两位年纪都六七十岁了，但一点也看不出劳累，总是在关心我们的身体、我们的心情，使我很感动。

当时创古仁波切离开玉树应该已经有四十多年了，这是第一次回来。到达时已近黄昏，迎接他们的藏民，排了好几公里的路，寺院内外人山人海，足足有好几万人。寺院山上山下到处坐满了人。大家并不问什么问题，看到他就开心，密密麻麻的。藏民不怎么讲究卫生，所以你可以想象到这个环境的感觉。一团乱，到处都可能踩到"黄金"！康巴藏族人人带着刀，高大魁梧，也使这里有不少武侠电影里的气氛。

当时创古寺仍处于"文革"后的重建阶段，我用摄影机拍了很多录影，一半的大殿还是断壁残垣，后面的闭关中心和佛学院都只剩下几堵破墙。

两位大活佛回来的主要目的是给予僧众灌顶。在藏传佛法的密法里，修任何密法之前，一定要先得到灌顶，也可以说是得到正式的教授、正式的允许的意思。因此创古仁波切回来最重要的，就是主持连续几星期的大灌顶，教导并授权所有僧众需要修习的一套套法门。他几乎每天晚上都忙到12点甚至一两点才休息。我也跟着坐在人群中，接受了几乎所有白教传承的灌顶。

"灌顶"的意思是指相应，也就是合一的意思。师父讲的弟子完全懂了、体会到了，这就是相应。参加观音菩萨灌顶，是要与观音菩萨相应。什么是与观音菩萨相应呢？观音菩萨代表慈悲，当我们心中生起了无量无边的慈悲心，就是与观音菩萨相应。很多人以为是要看到菩萨的出现，要听到什么特别的法音，都是错误的观念，那只是练习时的过程，重点是心要合一。

对初学者来说，灌顶也是允许和授权的意思。参加了观音菩萨灌顶法会，是得到了授权，可以练习和观音菩萨慈悲心相应的方法。根据传统的藏传佛教，你不能自己随便开始练习这类的相应法门，一方面是怕你修错走偏了，另一方面和西藏古代政教合一的制度有关。在政教合一的制度下，不允许一个人突然开悟证悟了，你一定要属于某一个教派，方便管理，也方便证实，这两个理由合起来，产生了一大套看起来极为繁复的修行体系，其实它的原理没那么复杂，也并不神秘。但当时这些我都不懂，只是很好奇和欢喜。

创古仁波切这次大灌顶，把所有噶举传承需要修习的方法，通过十几天，每天七八个小时，一次之间全都传了，都授予了许可。我也糊里糊涂地跟着被"灌"了很多大法。那时灌顶对我来说只是个稀奇的仪式，并没有真的得到什么，最多只能说是得到了大量的"修行许可证"，被允许学习各式各样的修行法门，凡是噶举传承该有的灌顶全灌了，那次只是刚开始接触到这一切，什么也不懂，但或许在不知不觉中，真的有些大法倒进了我脑袋里吧。

慈悲心受到考验

那时我脱下汉传僧服，穿着喇嘛装和喇嘛及藏民在一起。一个月下来，我印象最深的，倒不是灌顶，而是跳蚤。

一到寺院，创古仁波切安排我住在他房间旁边。总管的老喇嘛对我特别礼遇，把他自己用的棉被专门抱来给我用。刚拿进门，我就闻到了味道，但已累得不得了，加上高原反应，蒙头就睡着了。

到了半夜，便开始了我连续一个月的挣扎，就是和身上的几只跳蚤搏斗。我发现，跳蚤是最能够考验人的慈悲心的生物之一。它们咬人不是咬一口，而是咬一串。走着走着咬一口，再走着走着咬一口。当身上爬了七八只跳蚤的时候，除了抓痒，什么事都想不到了。

现代人应该不常被跳蚤咬，至少我那次之前从来没有给跳蚤咬过。4000多公尺高原上冷得不得了，很难脱光了找，身上衣服里翻来覆去都找不到它们。到了第七八天，我被咬得慈悲心几乎完全没有了，咬到最后，我说："我不管了，我稍稍犯一点点杀戒也没有办法了，非把这几只跳蚤除了不可。"

我先认真修了半小时忏悔，又修了帮助跳蚤往生净土的法门，减少自己的罪恶感。然后把自己脱得精光，把衣服铺开，拿熨斗反复烫来烫去，希望能够把跳蚤除掉，结果，毫无用处，哈哈哈，衣服一穿上，跳蚤就全回来了，还可能因为温暖，还招朋引伴来享用，它们每次咬都是一整排，咬得我心慌意乱，简直不晓得该怎么办才好。

那次在寺中也是我第一次看到，人家讲"狗改不了吃屎"是什么意思。寺院的厕所特别好玩，其实就是露天的两片木板。从寺院内部看起来，好像是有一个厕所，但当你一打开门，会发现自己像到了室外，悬空在二楼或者三楼上，再远一点就是对面人的房间，地上架了两根木板，你就蹲在那两个木板上上厕所，等于是在悬崖边架了两片木板，一不小心就会掉入几尺深、堆积如小山的粪坑中。低头仔细一看，底下还有一群狗在吃屎，我从来没见过，也是个挺有"味道"的回忆！

我身为一个哈佛MBA、麦肯锡顾问，习惯了商务舱、奔驰宝马、五星级酒店，实在不习惯这种生活。真是人不经考验，真的不知道自己一生中，到底养成了哪些执着。台湾的寺院基本卫生都还好，不到藏区，还真没想到自己对卫生清净执着到了什么地步。

吃素和色欲

在创古寺我还有一个特殊的经验。

一天晚上，梦里全是女人和性爱，我吓了一大跳，早上起来心情特别烦躁，非常有罪恶感。我是来求法的，住在寺院里，还睡在活佛的客房中，竟然梦着这种不清净的事，实在丢脸。心中也觉得奇怪，住了两星期都好好的，我是怎么了。

仔细一想，有点怀疑前一天晚上在山下结古镇用餐时，吃的那一盘"素水饺"可能不怎么素。中午我找机会下山去了同一家餐厅。一问之下，果然"白菜水饺"里放了鸡蛋和葱蒜。

学佛以来，我一直吃得很清净、很简单，一直坚持吃素，大概从1988年接触佛法就一直吃素，吃了21年，一直到2009年，在美国因为种种原因，没有再吃纯素了。当时，我吃素已经六年了。汉传佛门吃素，不吃荤腥。腥是指动物的血肉，包括鸡蛋。这个道理我原来就懂，是为了减少杀生，培养慈悲心。荤是指五辛，葱、蒜、韭菜、薤、洋葱。

至于为什么不能吃，我听过道理，但是并没有亲身体会。佛在《楞严经》中谈道，"是诸众生求三摩提，当断世间五种辛菜。"意思是如果要进入正确的禅定状态，应该断除食用五辛。经过这次，我才经验到原来荤腥有刺激性，会直接影响我们的气脉和心念，增加我们的欲望和烦恼，使心不容易静下来进入禅定。

如果身体原本就很浑浊，不一定会感觉到，大概我当时吃素了很长一段时间，身心比较清净，一吃马上就反应出来了。我才体会到原来不吃五荤也是有道理的，吃了会影响到人的身心状况，并不是一个古板的戒律。

空中的瑞相

那段时间，最好玩的是有机会与创古仁波切和卡特仁波切这些大活佛一起修法。

像有一次去天葬台，和他们一起坐在人骨边修超度法，看到很多不可思议的现象。比如，那天是万里无云的大晴天。开始修法没多久，万里晴空中就出现了彩虹，我想了半天也想不出来没有雨怎么会有彩虹。之后更奇怪，天边远方慢慢飘来一朵不大的白云，到了太阳处就停了下来，像是遮阳伞一样，美丽的彩色光环出现在云朵的周围，极为奇怪，不晓得这种现象是怎么出现的，我怀疑是否我眼睛出问题，洗了脸揉了眼，仍然看到。这种现象佛教称作为"瑞相"，也就是吉祥的征兆。

瑞相之前我也看过，像以前在灵泉寺，每次禅七结束后，玻璃上就会出现法轮，大大小小，从几公分到直径一尺多的八角轮形法轮，一般是模模糊糊的，但用嘴一呵气就能清楚见到，寺院到处都会出现，大大小小都不一样，没有可能是有人先印上去的，因为寺院每天都清洗玻璃，而且擦不掉，一直在上面，我总觉得可能是一种时空转换的印记吧。那时候我父亲在"科技部"就开始研究这些现象，很可惜他后来去做"经济部长"和"国防部长"，没机会继续推动这方面的科学实验，直到最近才打算重新开始。

我头几次遇到这些瑞相也很兴奋，的确对刚接触佛法或心灵修行的人，是有鼓励作用的。但之后十几年中，这类现象越看越多、越听越多，比如法会现场变成金色，几十公尺高的水泥大佛转身挥手，空中出现城市，修法时雷雨乌云中出现太阳金光闪闪的云洞，教堂出现耶稣，花草树木能对话，外星人和天界与人间的对话，空中出现佛菩萨……什么都见过、听过。到最后我对这种现象就没有什么兴趣了。像大师们常说的，修行是要做自心的主人，体验心性的实相，不是看东看西，见神见佛，那些都是和修行无关的幻象。

而且，其实这些现象现在大多都有科学解释了，不是神迹，也不是什么了不起的灵异现象，看到了，是件好玩、开心的好事，但也不过如此，不值得大惊小怪。更不要因为看到什么现象，而开始迷信或崇拜某个人，一切都只不过是修行过程中，我们的心和大脑在不同的状态中，经验到某种时空转换，而产生的物理现象，在本书最后我会详谈。

离开中台山，修四加行

离开青海玉树，我又去了西藏和尼泊尔参访圣地和高僧。回到台湾又自修了几个月。之后，我回到中台山，向老和尚报告我向藏传佛教大师们学习的经历，还提到创古仁波切等高僧愿意来佛学院教学。

没想到老和尚非常反对，当我提到藏传佛教的大成就者密勒日巴尊者时，他告诉我，密勒日巴也只不过是一个阿罗汉，中台山绝对不应该引入任何藏传佛教。

我开始有些伤心和迷惑，但后来仔细想了想，觉得每个道场都有自己的风格，既然老和尚要走传统的禅门道风，把藏传的修行方法带进来的确不合理。不过我仍然认为藏传的修行次第很适合现代人，当时也给了不少师兄弟看，他们也都开心得不得了。

我当时能接触到藏传佛法还是蛮幸运的，思之特别感谢我父亲的引导。2000年以前，台湾的佛教界对藏传佛教还是非常排斥的。其中最主要的原因有几个，第一是藏传佛教不要求非吃素不可，汉传佛教就觉得他们没有慈悲心，根本不是修行人；而藏传佛教则觉得汉传佛教根本没搞清楚什么是修法，只会努力敲钟打坐，坐不出东西来。还有很多各式各样的误会，比如有人以为藏传佛教就是要男女双修，编出来很多错误荒谬故事，双方的误会越来越深，难以沟通。

为了不扰乱老和尚的禅风，我决定离开中台山，继续参访。

下山后，我住在台北市一间父亲帮我租的小公寓中，每天闭关用功修法，主要是修四加行这个基本功课。前面提过藏传佛教噶举传承的修行次第，先修四加行，再修止观、本尊法，最后是大手印，如果是正式闭关，大手印前还有"那洛六法"。在宁玛传承（红教）中，最高的法称为大圆满，其他传承也大同小异。

四加行分为四共加行和四不共加行。

四共加行，是四个帮助我们转变心态的思维，帮助我们生起想迫切修行之心。这是因为我们活着时常忘了修行的重要，嘴里讲想学、想修行、想离苦得乐、想出轮回，但其实不是很认真，没有紧迫感，一天二十四小时中，多半忙忙碌碌、晃晃悠悠、苦苦恼恼、嘻嘻哈哈、糊里糊涂，在不知不觉中，一天一天就这么又过去了。这四个思维的目的是让想修行的人生起急迫感，想把握每分每秒，四共加行分别是思维人身难得、生死无常、业报因果、轮回皆苦。

首先让你认真思考，能投胎做人是很难得的，还要四肢健全、心智正常，不但要有时间，还要活在有机会学习和修行的国家，这个几率都是不高的。而生活又不能太快乐，太有钱有势又健康，就不会想修行，天天玩不完；生活太苦也不行，整天为生活忙忙碌碌，或为病痛所困，也修不了。

第二个生死无常是要想到人的生命真的是很短暂的，随时可能会死亡，修行不能拖拖拉拉，总想到明天再修。

第三是观察和理解业力是很可怕的，过去的恶业总会找到你。

第四是认识轮回中的苦，要生起"我好不容易生为人类，可要好好修行"这样的心。

总而言之，是通过这样一套有系统的方法，转变我们的心态。时常在心里想一想，对人的确很有帮助的，会逐渐产生一种"我得赶快认真修行，能做人不简单，不要浪费做人的这个机会，不要浪费时间，不要随便乱游乐，每分每秒都要把握"的心，这种心在佛法中被称为"出离心"。

很多人以为出离心是我要离开世间，我要去出家了，或者是找个舒服的地方躲起来修行。不是的，修行主要是修心，修心就是带着"觉性"，看得到自己的起心动念，久了自然心会转变，自然而然每时每刻都在用功。

四共加行之后是四不共加行，即皈依发心、消除业障、积聚功德、自心相应。

第一个是皈依发心。一般人的理解皈依是指皈依佛门，成为佛教徒，但皈依真正的意思，是认识我们的自心，或者说走上认识自心之旅。皈依的目的是要让我们的"狂心顿歇"，心开始安静、柔软、臣服，也可以说是"自我"开始放松、减少，生起对整套修心方法的尊重与感恩，等等。

的确，我们能遇到教导我们修心的方法是不容易的，除了很欢喜之外，也该感谢自佛陀以来许许多多修行人，千辛万苦，将方法保留下来，我们得以学习。发心是要发愿自己修行成就后回来帮助别人也成就；更重要的是，要发愿完全认清和证悟自心，自觉觉他，帮助众生解脱烦恼。

发心的关键其实也是要没有自我，不只是为了自己而修行，否则越修行自我会越大，越来越骄傲，变成了"我修得很好，我很伟大"、"我要来救度你们，你们要拜我为师"这一类看似发心，其实落入了魔境的心态，很多修行人不小心都会出这种问题，越修越自以为了不起，对自己对他人都很不好，甚至很危险。

在藏传佛法中，实际练习皈依发心的方法是大礼拜，就是我们看到藏民做的五体投地大礼拜。传统的要求是要做十万遍，念一段皈依发心的经文，然后礼拜。通过大礼拜使我们的心开始安静、柔软、臣服、放松、没有自我。

在尼泊尔，我曾经看过几个西方佛教徒，修大礼拜的时候"全副武装"，穿上了最先进透气的运动服、球鞋，外加色彩搭配的头带、护膝、护肘、护腕。底下是瑜伽垫，旁边放着饮料毛巾，手中拿着记数器，气喘吁吁，一次一次努力地在拜，看起来极为有趣。据说这样拼命做大礼拜也有减肥的作用，还可以锻炼挺漂亮的胸肌和腹肌。

当然，大礼拜不是为了凑数字，塑身也不是大礼拜的目的。很多人修习藏传佛法，落入了文化和宗教习俗，没有搞清楚真正的目的，实在很可惜。我自己也差不多，过程中浪费了好几年的时间，希望大家不要学我的错路。

十万次大礼拜之后，要修一个专门消掉过去的业障、忏悔的法门，也要修十万遍。这个方法称为"金刚萨埵法"。金刚的意思是坚不可摧，萨埵是"度有情"、"度众生"的意思，也就是菩萨的意思。这是一套很巧妙的、通过运用心念观想、改变我们深层心理状态的方法，会使人觉得身心轻松愉快、清净通透，很多原来放不下的执着、很多容易升来的烦恼，都自动减少甚至消失了。

之后，要修十万遍积聚功德。法门叫做"献曼达"，是一个用观想打开我们心量的方法。修法时不停地想着把自己最好的东西送给别人，照顾饿鬼、地狱、畜牲道的众生，也供养给佛菩萨和圣人们。总之，用心去想出这些东西来，然后平等地送出去。想了十万遍之后，我们的心量会变得很大，越来越不执着物质的东西。别人需要什么你就会自然给什么，而且左手给出去，右手自然又会进来，会觉得自己变成了一个正能量的管道，宇宙的能量以及所有众生所需要的，会自然通过你流向需要的人。开始只是有这种感觉，一种心态上的变化，慢慢会发现外在环境也会随之改变。给的心多了，取的心就会少些，人自然会变得更快乐平和。

第四个方法是为了和我们的自心相应，也就是合一。这个方法称为"上师相应法"，因为究竟的上师是我们的自心，不是心外的某一位伟大的上师或活佛。真正的上师，会引领我们认识自己的心，使自己的心最终成为自己的老师，而不是要我们一直跟着。和自心上师相应的方法，也是要修十万遍。

以上是传统的教法，最近第十七世大宝法王告诉大众，现代人太忙，各修一千次就好，听众全都欢喜鼓掌。

这四个法都修完之后，开始学习止观禅修。也可以一面修四共加行，一面修止观禅修。止，就是停止，心静下来；观，就是通过观察和想象，认清自心的功能和本质。最好有合格的上师或过来人指导，帮助你瞥见自性，见到自己心性的本质、本具的觉性。

这些都修完之后，如果有机会专门闭关修行，则有很多更深的法。宁玛有许多本尊法和气脉明点之法；噶举的闭关之法一般为那洛六法，也有人修尼古玛六法。这些都是我当时很羡慕、觉得极为特别的方法。

那洛六法是拙火瑜伽、幻身瑜伽、光明瑜伽、梦瑜伽、中阴瑜伽和迁识瑜伽。其中拙火瑜伽比较"出名"。哈佛大学的名教授班森，曾经测量许多拙火行者，发现在雪域高山上拙火修成的人，基本上一两个月吃一点点东西就够了。在零下十几度的地方，他们只披一块薄布，基本上是赤身裸体，可以完全保持全身的暖热，雪飘在身上全都会融化。现在的藏区还有很多这样的闭关行者，我在尼泊尔的喜马拉雅雪山山麓中，也遇到许多这样的修行人。拙火是入雪山闭关的基本功夫，尤其是藏区高山上，要是没有这个功夫，去几天冷都冷死了。

这些都修了，最后，宁玛传承的行者修习大圆满法、噶举传承的修习大手印法，以及萨迦和格鲁传承各有类似的法门。这些都被称为密法，给人很神秘的感觉，没有人传授就没有办法学的。不过，现在坊间的书很多，有的连一步步如何修的图表都画出来了。

但事实上，越高的法越简单，越不复杂，只是一般人不容易珍惜，所以高僧们只好将之讲得很神秘难求。

我的四共与四不共加行，是创古仁波切和宁玛传承的贝诺法王传给我的。我很幸运，当贝诺法王去北印度为寺院的僧众做宁玛大灌顶传法时，我有机会跟去了，他每天花一两个小时，一对一地、一点一点地教授我，我非常地感恩。其实，这是又沾了我父亲的光，因为他对宁玛传承的护持也很大，所以法王特别照顾我。

　　听起来，这整个修行的流程极神秘、漫长，但其实我走了一圈，才体会到上师们不断告诉我的，我们的自心，我们的"觉性"，才是我们真正的上师。最后，如同莲花生大士一千多年前开示的，"不论任何外境现前，真的都是自心本体显现"；也就是说，一切外境，都是我们自心的投射、化现，有点像梦一样。和梦中有山河大地、鸟叫虫鸣、高楼大厦、各色人物，但最终来说，仍是自心的化现，是一样的道理。

还俗与"饿七"

　　在小公寓中自修了大约三四个月的时间，虽然有不少体悟，但想到离开寺院后，都是我父亲在养着我。我都什么年纪了，还让父亲养着，这样下去是不行的，不成体统；虽然有信徒愿意供养，但我总觉得自己修行没有成就，接受供养很羞愧，不如还俗自力更生。那时在台湾的两个弟弟陈宇铭和陈宇慷，都很支持我，还陪我在家中佛堂前跪了好几个小时，等着向父亲报告。

　　我向父亲报告了我要还俗的想法，父亲说，可以，但你应该去向惟觉老和尚报告。我回到中台禅寺后，老和尚说："你应该去闭一次饿七，好好想一想。"

　　我问："什么是饿七？"

　　他说："就是不饮不食的禅七。"

　　我说："那好，我去做！"

　　他找了一个房间给我，去闭"饿七"的关。这"饿七"其实不是七天，整体是十一天。第一天，只吃一碗白饭。第二天，吃半碗稀饭。第三天到第九天，一共七天，可以喝水，但其他任何食物都不吃。然后第十天又重新吃半碗稀饭，第十一天吃一碗饭。到第十二天，可以开始少量吃一些菜，慢慢地恢复正常饮食。

过程中我有不少体验。饿七也是训练毅力，因为到了第三天、第四天，饿得简直是头昏眼花的，全身都不自在，紧张、愤怒、烦恼，各式各样的情绪全起来了。心想我干吗做这样的事情，苦得要死，做这个真的有用的吗？有什么意义？我为什么要浪费这个时间？我还俗就还俗，干吗受这种苦？什么心态都跑出来了。

在那十一天中，我一直认真禅修、诵经、持咒，所以大部分时间，念头一生起来，自己就能看得到，但是并没有认出心念和烦恼的本质。我当时诵的经是大般若经，有六百卷，而且字很小，十一天中诵了好几本，我印象中，四十分钟念一卷。现在想想很奇怪，出家那时候很用功，但就是一直没有认出自心来，我想我念经的效果不彰，大概是因为有时口在念，心在打妄想，或是在昏沉中，也有时是在凑数字、赶工，应付着念，用来抵抗饥饿。

到了第四天的时候，我想吃东西想得简直是快疯了。出家吃素那么久，晚上做梦都在大吃大喝。有一晚在梦中大吃鸡腿，拼命地啃着鸡腿，早上起来，嘴里还有鸡腿味，吓了一跳，哈，出家人怎么在吃鸡腿，自己觉得很好笑。

但是，到第五天，突然就不饿了，非常的奇怪，而且全身充满了能量。饿得发抖的那个感觉，一下就没有了，只觉得，哎呀，好轻松。到了第六天，基本上不但不饿，喝一点点水，就好像回到我那时候四十九天禅七坐了二十多天以后的感觉，整个身体是轻安的、舒服的、清净的，闻到空气也是香的。

我的鼻子原来很坏，过敏又有鼻窦炎，总是塞着，这时鼻子也通了，非常舒服。我说，哟，人好像不需要吃很多东西，我以前每天吃那么多的东西跑到哪去了？生起很大的疑问，觉得很奇怪。

当时我是住在一个没有大殿，只有宿舍，仅仅建设了一半的寺院中。到了第六七天，早上所有的师兄弟全都出去后，白天没事，诵经累了，我就开始清理打扫，做体力活。自己房间清完了，出去打扫公共厕所、扫地，把东西摆整齐。一天三四个小时做工，也不饿，更觉得奇怪。到了第十天要吃东西了，还有点依依不舍，想多试试几天。不过老和尚说："不要太久，你做了，经历了就好了。"

所以，我到了第十天吃了半碗稀饭，我从来没有这样吃过，清楚地感受到稀饭的甜美和它的质感。这不是说饿坏了，而是明显感到自己的味觉和以前不一样了，变得非常敏感。我就突然想到，哦，佛经里讲远古的人类，喝的水都和牛奶一样，空气中都是花香，人间的食物和天上的食物一样美味，到底是什么意思。原来这并不是说那时的水是白色的牛奶，而是说那时候人的味觉非常敏锐和清净，即使吃到很普通的东西，所得到的欢喜、觉受，都像天上的美味一般。

第十二天开始正常饮食。我记得那天我只吃了青菜，是很普通的水煮空心菜。哎哟，那种美味，真使人留恋不已。当然，后来回到社会上，味觉又和常人差不多了，但有了那次的经验，发现原来人真的不需要吃那么多。如果懂得这个观念，在饥荒、灾难、战争时代，也许很多人是不必饿死的。人长期或永远不吃，可能很难，但是依我那时候的经验，如果再有三四个星期不吃，我看也不是问题。

后来我听一位修习道家的朋友说，道家有个方法，需要吃的时候，就去菜市场闻闻食物的香味，感觉自己肚子吸进养分，从全身的毛孔进来，就不饿了，还充满了能量。有道行的人，甚至只要看一眼食物就够了。不过，如果没有人指导，千万不要自己随便去实验。尤其是身体有什么疾病的人，这么做是可能有危险的。去药材店吸走药性是不道德、犯因果的，吸食物的味道和养分，也算是偷盗的行为。

闭完十一天的饿七的关，老和尚把我叫去，问我现在是怎么想的。我说我仍然认为还俗继续修行，是我这一生该走的路。老和尚说，好，然后为我做一个简短的还俗仪式，我就下山了。

还俗以后

有些佛教徒对出家的感觉很两极化。

当你出家为僧，他们会赞叹你，"一子出家，九族升天"，是"人天师表"，未来是"佛门龙象"，甚至剃头当天就会向你跪拜、捐钱供养。但是你一还俗，就会嘲笑你"耐不住修行的寂寞"、"退转了"。以致很多还俗的僧众会羞于见人，觉得自己失败了。

我算是比较奇怪的，对这些没什么感觉。还俗以后，不但没有停止求法，反而更自在地到处参访学习。出家的时候，我穿着汉传佛教的服装，去向藏传佛教学习，总会有人觉得我背叛师门、欺宗忘祖。藏人看我也会觉得很奇怪，汉人穿着喇嘛装又不会藏文，更加奇怪。由于我喜欢到处参访，走在街上穿着出家人的装束，不管是汉传僧服或藏传喇嘛装一般人也会用异样的眼光看我，有的觉得僧人很高贵，有的觉得僧人很蠢、没出息，什么样心态的人都有。

我觉得这些都是对修行的干扰。而还俗以后就简单多了，没有这些困扰，我觉得和大家又平等了。可见，在出家那段时间，我形成了执着，执着我是一个清净的出家人，执着我是修行人他们是俗人，执着我吃素他们没有慈悲心……没有经历还俗还真没想到，我出家反而产生出了不少原来没有的执着。

近年来环境改变很大，离开自己寺院四处参访的僧众日多，还俗的也不少，我父亲和我都很关心僧众们离开寺院以后的修行和生活。我觉得这个时代出家修行特别辛苦，或许假心出家、存心骗钱的人不怎么苦，但是真心想修行的出家众一般都挺辛苦。出了家，时常被卡在一宗一派一师的寺院中，难以求法；要四处参访，又没有经济条件；想还俗，又不容易找到工作，未来的生活怎么办？我一直有感觉，在寺院中修行最不好的师兄弟，和一般社会人士比起来，其实都是很有道德、悲心，非常认真努力修行的好人，应该有好的制度能够帮助他们融回社会，继续在生活中修行。

我是少数运气很好，得以能入能出的人。哈佛给了我不少加持，使我离开寺院很快又能找到工作。麦肯锡对我的恩德也很大，接纳我回去工作，一下子生活就稳定下来了。当我又收到第一笔薪水时，心中有一种很踏实的自在感，接受信徒捐钱的出家生活，我一直很不自在。

当然，将近三年的出家生活中，有很多的收获，像前文所提，学到了我原本出家想学到的各种修行法门，有机会过了一段有点像古代中国的寺院生活。

回过头想，从灵泉寺到中台山禅寺开幕典礼那段时间，特别温馨，尤其在灵泉寺，大多数师兄弟都是非常有道心的。什么叫有道心？就是出家的动机非常单纯、清净，不为名利、地位，只是希望能成道、解脱、明心见性，能够自觉觉他，自己觉醒了，再帮助其他人觉醒。上百位有共同目标的人聚在一起，是一种非常美好的感觉，希望有朝一日能在世间也创造出这样的一种生活模式。

出家期间，有很多值得我尊敬的师兄弟，对其中几位的印象非常深刻。

学历和修行成反比——专作厨房的大师兄见显法师

在山上我总是觉得"修行和学历成反比"，学历越高的修行越差，而我就是一个代表。修行的高低不在于诵了多少经、持了多少咒、懂了多少知识、打坐能坐多久；也不在于禅修时看到什么境界，不在于练出了什么功夫、特异功能、神通境界，而在于心境是否平和、贪心嗔心是否变轻、自我意识有没有减少、慈悲心有没有增加。

在自己求学和工作的过程中，从来没有想到培养慈悲心，只是在高度竞争的环境中拼搏，所以每一次的成功，都在不知不觉中，使得自我变得更大了一点点。这也是为什么往往学历越高，事业越成功的人，修行越困难，障碍越大的原因。世间的成功，名利地位，都会增加人的自我，甚至使贪心嗔心更重。反而学历普通的人，没有养成坏习惯，特别容易修行。上山的大师兄，就是一个很好的例子。

大家都很尊敬的大师兄，叫做见显法师，是寺院的大厨。每天做菜给所有人吃，在寺院里是非常困难的事，古代禅宗的许多高僧都是大厨出身。你可以想象出原因，寺院的厨房环境不是五星级酒店，单是热就能把人热晕，而且每天面对的人数又不一定，可能山上平常有三十个人吃，突然很多信徒来朝山，就变成了五百个人，也有可能本来讲好有五百个人要来，结果突然没来，也没办法。不管多少人来，大厨都得把饭菜做出来。

而食材来源也跟一般餐厅不一样。可能会有一位居士突然发心，送了一卡车什么菜，大厨就得根据手边有的做出好菜。一次，有人听说老和尚喜欢吃榴莲，送了一小卡车榴莲来，大家天天吃榴莲，吃得每个人都上火。还有人以为我们喜欢吃辣椒，一送就送了上百斤来。也有些人把快过期的东西送了一大堆，也不能不收。去菜市场买菜也没有很多预算，尽量买人家不要的菜，寺院后期还好一些，早期真的都是买人家不要的菜或丢了的菜。这也是为了"惜福"，珍惜福报，通常总还有一半以上可以吃的，把好的部分留下来就可以了。食材不稳定，而且不只要让大家吃饱，还要让所有人吃得欢喜、吃得健康，不同季节做不同的餐，像中医一样地调理身体。可想而知，是很不容易的。

而且，在厨房里，也不是大厨你一个人说了算，有很多来帮忙的义工，有发心的阿姨们、居士们、婆婆妈妈们。你可以想象，二十个女人，互相不认识，做菜风格分成几个派系，每个人都有自己的习惯，一道菜要用三瓢油还是五瓢盐，大家意见恐怕都不同。

这样，要能让每一个参加的人都生起欢喜心，捐东西的人也欢喜，做菜的人也欢喜，吃的人也欢喜，预算上也不浪费，就要求大厨的领导能力、定力、清楚度，做事情的每一个流程都要非常完美，要不然人家不服你，而我们这个大师兄就能做到这一点。

我曾经去厨房帮忙几次，一开始真搞不懂他怎么把这些婆婆妈妈都搞得对他很尊敬服帖。慢慢观察发现，他做起事情来，就像一台精密的超级机器，给的指令都非常清楚，锅碗瓢盆都放在合适的地方，干干净净、清清楚楚，好像医生在手术台上开刀一样，同时也让每个人都没闲着，都有事做。

休息的时候他就会跟大家讲佛法的故事，讲做菜的时候怎么禅修，心怎么保持不动，怎么看着自己在做菜，让大家把做菜当成一次禅修。有很多人希望他出来做住持，他都不肯，他就只管厨房，他谦虚地说：我没有学历，不会说法，又没有什么修行，我就是个做菜的。

但大家对他都很尊敬。

当家见坦法师

另外一位叫见坦法师，做了一段时间我们的"当家"。"当家"有点像CEO，执行长。他出家之前是水电工，我做教务主任的时候，他是工程组的组长，工作就是帮老和尚建寺，永远有做不完的事，漆掉了、水管破了、炉子坏了、电路有问题了……他就是唯一的超级免费劳工，漫山遍野地跑着做这些事情。

有一年冬天我们住的那片工寮热水器坏了，工寮就是工人住的那种铁皮屋，不是正式的房子，没有热水就很难过。

我刚好碰到他，说："唉，见坦法师，不好意思，我们那里的热水器坏了，如果你有时间的时候，麻烦帮忙看一下。"

他说："哦，好。"然后也没怎么理我就走掉了。

他是个不大讲话的人。那天我赶作业忙到半夜两三点钟才回去，从教学楼回住处的路上有一片树丛，经过的时候我看到有一个人蹲在树丛里，吓了一跳，走近一看原来是见坦法师，我说："你在干吗？"

他头也没抬说："我在修热水器的水管。"

我说："你干吗现在跑来修这东西，已经几点了还不休息，你不累死了！"

他还是不抬头，说："那不行啊，你教学这么辛苦，回到房里没热水怎么可以呢？"

最后他修好了就走了。这么简单的一个对话，他也没有抬起头来，也没怎么理我，他就是一位这样认真做事的人，你能感觉到他的心，很让人感动。

修禅定的见融法师

还有一位见融法师，专门修"参话头"。老和尚请他帮忙开车，到了信徒家中，他见到什么人都不理，除了开车，就只是专心参话头，很多人都觉得他很怪。后来有人在台中埔里供养了他一个农舍，他住在那里，很多师兄弟修行有问题都会私下去请教他。

他那时候讲的一些东西，我到现在才明白。那时候好羡慕，觉得很有趣。我们问他参话头参出些什么境界，他说当你参话头进入第八意识田里时，像是进入了不同时空的世界。有时有天人来，有天女来，也会有魔女来考验，甚至魔女魔王一起来，用刀戳到你的时候，是非常痛的，不是一般想象的、不存在的虚幻境界。有点像是你大脑接收的频率不一样了，你一下子进入了另外一个完全不同的世界。他的境界和我父亲的有些相像。

我问："那你怎么办呢？"

他说："那个时候你要回到练习不动念，保持觉性，保持心的清楚明白。不动的一段时间以后，你再去参话头，向八识田中'挖粪坑'，把自己生生世世各种好的坏的、善的恶的东西都挖出来，挖出来之后，又不理它，它们自然就消掉了。"

他说："你要来来回回这样修。但是没有一定的定力，是很难修的。"

他说刚开始出现的时候，他也很害怕。何况这些恐怖境界出现的时候，你张开眼睛、闭起眼睛、蒙起头来，一样看得到这些境界。

那次也问到我当时一人困惑，就是修行的时候，尤其是男孩出家，色欲是个很大的问题，怎么办呢？怎么消掉呢？

他笑一笑说："佛教将所有的世界分成欲界、色界、无色界。我们人类在欲界。而在欲界中，男女性交高潮的快乐是最高的快乐，因此很难'去掉'，色欲是我们生而为人的组成部分。但是，当你通过禅定，体会到'禅悦'时，会发现禅定的快乐比欲望的快乐高多了，自然色欲就放下了。"

当时我想，那要修到何年何月啊！

欲界是指有一大类的世界，包括大多数的外星人，都是有欲望的，有男女的欲望、饮食的欲望等等。欲望从重到轻的，有不同的等级。人类算是欲望比较重的。向上的世界欲望越来越淡，最后相对一望，色欲就满足了。

色界是指一些世界，没有男女欲望，但是仍然有形体，直到质量越来越轻，是完全能量的世界，没有固定的形体。再上去是连形体都没有，只有意识活动的无色界。我们投胎在欲界，卡在人体里面，男女性交就成了最高的乐，所以很难放下，要断也断不了。

我很多年之后才体会到，当人的气脉逐渐通畅，会越来越觉得性欲的快乐不那么重要了，变得可有可无。有点像是人长大了，对小孩时的玩具就没兴趣了，或是像你刚吃了最好的山珍海味，口也不渴，这时有人给你一杯水，你喝也可以，不喝也可以，没什么关系。

从更深一层来讲，一切都是自心化现的一个游戏，重点是要能保持觉性，不落入执着。所有的能量本来就有高低起伏，并不是说你一定要把欲望全断掉才算修行。除非荷尔蒙失调、身体不正常，要不然年轻男女不会没有欲望的。

禁欲的修行方法在古代或许对有些人有效，但放眼世界，在西方很多修道士变成了性变态，东方也有很多变成了自虐，像我以前用香烧自己一样。我觉得禁欲的修行方法不自然，违背了人体的自然规律和化学作用，对大部分的现代人来说，可能会适得其反。

不过，禁欲不适合现代人，纵欲当然更不适合。人的欲望无止无尽，一纵欲，停都停不下来。报章杂志上时常看到一些鼓吹男女双修的人，多半是欲望失控的人，或是想性交，找借口，就说要双修才能成就，都是些邪门歪道骗财骗色之士，要小心。

关键是要自然，当我们通过禅修生起了"觉性"，就会对自己的起心动念有更深的认识，能分辨自己什么时候是自然，什么时候是贪心，什么时候是纵欲。这是很重要的一个观念，但是我当时并不了解的，为了突破这点，我又开始追求"禅悦"。

见能法师

还有一位很有意思的师兄弟名见能法师，他对老和尚非常有信心，出家时好像六十多了，据说他年轻时是一个黑社会老大，长相帅得像电影明星，又会武功，也的确有几位来参加禅七的导演想请他去拍电影。他是"老派黑道"。什么叫老派，现代是用枪的，老派是用武士刀的，他是那个时代的人，身上还有刀疤。学佛以后非常认真，但是拳脚功夫还在，很壮、很帅，整天和一位五六岁的小沙弥玩在一起，两人是最好的朋友。

寺院有很多这种小沙弥，都是父母送来的，有的父母也一起出家了。他们很多从小没有人教，自然就会一些很长的咒语，发音还是梵文的音；有的会背很长的经文，今生没读过的都能背出；还有的会知道过去，预言未来。初学的人对这类现象都会特别感兴趣，但在寺院里这种现象看多了，听多了，就会觉得：本来就是这个样子，本来小孩子污染比较少，本能是开启着的，自然比大人容易接受各种五官以外的讯息。

也会逐渐了解，这种特异现象不重要，最重要的是要生起觉性，明心见性，神通不能解决你的烦恼，不能解决你的生死问题，不能解决你每天面临的各式各样的痛苦，也没办法让你完成帮助人的心愿。它只是一些有趣的境界。

一定要培养觉性，在日常生活中保持觉性，这才是真正重要的。

最近这一类的孩子越来越多，父亲和我时常想着如何照顾和教育这种有天赋的孩子以及他们的父母亲。很多这一类的孩子，是来帮助人类觉醒的"小菩萨"或转世的修行人，如果有适当的教育，他们未来能对人类做出很大的贡献。

见通法师

这里介绍一位这类特殊的孩子——见通法师。他出家时住我旁边，我后来很多年都没再遇到这么强的小孩，他应该是位修行很好的人转世的。他父母在菜市场卖菜。在台湾卖菜的人并不穷苦，虽然工作辛苦，但是他们卖菜赚的全是现金，赚了以后就买房子，五幢、十幢、二十幢，这些年来台湾房价升了几十倍，有很多都有几十亿身价，但他们还是继续卖菜，因为跟周围人都很熟了，是一种很开心的生活方式。

这位孩子到了差不多五岁的时候，突然对父母说他要出家。他的父母没学过佛，家里也没人学佛，当然不同意。他说不能学佛不如死去，就开始生病，跑遍了各大医院也不见好转，眼看就快死了，父母就只好同意他出家。他的病就真的好起来了。病好了以后，父母就带他到处去找寺院，他看了很多地方都说不是他要找的地方，最后见到了老和尚，马上就跪下来拜。他父母就呆了，问他为什么要拜。他说："你们没看到吗，他后面站着几个金色的人，我要跟他出家，不肯下山了。"

老和尚说："你年纪太小了，不能出家，我这寺院现在又破又穷，没条件照顾小孩。"

这个孩子下山之后又开始生病，父母只好再把他送上来。

老和尚说："这样吧，我帮你剃度，做个出家人，但还是回去跟爸爸妈妈住，继续上学，可不可以？"

小孩子说："那可以。"

他剃度了之后病就好了，里面穿着僧服，外面穿着学校制服继续去上学。他从小就有神通预知能力，会告诉他爸爸何时买卖哪一间房子，父亲开始不信，后来他每次都说准了才相信他，他帮父亲赚了很多钱。初中读完之后他又上山，就住我旁边。

他有很多神通预言能力，长得也不像中国人，更像印度人，像达摩祖师一样黑黑瘦瘦高高的，和父母没有一丝相像。之后老和尚还是没有让他继续留在山上，父母又把他带了回去。他上高中的时候成为全校最好的学生，连流氓学生都服他。听说原因是有一次一群流氓学生找他麻烦，说："你说你是和尚，什么都空呀，你是什么东西，你连大便都敢吃吗？你要是连大便都吃，我们就跟你做好学生，学佛。"他就走到厕所，拿起大便吃了下去。这些学生只好不做流氓了，跟着他学佛。他就是这么一个很特别的人。可惜后来失去联络了，现在不知道在哪，说不定又回去出家了。

最照顾我的见先法师和见义法师

我这种类型的人，是从智慧入门的。不过，这样说仍然有一点往自己脸上贴金，其实就是左脑太发达，有聪明而无智慧，只能从理论和道理入门。这类人修行一般比较慢。另外还有一种人，是从慈悲入门的，一开始可能也不算是慈悲，先是同情心、同理心，对人关心、有爱心，之后慢慢生起慈悲心。慈悲和智慧是修行的两个必要的翅膀。当时寺院里有两位师兄弟，就是这样的修行人。

他们特别照顾人，所以大家都喜欢他们。两位都对我特别好，一位叫见先法师，一位叫见义法师，都是女众。见先法师胖胖的，长得和弥勒佛一样，圆圆的头、圆圆的身体，她在出家以前应该被认为是长得很可笑的女人，但是出家以后反而给人一种很庄严的感觉。我们常笑说她长得太像弥勒了，什么事都不用做，拿个碗坐在山门口，就会有人磕头捐钱。

她以前是一位护士，非常懂得用爱心照顾人，她父亲是个猎人，晚年得了怪病，全身长疮，过世之前惨叫了好几年，天天骂人，而她每天都从早到晚照顾父亲。她出家之后，寺院里有人病了，她都会全心帮忙，等于是寺院的保健室护士。

另外一位见义法师出家以前是一位中医，瘦瘦黑黑像个骷髅一样，对我很好，也是极有爱心。在家的时候肯定也算是长得很好笑的，出家之后变得很特别，仙风道骨。她只要看到有人有病痛，就会感同身受，别人哪里不舒服，她就会不舒服，然后想办法一定要把人家治好。有时即使她身体没有反应，但看到别人不舒服，她仍然想把人家治好，这是一种很可爱的爱心，她没有什么自我之心，总想着怎么照顾人。

当时我又忙又累，身体极为不好。而最照护我的就是她们两位，一个白白胖胖的，一个黑黑瘦瘦的，两个人都非常有爱心。有爱心的人在修行的时候非常快乐，不容易落入一些魔境，一般人也很难骗她们，因为她们不求什么，只是希望别人好，这是我很感恩，觉得很特别的，值得提一下的两位师兄弟。

还有很多好玩儿的事，当我们介绍一位出家人的时候，常常把法号拆成上下，以示尊敬。比如惟觉老和尚，尊称是上惟下觉老和尚，写下来时是上惟下觉老和尚。有一位出家众，很可爱，很高很胖，头圆圆大大的，人呆呆的很老实，我们这么读的时候他就皱着眉不开心，我们就问他是怎么了，他说你们看我的名字就知道了。他叫做见空，是上见下空，他就很烦恼。我说，见空还算不错了，你如果叫空流，上空下流，那不是更惨吗？后来他负责开山，开着挖土机劈荆斩棘，结果捅到马蜂窝，被叮得满头包，送到一个基督教医院的时候，被医生护士们笑说他的头和释迦牟尼佛像一样。

以上是出家生活的点点滴滴。

我还俗以后，一方面继续参访，一方面忙着事业，此外也不想带给山上困扰，因此再也没有回去过，和师兄弟们也失去了联络。但是梦中还是常会梦到他们，很想念，更希望他们个个修行成就。

第六章　四进四出麦肯锡

毕业后第一次参加麦肯锡 / 当兵后第二次参加麦肯锡
还俗后第三次参加麦肯锡 / 公益后第四次参加麦肯锡
几位留下很深印象的麦肯锡人 / 为什么离开麦肯锡

毕业后第一次参加麦肯锡

离开中台山还俗以后没多久,我又加入了麦肯锡公司。我和麦肯锡的因缘比较特殊,应该是很少数四进四出麦肯锡的人之一。

第一次参加麦肯锡是1991年从哈佛MBA毕业的时候,经过非常多轮的面试之后被录取。当时麦肯锡和高盛证券是哈佛同学们最想进入的两家公司。由于我已经有几年投资银行的经验,所以选择了企业管理咨询。他们后来说是因为我在面试的时候表现出很高的解决问题的智商,而且很冷静、稳重,非常有自信。我想可能是当时已经开始禅修,得失心不大,所以不紧张,能静下心认真听问题,然后一步步讨论解决之道。

麦肯锡有很多特别的地方。但我认为真正最特别的,是麦肯锡的人。那么多轮面试,就是为了挑选出最合适的人。

后来我也做过面试官,主要评估应聘者四方面的素质:解决问题、沟通、领导潜能、和团队精神。我时常用曾经做过或正在进行的案例来作为考题。我会把公司名字、地点这些机密资料都改了,像是把台湾公司改成印度公司,只提供行业、产品、排名等情况,向面试者提出的问题可能是:这家公司要进军某个市场,你的客户是总经理,你会给他什么建议?

从面试者的回答就可以看出他分析判断和解决问题的思路与方法。有的人马上就给出结论,但是他连基本的市场数据都没有询问,这种人过于自信。有的人很紧张,说信息不够,答不出来。有的人思路就很清楚,他会先问一些关键问题,再提出几种假设,然后再说计划怎样去找数据,怎样组建团队。麦肯锡在面试的时候就是在找这一种人,他们永远很主动积极、正面地、光明地去解决问题,他们没有太多感情用事,很少自我的恐惧,只是关注事情本身。

不过,我第一次被录取之后,回台湾只报了个到,没多久我就当兵去了。

当兵后第二次参加麦肯锡

第二次参加麦肯锡,是当完兵,在寺院住了几个月,参加了连续七十天的禅七以后。

那时我很年轻,工作不怕累,几乎天天加班到十点十一点,还有几次通宵。周末也差不多,总是在工作。由于大学毕业工作和在哈佛读书的几年中,该玩的都玩了,对玩已经没什么兴趣了,加上没有交女朋友,所以也不在乎加班,公司就像我的家一样。

在我心中,麦肯锡的企业使命和管理体系是一个很完美的结合。

麦肯锡的企业使命有两个[1],一是为客户带来出众的、实质性的、永续性的绩效增长,二是建立一家能够吸引、培养、鼓舞和保留杰出人才的伟大公司。麦肯锡公司的使命就是建立这样一家公司,既服务客户,又让员工快乐工作,不是一个过于讲求利润的机构,这是比较特别的地方。

当时麦肯锡合伙人和同事都有很高的道德素养和专业水平,像是麦肯锡的几条工作原则,大多数人是真正地说到做到。像客户利益优先,大家每天谈话的内容都是怎么解决客户问题,如何带给客户超过预期的绩效增长方案,而且也敢讲真话,而不只是讨好客户。还有保持高尚的职业道德、保护客户机密等等原则,我们这些新加入的年轻人,看到合伙人以身作则,自然也会随着养成好的习惯和正确的商业价值观。

麦肯锡发明了企业管理7—S模型,指出了企业在发展过程中必须全面地考虑七方面要素:战略(Strategy)、结构(Structure)、制度(Systems)、风格(Style)、员工(Staff)、技能(Skills)、共同价值观(Shared Values)。也就是说,企业仅具有明确的战略和深思熟虑的行动计划是远远不够的,因为企业还可能会在战略执行过程中失误,因此,战略只是其中的一个要素。在我看来,麦肯锡本身的7—S,是很完美紧密地连接在一起的。7—S的核心是共同价值

---

[1] Our mission is to help our clients make distinctive, lasting, and substantial improvements in their performance and to build a great firm that attracts, develops, excites, and retains exceptional people.

观,而麦肯锡则是通过两个使命和工作原则,将之清楚体现出来。

我这一代的麦肯锡人也有很多后来在企业界非常成功,成为创业者和大企业的总裁,他们身上也有这两种精神。最近十年我没有深入参与麦肯锡的商业个案,所以对现在的人不那么熟,但是我相信还是有不少人传承了这种精神。很多人说我是一个"Old Style McKinsey(老派麦肯锡人)",可能是因为我真的被麦肯锡的这两个使命感动吧。

培养商业博士后的超级商学院

我一直觉得,麦肯锡也可以被视为一个培养商业博士后的超级商学院。它有一种很特别的制度,做完一个项目之后,必须把关于这个案子的思考和经验进行总结概括,在不涉及客户商业机密的情形下,形成文字教材,录入知识数据库(Knowledge Database),回馈给内部所有的人。所以,每次回到麦肯锡,我都可以在很短时间内学到很多新知识,我也会把在外面学到的东西带回麦肯锡的体系里去。

每个人在这个体系里都会既得到又贡献,从长期来讲,这两个方面是均衡和公平的。"公平"在麦肯锡也是很重要的一个精神,英文叫做Meritocracy,意思是升迁完全根据功绩。它是一个根据能力或者是功劳来进行升迁、奖惩的制度。在进入公司的时候就会很清楚地了解到需要什么样的能力才能成为合伙人。因为有这样公平的制度,所以想靠吹牛拍马或者是欺上瞒下升迁到合伙人几乎是不可能的,即使偶然有人用这种方法升上去一小段时间,很快也会被排除掉。当在一家公司或一个机构里,用歪门邪道之法得不到升迁或利益的时候,人就会自然朝一个正确的方向发展,去培养自己的能力,形成很健康的良性循环。

麦肯锡培养人才的核心机制是"不晋则退"(Up or Out)的升迁制度。人员一共有五级:分析员、咨询顾问、项目经理、董事(合伙人)、全球董事(资深合伙人)。同一个职位的平均工作年限是两至三年。一般来说,分析员工作为两至三年后就离开公司去读MBA。第二级咨询顾问多半是已经有MBA学位或多年工作经验之人,但也只有两到三年时间升到第三级项目经理,而且平均不到一半的人能升上去，升不上的就只能离开。留下的有的三至四年时间升为董事（合伙人）。整体来说，大约每六到七位加入公司的咨询顾问中，会有一人成为董事，百分之八十的人会在过程中离开。

在一个每两三年就要淘汰掉差不多三分之一到二分之一的公司工作，压力当然也不小。这个比例在全世界各分公司都不大一样，有的地方更多，也有升迁较慢淘汰较少的，根据国情和市场而定。

在"Up or Out"的机制下，麦肯锡里很少能见到五十岁人的身影。一方面年龄的增长往往使员工很难适应咨询顾问的生活，另一方面公司需要给更年轻的员工提供上升的空间和施展才华的舞台。"很少有人会永远待在麦肯锡，但是没有人会真正地离开麦肯锡。"在麦肯锡的眼中，离职的员工不但不是"泼出去的水"，而且是一笔弥足珍贵的资源。几十年来，麦肯锡一直通过组织"麦肯锡校友会"（McKinsey Alumni）搭建网络交流平台，通过校友通讯簿、举办校友联谊会等方式，搭建其遍布各行业的"毕业生网络"（麦肯锡将员工离职视为"毕业离校"）。

很多人留在麦肯锡十年二十年，一个主要的原因就是非常享受和高质量的人一起工作的感觉。高质量包括脑力质量和人格质量。我不敢说麦肯锡在所有国家的团队都是这样，但至少和我一起共事的人大多都有这样的质量，都是非常有头脑而且值得信赖的伙伴，我觉得自己能够进入这样一家公司是蛮有福气的。

由于我把麦肯锡当成博士后商学院，"不晋则退"制度的压力对我来说基本上是个健康的压力，我知道自己需要补足哪些方面的能力，尽量去学，尽量努力去做；如果做不到，升迁不上去也没办法。读书总要毕业去找工作的，所以没有过多的担心和期待。

麦肯锡对人的判断有一套非常细化的标准，写在五六页纸上，我那时候大概只是第三级。到了合伙人的等级之后，又会有另外一个非常清楚的表格，评估三四方面的能力，包括解决问题的能力、领导能力、培养人的能力、沟通能力，每种能力再细分成二三十项。这些细则每年都在变，但都非常清楚。在麦肯锡工作永远都会知道自己在什么程度，知道自己离合伙人的距离有多远。想知道自己有哪些能力不足需要加强，拿出表格来对照一下就知道了。

和优秀的人一起工作的乐趣

麦肯锡起薪算是比较高的,不过我们可以说是以每天两倍的工作时间,拿一点五倍的薪水,但是大家愿意,因为在一年中可以学到好几年的东西,而且还拿了1.5倍的薪水,这有什么好抱怨的。除了能学到东西之外,还能跟一群很强的人一起工作,周围一直有一种乐观进取的氛围,遇到任何事情都有一种"我们能够做到(We Can Do It)"的精神,有这样的一种强烈信心,这也是让我觉得很好、很感动的一点。

另一个特点,是团队精神。面对一个案子的时候,大家能很快达成共识,以最合理的方式分工,每个人贡献自己的能力,唯一目标就是为了解决客户的问题。麦肯锡有一些专门方法训练团队精神,这些方法对我帮助很大,让我面对一件事情的时候能很迅速梳理出头绪,用文字和图像迅速清楚地表达出来,安排每个人的岗位,确定要达到的目标。在麦肯锡第一年,我就把这个能力培养出来了,所以出家的时候,才会帮老和尚归纳出"三环一体"的寺院修行模型。

麦肯锡人员的素质非常整齐。一个团队经常由很多国家的人组成,我和美国人、印度人、意大利人、瑞士人、澳洲人、德国人、法国人、菲律宾人、新加坡人、印度尼西亚人等等都合作过。这么多国家的人,到了一起马上就可以开始工作,知道各自应该要做什么,各自有什么能力,好像已经认识了很久,这是很不可思议的事情。曾经有一次,麦肯锡的一个分公司上百人在一夜之间被另外一家公司挖墙角挖空了,麦肯锡在非常短的时间内调去了三四十个人,原有的所有项目都毫无影响地继续做了下去。能做到这个程度的公司不会很多。

麦肯锡非常强调"One Company"(同一个公司)精神,也有一种"One World"(同一个世界)的感觉。它是世界的公司,而不是一家美国公司,美国只是它的发源地。它的全球合伙人,甚至全球的领袖,已经好几代都不是美国人了——现在的合伙人是一位加拿大人,前一任是印度人,再前一任是德国人,好像还曾经有英国人——所以它并不讲美国文化,而是讲世界文化。如果你同样是心量很大的人,在麦肯锡工作会很快乐。尤其是如果能做到合伙人,自由度是非常高的。当然做到这个程度要经过相当多的考验，要有很多不眠不休的辛苦日子。

还俗后第三次参加麦肯锡

1995年，我还俗没有多久，一次，我回到麦肯锡找朋友，刚好遇到麦肯锡台湾的总经理。他说："你回来吧。"我说："好。"那是我第三次回到麦肯锡工作。

先是派驻在新加坡三四个月，帮助当地一家最大的银行做策略和重整；然后参加一个跨国石油公司的项目，帮它进入东南亚市场，我负责其中四个国家的策略，菲律宾、马来西亚、印度尼西亚和泰国；之后又参加了帮助一家跨国医药公司进入亚洲市场的项目，我负责印度和台湾两个地方。简单谈谈两个小故事。

麦肯锡很强调对事不对人的讨论模式，每一个个案都有相当的时间压力，没时间去玩尔虞我诈的心机和是非，所以做起事来很有效率，也比较适合我这种从寺院里出来，没有兴趣玩心机的人。不过，虽然我自己不玩，别人在玩心机的时候，我倒是看得很清楚，也觉得非常有趣。

像有一位项目经理，特别喜欢挑动属下之间的竞争之心，以激励他们拼命工作，达成目标。他多次试图挑拨我和几位同事之间的关系，我都没什么反应。在个案结束之后，一位同事拉我去喝酒，对我说："现在我才发现他用了很多心机，想挑起我们之间的斗争，我上了好几次当，好险你没有落入他的游戏，要不然我们一定会做得很辛苦。"

还有一次我们推动的新组织架构遭受客户管理阶层的大幅反弹，其中一位说了几十个冠冕堂皇的理由，认为麦肯锡提出的新的组织架构完全不合理。我们最后想了想，决定让他来当头，结果第二天他就对公众宣布，新的组织架构是完成公司使命、达成业绩目标、回馈股东权益最好、最完美的制度。

公益后第四次参加麦肯锡

第四次回麦肯锡，是2005年。邀请我的人是当时台湾区的总经理。他是位美国人，名计葵生（Greg Gibb），能讲流利的中文。他和我有比较深的因缘。我第一次进麦肯锡他还没加入；第二次，他是我的属下；第三次，是我的伙伴；第四次，是我的大老板。

我和他认识多年，虽然不常相处，但互相很信任。他知道我做了多年公益，找到我说，请我回去做麦肯锡的资深顾问，看有什么方法能让麦肯锡在大中华地区做一些公益事业，让麦肯锡的人有更多的参与机会，甚至能对整个大中华区的公益领域有所帮助。当时和我谈的有两位，另一位是当时亚洲的负责人，现在是麦肯锡的全球总头目——多米尼克·巴顿（Dominic Barton）。他也是非常特别的一位，他说希望我制定出来的策略是确实能对大中华区的人类有帮助的，而不必对麦肯锡的名声或事业有帮助，麦肯锡不需要用做公益的方法赚取名声，这不是麦肯锡的精神所在，麦肯锡的精神是要为客户做出真正的贡献，而这个公益项目的客户就是全中国的人。我听了以后蛮感动的。这是我第四次回到麦肯锡的原因。

几位留下很深印象的麦肯锡人

先说一个古巴籍的合伙人，当时他被誉为麦肯锡分析能力最强的人，善于解决复杂的问题。有时候客户交代一件事情，十几个人开几个小时的会，白板上写满了字，也没理出头绪，他刚下飞机赶过来，在边上听半小时，就能把事情的解决步骤清晰明了地梳理清楚，所有人都一边记笔记一边觉得很佩服。

有一次我和他一起坐飞机，就问他这个能力是怎么培养出来的。他笑着说："这个我一般不和别人讲，别人听了可能会觉得我很奇怪，但你是学佛的，你应该听得懂，很简单，其实我就是修'定'，平时经常把心放在一个焦点上,比如就看着前面一个小黑点,心放在那里不动,意识很清楚,眼睛也是张开的,但心里什么都不想,用这样的方法练习,当我参加会议时,就能很快吸收到所有信息,方案就自然在心里出现了。"

我听了对他说,其实我在寺院里也是学这个东西。通常人都觉得自己要不停地"想",才会有智慧,脑子才不会生锈,尤其是做商业的,要不停地想想想。但事实上,真正的智慧,不是来自脑子的"想",而是来自内心更深处的"心"。要让心开始作用,必须停止"想",让自己处于一个很平静的状态,智慧自然会从心内生起。我们两个谈得特别开心,成为了朋友。他后来升到了顶级合伙人全球董事,之后被挖墙角去做别的事业了。

另外一位非常特别的人,是现在麦肯锡全球的董事长,多米尼克·巴顿。就谈一件事吧。他在中国采访中国各行各业的人,写了一本书帮助全世界企业家真正了解中国的书。缘起是他在中国住了很久,发现大部分的外国人,甚至赚了很多钱的中国人,都和真正的中国有点脱节,他们住在大房子里,小区干干净净,周围的人也客客气气,买东西去很熟悉的超级市场,坐私人飞机或头等舱去各地开会。不仅是外国的高层经理,中国的一些高层慢慢也变成这个样子。他不想让自己变成这样,所以,他就去采访各种人,老师、失业工人、小商贩、官员、退休官员、餐厅服务员、演员,好几十类人,包括像我太太这样的学佛的藏族音乐家,还有其他有宗教信仰的、没宗教信仰的。我觉得像他这样已经取得了如此地位的人,还这么认真地花时间去了解不同的人,体会这个世界不同的地方,是非常值得尊敬的。大家都认为他是麦肯锡最有爱心、最有国际关怀心的一个人,我觉得由他来领导全球麦肯锡是一件好事。

还有一位是我在哈佛MBA的同学,美国人,Scott Durschslag,中文名杜志亮。他是身高一米九、体重两百五十磅的大胖子,我说他是肚子亮。他几乎是用最短的时间就升到了合伙人,后来是台湾分公司的总经理。他到台湾之前,台湾分公司一直是亏损状态,他去了不到一年就转亏为盈,非常成功。

他除了世间的能力之外,还有很多特殊的天赋。他就是我前面说过,曾向我父亲学习"禅睡",并且让意识离开身体的那一位。一个西方人禅修能够学得这么快,很了不起。而且,在经历了"禅睡"中意识离开身体的体验之后,也没有把这件事和很多人讲,只和我说,如果意识真的可以离开身体,轮回真的存在，那么周围所有人就都做过我的父母兄弟姐妹呀，我的整个人生态度都得改变。

他也练习过我前面做过的感恩和忏悔的功课，对周围的所有人，他都以非常积极光明的态度，道歉或者感谢，有时候打电话，有时候留言，有时候就写个便签。比如他会这样写："当时我很忙，没有夸奖你，但是你真的做得很好，谢谢你。""我说的话可能让你不舒服，但我并不是对人，其实是对事，如果我说错了请你原谅。"在他的影响下，整个办公室的氛围非常温暖。他自己也没想到，这么小的动作，竟然有这么大的收获，有时候他只写了一张便签，人家会回来一封长信感谢他。这个社会上的确有太多的人，功劳没有被认可、能力被埋没，所以当有人去关心、赏识、注意他们的时候，就很容易激发出积极正面的态度，这样就渐渐创造出一个光明进取的工作环境。

还有计葵生。我第四次回麦肯锡就是他邀请的。他是麦肯锡里我非常佩服的一个朋友，工作不为名利，只是希望实现自己、挑战自己，具有非常典型的美国式的乐观进取精神。他理解企业里各种心机斗争，懂得如何处理，但自己不玩心机，也不会陷进去。升到全球董事总经理这个最高层级之后，年薪已经达到一两百万美金，他却辞职去做台湾一家银行集团的总裁，办公室比较小，薪水比较低，分红也不如麦肯锡，他这么做只是想学习到更多东西，挑战自己。等终于把这家公司做好，开始能坐享其成，拿更高薪水、股票升值的时候，他又辞职了，现在是中国平安保险的创意长。

他有一个特点，要离开一个地方总是先辞职，再找工作，从没被挖角的情况，他不是一个骑马找马的人，这种做法让我很感动。有的人劝他先待在麦肯锡，同时去找其他公司，这样比较不担风险，他说这样对两边都不公平，所以只要决定离开，就一定是先辞职，再找工作。他这样做也是出于对自己的信心，他相信自己一定能找到理想的工作，在他的眼里没有不能克服的困难。也确实如此，一个在亚洲工作的美国人，会讲流利的中文，成功并购过银行，这样的人的确不多见。果然他到了平安保险，在短短三年内，就建了一个新的一千六百多亿人民币的金融交易平台。

还有一位对我帮助很大的是潘林峰（Lincoln Pan），他还十分年轻，是赌王何鸿燊的外孙，但是他的外祖母很早就把赌场的股份都卖光了。他在香港长大，会说广东话和英文，不大会普通话。他非常相信麦肯锡精神，也是一个极度乐观进取的人，同时他也非常自律，在任何小事上，都绝不贪图麦肯锡和客户的便宜。后来他跟我一起做麦肯锡的公益项目，对全世界的公益项目做了大量的方法收集和趋势分析，还和我一起做出了麦肯锡大中华区的公益项目的报告、想法和策略。我深为他身上的麦肯锡精神而感动。

另外一位是叶梅女士，是我太太央金很好的朋友。她是一个很特别的人，总是在帮助别人。从小她母亲就教育她，读书好不好不重要，一定要对朋友好。她待人真诚，因此朋友满天下，自然事业顺利。

麦肯锡里面还有大量有各种才华和才艺的人，据说有一次全球最高层的合伙人会议上，有人提出我们做一场演出好不好，然后开始统计有谁会什么样的乐器，这一下几乎弄出一个交响乐团来，大号、鼓、吉他、小提琴、钢琴、笛子，样样俱全，第二天就上台演出了。这样的事情会让你感觉这是一家才华横溢的公司。能四次参加这家公司，我觉得很荣幸。

为什么离开麦肯锡

最后谈谈我1996年第三次离开麦肯锡的原因，这件事情对我有特别的意义。当年在麦肯锡经历的最后一个项目是帮助一家跨国医药公司制定亚洲的策略。当时有两种基本策略：一是小产量高单价；二是量产压低成本，降低价格，扩大市场。我非常希望这家公司采用第二种策略。因为我在印度调查市场的时候，去过很多穷乡僻壤的小医院、血液中心，经常在医院外面的地上见到一些断腿、断脚、流着血、缠着绷带的人，痛苦地呻吟着，四周苍蝇嗡嗡飞着，却不能进去治疗。有的时候我还没走进去就闻到血腥味，这情景极大地激起了我的同情心，当时还不能叫慈悲心，只是同情，我希望这些人都能以低价买到救命的药。

我想尽各种办法努力说服客户，但最后他们还是选择了高价的策略。这个策略比较容易实现，利润也大，也稳妥，第二个策略花费成本更大，利润差不多。但我一直觉得这是个救人的项目，这样的产品是和人命有关的产品，不是保健品。不过最后客户这样决定，我们也只能尊重客户的决定。

正是这件事让我决定去做其他的事。当时我已经出过家了，我就想，到我五六十岁退休的时候，我是跟儿女讲我曾经帮助过多少公司成长了多少倍、赚了多少钱，还是讲我曾经用自己的能力帮助人类做过一些事？

我一直希望有一天，麦肯锡能对世界各国和人类做出重大贡献，而不只是帮企业更有效率、更赚钱、成长更快、市占率更大。要达到这个理想，它最上层的人员需要更多的培训。他们做事的能力已经登峰造极了，关键是一种心量扩大的培训，只要能把这块潜力开发出来，麦肯锡真的能对人类会有更大的贡献。我和麦肯锡一些高层谈过这个想法，听说有些合伙人也在做这方面尝试，但不那么容易，因为到底它还是一家企业，不是公益组织，也不是政府。

我那时尝试着跟麦肯锡谈了一些做公益的想法，当时麦肯锡说台湾的办公室刚刚成立，还没有这个余力做公益，没有能力考虑全人类层面的使命。

由于没有机会实践我的公益理想，就这样，我又离开麦肯锡，参加了"陈诚基金会"，开始投身于公益慈善事业。

第七章 传统公益和护持佛法

热情投入公益 / 三个小故事 / 尼泊尔深山寻找空行母
慈悲心的层次 / 基金会转向护持佛法
父亲改变了佛法的社会形象和地位
护持建设台湾的大型汉传佛教寺院
出任基金会执行长，推动护法项目
拍摄文成公主入藏之旅 / 班庆寺和八蚌寺
大宝法王与楚布寺成佛之道
《寻找香格里拉——大宝法王传奇》
纽西堪布仁波切 / 护持建设佛学院
列些林佛学院与尼泊尔小喇嘛认养计划
护持修建禅修闭关中心 / 桑耶青浦山的闭关行者
护持修行人：礼佛到拉萨的人
能做这么多事情，主要是由于我父亲
在生活中"保持觉性"才是修行的根本

热情投入公益

1996年，我三十二岁，带着很高的公益热忱离开了麦肯锡，投入了家族的公益事业。

陈诚基金会全称"陈诚文教基金会"，它成立于20世纪60年代末，由我爷爷的朋友和旧部发起，宗旨是资助文化和教育项目。基金会有两个主要的项目，第一是提供奖学金。三十多年来，资助了五万多名贫困学生。在过去台湾比较贫困的时代，这些现在看来为数不多的奖学金，帮助了很多没有钱读书的学生顺利完成学业，是很有意义的。

第二是创立了辞修中学。我爷爷陈诚，字辞修。20世纪70年代初，基金会积极投入教育，创办了"辞修高级中学"。这是一所住宿制的学校，一直是台湾第一名的私立高中。近年也开设了初中部，一共有四十多个班近两千名学生。我的初中同学有不少毕业之后，申请来读这所高中，而后考进了一流的大学。历任的董事长有我祖母陈谭祥女士、我父亲、我母亲、我二叔陈履庆先生。他们都投入了大量心血，把这所学校办得越来越好，成为了台湾住校制学校的模范，孩子们很小就学到了团体生活中的各种美德和习惯。

1991年左右，几位新的董事参加之后，基金会做了一个重大的转型，开始大举资助多种公益项目。当时我父亲仍任职"国防部长"及"监察院长"。"监察院长"主管纪律，类似中纪委，再加上他是出名的清廉又能干，因此能调动的资源很广。

我到基金会没多久，就很惊讶地发现，基金会的前辈们做了非常多的项目，多到吓了我一跳。在短短的五六年中，陈诚基金会在大陆、台湾、印度、尼泊尔、美国等地，捐助了近百个各式各样的公益项目。

之前的四五年，我一直在寺院中修行和在麦肯锡工作，没有直接参与家族的公益事业。倒是我的二弟陈宇铭拿到了哈佛法律博士回国后，全职投入了很多年，做了很多事。我三弟陈宇慷自麻省理工学院毕业归国后，也参与了一段时间。我从他们和同事口中，听到了很多感人的故事。

20世纪90年代初的中国大陆，仍然百废待举，需要帮助的人特别多，大家当时来自富裕的台湾，看到各地的苦难，时常难过得泪流满面。而印度和尼泊尔更是世界穷国，一出机场，入眼的就是满街乞丐。有时内心会有一种罪恶感，觉得自己过得这么幸福，而世界上竟有这么多人在受苦，以前都不知道，也没想到，非常惭愧。也因此，当时基金会几乎是遇到什么项目就支持什么项目，慈善、文化、教育、救灾、残疾、儿童、医疗、环保、敬老、扶贫，只要看到有需要帮助的，就拼命去做。

基金会本身并不怎么有钱，持有的为数不多的股票和房产都是别人捐的，这段期间大多出售转化成了资金，捐到各地的项目中。除了自有资金和资产变现之外，基金会主要扮演着"桥梁"的角色——善心人士和需要被资助者之间的一座桥梁。

大家对我们很信任，尤其是对我父亲的信任，许多捐款人希望通过我们将钱送到需要者的手中。但为了透明和效率，我们认为资金不一定要经过我们，最好是由捐款人直接捐给受助人。当我们确认项目之后，会同时将项目的银行账号交给善心人士，请他们自行捐助。

那时候，我们心里总想着有一大群人在等着帮助，只要钱到了，问题解决了就好了，确实有一种"成事不必在我"的心态。

以下是根据基金会的资料和同仁们的回忆，简单列出捐助金额比较大的项目，不包括旅程中随机遇到的就当场帮助了的人和事。

图表一：1991—1996年慈善公益项目简列

慈善	协助民政部成立中华慈善总会、协助建立中国农民保险制度、捐助宋庆龄基金会……
残疾	西藏拉萨彩泉残疾人福利手工艺学校、兰阳聋哑学校、慈善姊姊中心、四川盲哑学校、哈尔滨假肢工厂、四川特殊残疾教育、乌鲁木齐残疾教育……
教育	四川甘孜阿坝地区小学、四川整修偏远地区中小学、四川人才培训中心、北京大学文学院、四川小学宿舍、上海中国传统美术高等学校、北京新华小学、北京大学中国传统文化研究中心、大理医学院奖学金、兰阳中小学福利院、上海中医师编中医大辞典、蒙歌谛小学软设施、华西医科大学医学研究计划、喜马拉雅涅香山区兴建小学及每月费用……

续表

文化	大陆及台湾"民间书院"儿童四书五经读诵班、供养中国佛协赵朴初老居士、资助社科院教授翻译藏经、成都川剧学校、四川大足石刻计划、两岸动画交流、缅甸北部山区华人佛绣、20世纪华人经典音乐演唱会……
赈灾	1994—1995长沙水灾、1995青海玉树大雪灾、1996年台湾贺伯台风水灾……
医疗	四川少数民族及偏远地区医疗站、四川偏远地区医疗人才培训、印度和尼泊尔的义诊团、为尼泊尔游牧山区捐赠药品、尼泊尔南无布达创古诊所……
儿童	上海儿童福利院、武汉孤儿院、西藏那曲孤儿院、印度德瑞莎修女儿童组织、尼泊尔孤儿中心、美国加州圣地亚哥儿童博物馆、传教士慈善中心……
扶贫	西双版纳族扶贫、广西清远扶贫计划、北京爱心工程扶助偏远地区妇女、尼泊尔山区捐赠衣物、尼泊尔喜马拉雅涅香山区……
环保	西藏植树计划、青藏生物保育基金会、青海玉树雪豹养育计划……
养老	尼泊尔蒋贡老人院……
其他	云南戒毒中心、四川温江工业区、四川营山县造桥、下岗职工寻职广播节目……

三个小故事

中华慈善总会

支持成立中华慈善总会是一个很有意义的项目。当时慈善公益在大陆还是一个很新的领域,20世纪90年代初,基金会人员到大陆做慈善时,还时常被怀疑有什么政治动机,明察暗访了几年,才确认我们真的只是为了做好事,没什么其他目的。由于各种公益方面的法规和制度都刚开始成型,慈善总会的成立是有标竿性历史意义的。

我们当然不是一个主导的单位,而是协助当时的民政部长阎明复先生,也是后来中华慈善总会的终身荣誉会长。我们陈家和阎家倒是有一段特别的因缘值得提一下。阎部长的父亲阎宝航,20世纪30年代曾在重庆担任过蒋中正夫人的秘书。当阎宝航被国民党发现是共产党员时,是我爷爷通知他,要他赶快离开的，所以他对我爷爷有一份感激之心。没想到，六十多年以后，后人们会一起投身于建设中国的慈善公益事业。

两岸民间书院

在台湾和大陆资助成立"民间书院"，倡导儿童诵读四书五经，是我二弟陈宇铭全心推动的一个很有意义的项目。当时和王才贵教授合作，共有十几个民间书院。我印象中最有意思的是，我们要求父母其中一个人必须来陪儿童一起诵读四书五经。最开始都是母亲陪孩子来，但是过了一段时间，父亲也常会出现。有一次我们问其中一位爸爸，为什么会想到来陪小孩读经，他笑着说，最近在家里犯些小错，儿子会用孔子的话来告诫我，我想回来复习复习。旁边的人听了也都大笑，很有同感。中国古代让孩子们从小念诵四书五经，对孩子形成健全的人格的确是很有帮助的。

烧伤的农民

有一次我三弟陈宇慷和基金会同事陈小康两人，去四川一家医院访问，讨论捐助事项，看到一个全身烧伤的人没有得到治疗，一问之下，是因为没有钱付医药费，只能躺着等死，于是两人拿出身边的几百块人民币，帮他付了医药费，救了他一命，而后才知道，那人的名字是陈少康。或许是过去生的亲人吧，人间的因缘，的确很有意思。

由于都在第一线上，看到很多一般接触不到的社会苦难面，参与的家人和同仁们，都自然而然地生起了慈悲心和责任感，对自己的生命和修行，都有很大的帮助。大家回顾的时候都常觉得，其实是苦难的人们帮助了我们，而不是我们在帮他们——这是一个很特别的感受。

不过，反思起来，那时悲悯心过多，智慧不够。大家刚接触公益，一厢热情，没有兼顾感性和理性。虽然完全发自善心和爱心，也没有任何私心，但是项目太多、太散、太杂，没有进行什么思考，看到就做，没有什么策略方向，更没有考虑到做公益的效率和可持续性。

听了他们大量的故事和心得之后，或许是哈佛和麦肯锡的训练吧，我也开始思考：我最想做的公益是什么？什么使我感动？我最能够做什么？该怎么做呢？

尼泊尔深山寻找空行母

有一个经验对我的公益思路有很大的影响。年初，我去尼泊尔求法朝圣，同时思考接下来要做的事情。

我住在基金会捐助的一个佛学院里。有一天晚上我做了一个梦，梦见自己飞在尼泊尔的上空，下面是延绵不尽的翠绿色的山林，这时候空中一个声音对我说："有个女孩，是一位空行母，在山里等你，你应该去找她，她的功德就跟七座白色的舍利塔一样。"然后我就醒了。

在藏传佛法里，空行母是指有智慧的女性，是修行的伴侣，不一定是指女朋友或太太。到现在我还记得这个梦。那时候我没想要交女朋友，到尼泊尔更不是为了这个目的，为什么会做这样的梦？觉得很奇怪，去请教了几位老师，刚好有一位老师说他在尼泊尔的深山里曾经遇到过这样一个女孩，是一位金发美女，据说现在还在山里闭关，并且说我应该去找她。

竟然真有这么回事！我的兴趣来了，开始打听这个金发美女的下落，大致问到她在尼泊尔的一个游莫（Yolmo）山区，是莲花生大士、益西措喜佛母、密勒日巴尊者等等大修行人曾经闭关的地方。还知道了那个山里有很多闭关中心和寺院，当地山村也都很穷苦，需要帮助，我就买了各种补给品，食物、衣服、棉被带去。

当然，我更认真地买了很多礼品要送给这位女性。在加德满都花了两天的时间，买了几尊非常精致、纯银打造的佛像。当时兴致勃勃，有不少美丽的幻想，心想如果我找到她，假使她愿意，那我就娶她，于是买了一个很美的戒指。又想到她在深山中，生活一定很辛苦，决定帮她买各种护肤用品、卫生用品，等等。那也是我第一次发现卫生棉有大小之分，还有多种品类，我是和一位还俗的喇嘛一起去买东西的，两个人都抓抓头，不知道怎么办，最后各种大小各种品牌都买了一些。

　　这位还俗的喇嘛来自那个山区，他的妈妈也还住在那个山中，他自愿做导游陪我入山，顺便回家看看妈妈。他说距离不远，大概开车两个小时，再走路一两小时就到了。

　　这两天，我要到山里去找空行母的消息，已经传遍了寺院和佛学院。清晨五点，天还没有全亮，我们开始将行李装车，来了一大群小喇嘛，围上来笑眯眯地看着我，都非常好奇和兴奋，想知道会不会真的成就一个美丽的传说。我就在众人的期待中上路了。

　　尼泊尔的公路凹凸不平，全是坑洞。我摇摇晃晃地挤在破旧的老车上，很快就发现尼泊尔人的时间观念跟我们完全不同。三个多小时过去了，没有任何快到游莫山区的迹象。抱怨也没有用，因为我发现导游根本不知道到底有多远，这时候他才跟我说，他已经有十多年没有回去过了。

　　结果两个小时的路程，变成了六七个小时。过了中午才到山脚下。这时候挑夫们都不愿意上山了，又花了一两个小时，好不容易才凑足了十几位挑夫，带着各种补给品和礼品，顺着山涧向山里走去。

　　刚开始，我心情愉快，还一面走一面哼着歌，想着很快就能见到她了。

　　没想到，一下子又是三个小时过去了，没有一点村庄的迹象，也没找到什么寺院，只是越走越没有人烟。

　　停下来吃了点干粮，又走了两个小时。崎岖的山路很不好走，天气很冷，爬一段时间就满身大汗，一停下来，又像掉进了冰箱里面。那时我在麦肯锡工作，缺乏运动，有点肥胖，坐了六个小时车，走了五个小时路，一下冷一下热，只好减缓速度。

　　没想到快要天黑的时候，导游和挑夫开始嫌我走得慢，把我甩在后面，剩下我一个人，看着太阳慢慢下山。没多久，天就完全黑了。我开始大叫导游的名字，但是整个山谷里什么声音都没有。我也没有手电筒，只能低着头，就着月光，寻找土路上的鞋印，希望不会走迷路。就这样一个人在山里，在黑暗中又走了好几个小时，要不是有"理想"支撑着，肯定就要放弃，走回头路了。

　　一直走到晚上十一点多，才听到导游叫喊的声音，原来他们实在等不及了，要他回来找我。他说，在前面找到了个旅馆，这时我已经全身又酸又痛，提起劲跟着他又走了半个多小时。

　　结果到了一看，在月光下只有一盏昏黄的小灯，旅馆其实是个像牛棚一样的农家，底下养牛，上面住人，只有两间房。上楼一看，房间已经像沙丁鱼罐头一样塞满了十几个人，满地都是啤酒罐子、香烟头，还有随地吐的痰。导游带着我从人群间挤过去，原来在最后面还有一间小小的房间，大概是一张大床那么大，里面也就是一张床。

　　我记起以前去藏区的经验，上山前在加德满都买了很多猫狗去跳蚤的环。睡前我把狗环取出，套在自己的脖子、手腕、脚踝上。想起在店里的时候，店员问我要买给多大的狗，我指了一指自己的手脚，他们露出不可思议的表情，觉得这个人非常奇怪。

　　我已经累坏了，倒头便呼呼大睡。

　　到了半夜，觉得喘不过气来，有什么东西压在我肚子上，把手从睡袋伸出来一摸，当场惊醒，是一条赤裸裸、毛茸茸的男人大腿。

　　不知道是那个导游还是尼泊尔男人的习惯，他晚上脱光了睡觉，冷了就抱着我。他其实不是同性恋，只是来取暖，但我完全受不了，全身起鸡皮疙瘩。把他推开，没过多久又抱过来了，我又吓醒，心里想，不知道过去造了什么业，今天会遭到被裸体男人抱着睡觉的报应。

　　可想而知，那一晚住得非常辛苦，几乎一晚上没睡着。

　　第二天清早四点多出发，没多久就到了一个分岔路，我们顺着左边的山涧继续走向深山，寻找山中的寺院。没走多久我就开始上吐下泻。最辛苦的是卫生纸带得不够多，只好一张一张数着用，到后来到处找树叶，几张树叶配着一张纸，勉强凑和着用。

　　到了中午，大家又饿又累，都开始抱怨。更糟糕的是，导游和挑夫们都迷路了，找不到寺院，森林中也没有任何人家可以问路。讨论以后，继续坚持往前走。我也就坚持跟着，一边走一边吐一边拉。

　　没多久，前面来了一位阿尼，我们兴高采烈，赶快问她："是不是有一位金头发的女孩在这里闭关？"

　　她说："没听过。"

　　我们问："前面有没有寺院？"

她说:"有的。"

我们问:"那位女孩有可能在那里闭关吗?"

她说:"不可能。"

我们又问:"为什么?"

她说:"因为寺院所有的人都到城里去参加法会了,我是最后一个负责锁门的!"然后把钥匙拿出来摇了摇。

这一下我们都不知道怎么办了。回去吗?使命还没有完成,我可是带着小喇嘛们的期待而来的。而且,这时很明显感冒开始加重并引致发烧,头痛欲裂。我叫他们去问路,自己倒在路旁等候。

没多久,导游带来了好坏参半的消息。好的是这山区的确有好几个闭关中心。不好的消息是,我们走错路了,早上的分岔路口,应该往右边的山上走,我们爬错山了。这时候挑夫们说不干了,有的直接把行李放到地上。

商量了半天,加了一倍的运费,决定不往回走,而是直接爬山,穿过山脊,到右边的山上去。说起来简单,但这就成了爬山,而不是走山路。没多久,连挑夫们都气喘吁吁,漫骂声不停。而我这个可怜的城市人,更是走一步停两步,还要在陡峭的山上找到能蹲下来的地方。

当然了,走了没多久,他们就把我丢下了。天黑之后,又只剩我一个人,在月光下摸索前进。到了晚上八九点,导游又跑回来找到我。这时我已经是半死的状态了,要不是想着金发空行母,可能躺在山边就睡着了。

这回真的找到导游的小山村了,住在他的亲戚家。

当晚他说村中有一种治感冒的灵丹妙药,熬成汤拿来给我,我已经病得迷迷糊糊的了,张口就喝了好几大口。这下可就惨了,药的味道好像是把酸菜、豆腐乳、炒菜的酒混在一起的味道。喝完没几分钟,走到户外又呕吐了十几分钟。回来倒头便睡。

第二天清晨四五点,我被导游叫了起来,说我们现在应该继续上山,这里后山上真的有属于夏扎法王的闭关中心,那个女孩很可能在里面。夏扎法王是藏传佛法中硕果仅存的长老,被誉为是当今证悟最高的修行人,一百零二岁的他仍然健步如飞。他一生不建寺院,只建闭关中心。

我已经快要爬不起来了,但听了也很兴奋,就和他一起出门了。这回可是真的叫"爬"山，我已经病得全身虚脱，左右手各拿着一根拐杖，一步一步地向上爬。我现在已经习惯了，再也不问导游还有多远。这几天来，他的回答都一样："转过前面那个弯就到了。"而每次转过一个山弯，前方仍然是无尽的山弯，他总是耸耸肩膀，一副无辜的样子。

走着走着，没多久他就丢下我，一个人走了。

我爬了两三个小时，回头一看，已经走到了云层的上方，看不见村庄了。景色是美得没有话说，但实在是病得没有心情欣赏了。

没多久，竟然看到一个像寺院一样的房子，我想也许有我要找的人，就走了进去。一进去，里面是很多阿尼，也就是出家的尼众，看来这是一个女众的闭关中心。她们看我病得这么惨，就给我一些吃的喝的，照顾我，对着我笑，但是语言不通，我也不知道她们在说什么。我尝试着用英语问她们，她们只是笑着摇头。

我就这样傻坐了半个小时，忽然间，导游回来了，很兴奋的样子，跑过来坐在我旁边笑着说："找到了！找到了！"

我看他脸上的笑容有点奇怪，忍不住问："怎么了？她长得很奇怪吗？"唉！带了这么多东西说是要供养寺院，爬了这么多的山说是要找空行母，第一句问出来的话，竟然是关心她的长相，想想也真没出息。

还好，他摇摇头："不奇怪，很美！"

我说："那你脸上这个诡异的笑容是什么意思？"

他支支吾吾地说："她抱着一个孩子！"

我说："也不一定是她的啊。"

他很肯定地说："一定是。长得像她，不像尼泊尔人。"

也没办法了，到了这个份上，怎么能半途而废呢，只能继续坚持。不管怎样，我都要去见她一下。

又连走带爬一个半小时，在一座破烂的小木屋门口，见到了那位女孩。她的确是金发碧眼，怀里抱着一个小孩儿。竟然真有这样一个人在山中！

她很客气地请我进屋，屋里全是烧煤的味道。

我说明了来意，当然没有讲来找空行母，只是说："听说有你这样一个人，就带了一些补给品来给你。"然后把各种补给品和礼物都拿出来了。她当然很感动。尤其看到了那么多的生活用品，还有巧克力糖以及几尊纯银的小佛像。她把佛像一一放在自己头顶上几秒钟，然后都供在她那小小的佛堂上。

我问她为什么会在这里。她开始叙说她的故事。我极为意外，她竟然是美国著名的常春藤联盟中康奈尔大学毕业的。她读大学的时候就皈依了佛门，毕业以后全心投入慈善公益，在越南、柬埔寨等东南亚国家专门帮助那些被地雷炸断手脚的小孩。

四年前，在一个偶然的机会下，她到尼泊尔朝圣。走在路上的时候，一抬头，看到夏扎法王走过来。她当场泪如雨下，在马路上就跪了下来，请求法王收她为弟子。法王很严格，一生主要只教导愿意深入禅修闭关的人修行。法王对她说，你到游莫后山自己建一个茅棚，闭关三年。我先教你前行，前行做完了，我再教你更深的法。

于是她就辞掉了工作，自己到山里盖了一座房子，开始修前行，最近刚好修完。

我又问她，为什么会有小孩呢？她说，是闭关之前下山采购，碰到一个很帅的飞行员，两个人谈了几天恋爱，然后一起过了一夜，回来就发现怀孕了。她非常有毅力，一直留在山上，直到最后才下山把孩子生下来，然后又把孩子背回山里，继续闭关。

她的闭关非常严格，和刚才经过的尼众闭关中心的进度一模一样，要三年三个月三天，要先修四共加行、四不共加行。四共加行还好，只是要认真思考四个帮助把心转向修行的观念，不算太累。但是四不共加行可是要拜完十万遍大礼拜、十万遍金刚萨埵消业障、十万遍献曼达累积功德、十万遍上师相应法。加行修完后，还有止观禅修、生起次第圆满次第、气脉明点等很多深奥的法门。

这不是一件简单的事，对全心修行的喇嘛都很辛苦，何况她带了婴儿在深山里。小男孩儿看起来差不多两岁，她说已经做完了前两年加行的功课。我看她的手，全是冻伤了的裂痕，一面在深山里带孩子，一面和隔壁的闭关中心保持同样的修行进度，真的很了不起。

最后，由于她已经有小孩和爱人了，我就没有向她求婚。回来的路上，订婚戒指也被人偷了。

但是没想到，这趟路接下来的行程，对我的人生和修行产生了巨大的影响。当时我只是背了很多东西进去给闭关中心、寺院、山村，理性上是该做的，但内心没有更深的感触。

离开那位女孩之后，导游说想带一些东西去看看他妈妈。他告诉我他父亲早年酗酒摔死了，死了先生的女人没人要，母亲没人照顾，最后改嫁给对面深山中游牧民族的野人，日子过得很苦。他讲了很多小时候的故事，他爸爸很不好，妈妈带着他和妹妹徒步从尼泊尔走到印度，把他留在印度的一个寺院里，自己又带着妹妹回尼泊尔山里。后来因为医疗不好，妹妹死在妈妈怀里，很可怜。我听了这些故事，也很想陪他去看望他妈妈。

这段路差不多都是在山顶走，路过好几个村庄都在云上面，很原始很特别的感觉，之后从云上再走到下面的河边，从河边走到他妈妈住的村子。到了村子，又听说他妈妈和野人先生到后面深山中放牧去了。

后山是没有什么人烟的森林，有几次我们看到远处有个村庄，走近一看，大失所望，原来是一些只有土墙没有屋顶的废弃牛棚。最后一天走了四五个小时以后，终于在很深的山里找到了他妈妈。

当我看到他妈妈的那一刻，对我的修行来讲，是慈悲心和菩提心的一次强烈升级，到今天我印象都很深刻。我以前见过很多苦，但都和这次不一样。她住的其实不算个房子，只是个牛棚，用栅栏隔成两半，一半是牛，另一半住人。她的丈夫带着两个大点儿的男孩放牛去了，她在家里带着八个小孩。

她看起来应该四十五到五十岁。游莫山谷是著名的出美女的地方，这里的女性都长得很好看，可以看得出来她年轻时是一位美女，但是现在已经给折磨得不成样子，皮肤晒得黝黑，脸上全是皱纹，手上全是褶子和裂痕。导游送了她一双绿色的中国军用胶鞋，他妈妈双手拿着鞋，好开心，这么久不见的儿子，竟然从印度回来了，还见得到面，她把鞋子放在头顶感谢佛菩萨，好一会儿才把鞋子供在一个小小的佛像前面，舍不得穿。

她给了我一碗奶茶，我看着她的手，就开始一直哭，也不知道为什么，好像是突然体会到了她的苦，我从来没有体会过这种一点儿希望都没有的感觉，很难过。她差不多每十几个月就生一个孩子，所以现在有十个孩子，之前还曾经感冒死了两个，因为太偏远了，没办法去医院。

这段经历是我后来在尼泊尔做很多慈善和公益的主要原因。那之后的一个多月，我都会经常梦到在那个山里看到的情形和感觉到的心情，每次醒来都觉得我应该再多做一些事。

做公益最重要的其实是"修心"，如果慈悲心没有生起，只是把慈善当成个项目甚至商业广告，完成任务当然也不错，但意义不大，也不够圆满。

慈悲心的层次

慈悲心又分好几个层次。

最开始是同情心。同情心是自上而下的："我很幸运，他很苦，我很难过，我要去帮他"。

之后是同理心。对别人的痛苦能感同身受，觉得有机会帮别人是一件很快乐的事情，觉得和被帮助的对象是平等的。有同理心的人，不会觉得自己比别人高，反而会觉得我们以金钱或行为帮助别人的同时，别人也在帮助我们的心灵成长，带给我份内心的快乐，反而会有一种感恩心，想谢谢他们，他们不再仅仅是一个被救助的对象。

再之后是慈悲心。慈悲心更加平等，会觉得帮助人本来就是应该做的事情，只要看到遇到需要帮助的人，不会想太多，自然而然会去做，像是母亲看到孩子掉水里了，想都不想就跳下去救了。

再上一层称为是菩提心。有人把菩提翻译成智慧，其实菩提心就是一种"自觉，觉他"的心，自己觉悟了，生起了智慧，离苦得乐了，然后希望帮助他人觉悟、生起智慧、离苦得乐。

做慈善和公益到一定程度之后，菩提心就非常重要了。否则一个人做了几百个项目，帮助了几十万人之后，心中很可能会觉得越做越做不完，看到天下都是苦的事情，不晓得怎么办。这时候就有一种危险，一不小心，就会落入愤世嫉俗的心态里，甚至产生一种奇怪的骄傲情绪。

我自己也曾犯过这个毛病，每天看着那么多的苦难，回来募款的时候，看到那些只会吃喝玩乐的有钱人，我就难受得死去活来。你们非要开劳斯莱斯吗？这个钱能在山里建多少学校？可以养活多少孤儿？可以照顾多少垂死付不起医药费的人？我就会产生批评心或愤怒的心。

如果我们没有把公益当作修心，就非常容易落入这种心态，甚至觉得自己很了不起，自己在做伟大的事情。这个阶段就一定要开始培养智慧，这也是我后来体会到的。要帮人觉悟，离苦得乐，想度人，需先自度。如果自己修行不到位，没有生起慈悲心和智慧，根本帮助不了别人。有了智慧，才清楚别人的苦在哪里、别人真正的需要是什么。所以到最高一层就是菩提心，自觉、觉他的心。

这次尼泊尔之行，是一个帮助我打开慈悲心的极为重要的经历，从这件事也可以了解到，我最初投身公益，不完全只是想做点好事，也希望把它当作一个修心之旅。

这之后，我全身心投入公益，想法思路就比以前深刻了。

基金会转向护持佛法

禅修本身并不是宗教，但时常被误以为是佛门仪式，而被许多现代人排斥。

佛法更常被误会。佛的意思是觉，有觉察、觉观、觉照、觉悟、觉醒等多重意思。法则是指方法。"佛法"其实是一套教人如何觉悟心性的"方法"。是方法，不是信仰。但很可惜，多年来，禅修和佛法都被误以为是宗教信仰或哲学体系，而没有能被推广。对个人的健康快乐、社会的安定繁荣这么重要的一门学问，就这样被搁置了，很令人遗憾。

我们禅修学佛多年，除了通过公益照顾人的物质方面需求，当然也希望能够照顾到人的内心需求，带给人心理上的健康与快乐。大多数人知道如何健身，但是不知道如何"健心"。

我们一直没把佛法和禅修当成是宗教，而是当成了一套修心的科学方法。这些方法不只能够帮助人将心静下来，带来身心健康快乐，还能够帮助人提升专注力、创造力，开发内心的慈悲与智慧。我们认为，禅修对个人、对社会、对国家、对人类，都会有巨大帮助，应该被积极推广。

但是，该如何推广呢？

当时我们看到自古以来这些修心的方法由寺院传承下来，在佛门中保持得非常完整。因此，在我父亲带领之下，我们决定大力护持佛法。

我们倒是从来没有把佛法当作宗教信仰来推广，而是希望通过推广禅修修心的方法，照顾人心，安定社会。甚至1996年我父亲参选总统时，提出的核心理念就是"救台湾，救人心"。人心安静则社会安定，人心慈悲则社会祥和，人心智慧则社会繁荣，大同世界才有可能实现。尤其是居上位的人会起到榜样作用，如果嗔心重、贪心重，或愚痴糊涂的人被选为领导，会成为国家的灾难。

最开始，我们主要护持汉传佛教寺院，像是灵泉寺、中台禅寺、佛光山、法鼓山、灵岩山寺等十余座大型汉传寺院。当时我父亲正任"国防部长"，因此护持的力度特别大，为这些寺院带去很多大功德主、大量的资金、很高的媒体曝光率。

1994年，父亲转任"监察院长"，我们同时开始护持藏传佛教。协助建设、恢复、供养了近百座藏传佛法的寺院，地区遍及印度、尼泊尔、西藏、青海、四川，而后又护持建设了许多佛学院和禅修闭关中心，希望培养出大量僧才，能够帮助社会和人心。

也因此，我们决定逐渐淡出传统公益。传统公益是指以提供资金和物质作为公益的重心。我们将重心转向护持佛法，希望也能帮助人的内心。

父亲改变了佛法的社会形象和地位

自从我父亲开始禅修和学佛，在几年之内，使台湾大众对佛法的形象和社会地位有了非常大的改变。这里介绍两个小故事。

第一，改变了佛法的形象。

20世纪90年代初，台湾一般人对佛教的印象多半是宗教迷信、愚夫愚妇的信仰、感情失挫、事业困难、人生不顺的人逃避的地方。

虽然台湾没有公务人员不能信仰宗教的规定，但是人们对佛法的误解甚深，很少人知道禅修是一套帮助人身心健康、认识心与生命的科学方法，它本身并不属于宗教。

我父亲学佛的消息很快就传遍了台湾，引起了广泛的讨论。当时有"立法委员"提出质问："学佛的人怎么能做'国防部长'呢？"

我父亲回答："'国防部长'要有智慧才能保卫国家，有慈悲心才能照顾军人。而佛法是一套帮助人开发内心智慧的方法，为什么不能学呢？"

他也曾幽默地说："学习菩萨慈悲智慧的人不能当'国防部长'，难道要嗜血的杀人魔王当'国防部长'，大家才放心吗？"

于是，"国防部长"学佛的消息，被各媒体争相报导，很快就传遍了全台湾，引起广泛的讨论。慢慢地，大家对学佛和禅修有了正确的认识，参加禅修也成了流行的、有益身心健康的活动。

第二，突破了媒体弘法的障碍

20世纪90年代以前，台湾有一个不成文的规定，只要是出家师父，都不准在电视或广播节目中发言，使得出家人好像是二等公民、社会上不存在的人一样，佛法的弘扬大大地受到限制。

甚至更早的时候，在寺院以外的地方公开弘法，都需要特别的报批。许多仁波切来台湾弘法的时候则更加辛苦。由于活佛们在台湾不可能有寺院，只能在弟子家或租场地聚会，常常被跟踪或打报告，学佛成了暗中活动。

我父亲听说了这些事，即命人查询，了解到并没有法规禁止僧人出现在电视媒体中，只是曾经高层有句交待，不准僧人面对镜头说法，因此沿革至今。

我父亲交待应依法处理，而且，他每去一个寺院，都会有媒体跟去拍摄，自然会拍摄到他与出家师父们的交谈，禁忌很自然地被破除了，佛教才得以快速发展。不久，星云大师开始应邀上了电视，现在每天从早到晚都有法师们说法的电视节目。

同时，"国防部长"在学佛，特殊单位也就不方便去查禁或跟踪了。当时佛教界的人认为，通过我父亲的禅修和护法，给了佛法正当性，有点化暗为明的感觉，不再被视为是愚夫愚妇的迷信。

现在台湾佛法兴盛，记得那一段时期的人不多了，但其实也只是二十多年前的事。

护持建设台湾的大型汉传佛教寺院

1996年我参加基金会以前，我父亲个人已经做了很多护持佛法的工作。

我们刚遇到惟觉老和尚的时候，万里灵泉寺是一个很简朴的小寺院，只有不到十位出家众。上山几次之后，父亲得知寺院欠了几万台币的水电费付不出来，就决定开始护持。尤其他在转任"国防部长"之前参加了禅七，报纸媒体很快就开始大幅报导"国防部长"学佛以及灵泉寺和惟觉老和尚。

没多久，惟觉老和尚请他担任寺院的护法会会长。父亲邀请了大量政府、工商企业界、学术界的友人参加禅七。由于老和尚很有修行，再加上父亲的护持，灵泉寺扩大了好几次，能够容纳百余人参加禅修和食宿，但仍然不够用。于是1992年，老和尚决定去台中埔里建设中台禅寺。父亲继续担任护法会会长直到大约1994年，那时中台山的地也买了，资金也开始充裕了。

现在，以数十亿建设完成的中台禅寺，是台湾数一数二的大寺院，有上千名僧众，每天来自各地参观的游客非常多，让数以百万计的人与佛教结了善缘。同时，中台佛教学院也成了台湾最大的佛教学院之一，培养了无数僧才。

灵泉寺和中台禅寺兴盛之后，我们又开始护持星云大师的佛光山寺、圣严法师的法鼓山寺、妙莲长老的灵岩山寺、心道法师的灵鹫山寺等十几座台湾主要的大型寺院。那段时间，我父亲受到各大寺院和学府的邀请，在全台湾巡回演讲了三四百场，几乎每个星期都有几次演讲，谈心智科学、生活中的禅修以及各行各业的修行。

大约1994年，我们也开始护持藏传佛法，建设和恢复印度、尼泊尔、西藏、青海、四川等地的藏传寺院。

出任基金会执行长，推动护法项目

1996年，我担任陈诚基金会和化育基金会的执行长，继续扩大弘法和护法的佛行事业。六七年下来，我们又协助募资建设或恢复了许多寺院、佛学院和禅修闭关中心，并供养了上万名僧众和小喇嘛的生活、医药费用。

那段时间，只要是来台湾弘法的仁波切和喇嘛们，基本上都会来找我们。他们大多都有建设寺院、佛学院或闭关中心的需求，我们也都会尽量帮忙。除此之外，我们也主动去发掘在藏区、尼泊尔、青海这些地方需要经济帮助的大师们，主动募款送去给他们。

当时台湾经济很好，善心人士非常多，我们总共帮助的大仁波切超过一百多位，最少的也供养了三五万美元，多的供养了好几百万美元。尤其是尼泊尔、印度这些地方的仁波切，每次见面我们通常都会给他们比较可观的资助，因为他们特别需要多一些经费，照顾他们的小喇嘛和在山里闭关的修行者。

遇到大活佛，我们不一定急着求法，总是先问，"请问你的寺院有什么需要？有什么我们帮得上忙的地方？"我们了解以后，就会尽力协助他们。他们有的是想恢复寺院、建设佛学院或闭关中心，有的是想重新整理法教，有的需要印刷经典，有的想要照顾小喇嘛，有的想要把佛教经文计算机化，有的想要把佛教经典翻译成其他语言。

服务于这些大师们是我当时做得最开心也最有成就感的事情之一。除了护法，我们也开展了很多弘法的项目，当时我全身心投入，非常欢喜。比较重要的项目有：

- 为了让台湾的信众有机会向仁波切们学习，也为了帮助仁波切们募款，我们邀请了二十多位仁波切来台湾弘法，举办了将近六十场禅修、灌顶、教学闭关等各种法会。

- 为了方便信众学佛，我们在台北市中心交通很方便的地方建设了"化育居士林"，是一个供佛友们聚会和求法的佛教会所。我们提供简易素食、佛教活动展示区，还有可以容纳百来人听课的小禅堂。曾经来过的大师很多，包括圣严法师、直贡法王、大司徒仁波切、堪布竹青仁波切、创古仁波切、本乐仁波切等三四十位。

- 除了邀请仁波切来台，我们也主动出去参访，举办了将近四十个朝圣团到西藏、印度、尼泊尔参访和学习。我自己也亲自带了不少团到西藏和尼泊尔，几年来去了不下三四十次。我们的朝圣团以修行为主，每次都会带团员去拜见许多一生难见的高僧大德，并安排参加法会和向他们求法的机会。台湾的人特别懂得奉献，愿意做功德，每一次去，都很自然地会捐助寺院和佛学院，资助当地的慈善公益项目。我们还组织了多次医疗团，邀请许多医生和护理人员，专门去帮寺院的喇嘛和贫穷地区的老百姓义诊，并提供大量免费的医疗补给品。

- 为了让大众更了解仁波切们的法教，我们曾发行了达五十万份的"善有善报"周刊，介绍仁波切们的背景、心愿、行程、教学时间和内容。我们又通过众生出版社出版了一百多本汉传佛法和藏传佛法的书籍，还重新排版和标点了《大般若经》、《华严经》等重要的经书，方便现代人的阅读习惯，并赠送了几百套到大陆各个寺院。
- 为了弘扬佛法，我们通过妙有传播公司，录制了七八百个小时的心灵电台广播节目，包括我父亲在中国广播电台主讲的五百辑"觉醒的心"和"生活中的修行"系列节目，还有我在飞碟电视台主持的广播节目。
- 1998年，我制作发行了一百万份的《寻找香格里拉——大宝法王传奇》和《传承》纪录片。据说在中国大陆和东南亚的佛友们复制了超过千万份，在各地流传。

以上是我出任两个基金会执行长时期的工作简单叙述。我于2003年卸任，我父亲也于2006年淡出化育基金会所有的活动，展开了新的公益和修行之旅。以下选择了这十几年中最重要的和精彩的项目，谈谈过程中的趣闻和点点滴滴心得。

拍摄文成公主入藏之旅

　　1997年，为了拍摄《寻找香格里拉》纪录片，我带了一个摄影制作组，走了一次文成公主入藏的路线，从西安到青海玉树藏族自治州，进入四川西北角德格，然后走北藏线到拉萨，一共走了将近一个月，开始出发的时候有将近三十人，最后到达拉萨的，一共只有四人。

　　请放心，其他的不是死了，有的是高原反应受不了回去了，有的是中途累垮了，有的临时有事赶回去了。

不过，有一位的确差一点死了。那是在西宁到玉树的路上，需要住在海拔五千公尺的玛多兵站。是一个土路两边只有一排排破旧房子和商店的小镇，周围是一望无际的荒野。摄制组主要的导演，当天晚上就不行了。请人把我叫到房间，他躺在床上，脸色灰暗，嘴唇发紫，包裹在厚厚的毛毯中。我走过去，他握着我的手，开始交代后事。我低头一看，遗书都已经写好了，放在旁边。由于以前我和创古仁波切来过这里，自己也经历过严重的高原反应，知道一般死不了人。但是看着他凄惨的样子，弄得我也很紧张。幸亏那一次请了仲巴仁波切和我们一路入藏，我想万一实在不行了，至少还有一位活佛帮他修法超度，不至于过度紧张。果然，第二天下山他就好了。

在路程中，经过青海日月山。这是古代汉藏分界的地方，东方属于唐朝，西边属于吐蕃王国。看着无尽的原野，大家都非常感叹过去文成公主的伟大。一位女士有如此勇气远离家乡，进入蛮荒没有人烟的地方，而且引入了大量的文化、艺术、天文、历法、计算，还有大乘佛法。在佛教传入西藏之前，藏族是一个极为彪悍野蛮的民族，屋顶之上插着的都是刀枪剑戟各种武器。之后通过藏王松赞干布和赤松德赞，才逐渐变成了一个爱好和平、有深厚修行传统、出了无数高僧和大成就者的香格里拉。

来到文成公主的大昭寺前，看到大量的民众在磕长头，我心中特别有感触。藏族人的生活很简单，不在乎名利，有点钱活着能够修法就好。而我们汉人从小被教育要追求成功，追求名利地位权势。

而藏族从小耳濡目染，是要培养慈悲智慧，追求修行和人格上的成就。难怪藏族历代有这么多人修行成就。一个只有几百万人的民族，竟然能有几千人在世界各地成为其他民族的政要、科学家、企业家、商人、军人、农民、老百姓的上师，这的确是世界上绝无仅有的一个奇迹。

也有不少遗憾，感觉到现代文化在侵蚀着这个民族的精髓。当佛法离开这片土地，剩下来的恐怕又是杀人放火、野蛮彪悍、难以驯服的人群了。

班庆寺和八蚌寺

文成公主入藏的时候，曾经在青海玉树停留过一段时间，在一个有树有水的峡谷石壁上刻了《般若波罗蜜多心经》。当地的文成公主庙是由创古寺管理的。到达这个地方需要坐卡车，因为辽阔的平原上有两条没有桥的河。

参访完文成公主庙，我们又在平原上开着车，突然看到山边有一座寺院。当时我只要看到寺院，都想去供养一下，就开了过去。

下了车就近一看，原来是一座正在建设中的寺院，主结构全是钢筋水泥的。我们很意外，怎么在这样一个荒无人烟的地方会有人建设这么一座宏伟的寺院。由于语言不通，我们在里面绕了几十分钟，没有人理我们，就准备回去了。大伙儿走到车边时，突然赶来了几位喇嘛，邀请我们去寺院里面喝茶。

大家坐了下来，喝了几口茶，一位负责的喇嘛说要特别谢谢我们。我当时一头雾水，我要供养寺院的钱还没有拿出来，怎么就特别谢谢我们了呢。之后来了一位中文比较好的喇嘛，他去过台湾，认出我是谁，说这座寺院主要的建设费是我们基金会募集捐助来的。

我怕他谢错了人，交谈之下，才知道这座寺院名班庆寺[1]，是我很尊敬的一位活佛——第九世桑杰年巴仁波切的主寺，我们基金会的确供养了大量经费。我告诉他们，钱并不是我们的，我们只是一座桥梁，将寺院的需求告知了有心供养寺院的功德主。

桑杰年巴仁波切和我同年，他以第一名的成绩毕业于第十六世大宝法王在印度办的佛学院。桑杰年巴仁波切以教学严谨著称，来台湾坚持要学生先学会

---

[1] 班庆寺。班庆寺位于离玉树县结古镇二十八公里的巴塘乡政府所在地。公元一千六百多年前，由噶举派著名高僧、第四世桑吉念巴格莱尖措所创建。建有100多柱的大经堂、护法殿、闭关禅房、活佛寝宫、僧舍和佛塔等，经堂内供有高十几米的释迦牟尼镀金铜佛像等珍贵文物。耗资一千二百万元的五层大经堂高三十六米，占地面积约1200多平方米，其规模之宏大、设计之精美、风格之独特、造型之壮美，在全省乃至整个藏区都屈指可数。大经堂内供有八米的三世佛镀金铜像。佛像工艺精湛，形象生动。经堂内还陈列着众多宗教文物和珍贵经书。除大经堂外，还建有八座佛塔、大厨房等大型建筑。

基本的知见和经论。当时台湾的藏传佛教徒特别喜欢参加灌顶法会，尤其像是财神法会、长寿法会、观音法会等等，因此，甚至有一次他的教学只有三位学生来听，而他仍然极为耐心，花了一个多星期仔细教学和讲解。他就这样慢慢地、很扎实地教导和带领学生，开始虽然很慢，但是将近二十年下来，他现在有了一大群知见清楚、修法认真的弟子。他是一位非常值得护持的正法上师。

离开班庆寺和玉树后，我们沿着文成公主入藏的路线又开了两天的车，经过四川西北角的德格——一个全是参天古树的藏族古城，停留了两三天，又继续往西藏方向开去。途中经过一座宏伟的大寺院，在翠绿的山林之间，寺院巨大的金顶格外明显。一问之下，是我父亲上师之一大司徒仁波切的寺院——德格八蚌寺。那个庄严华丽的金顶，是我父亲捐助的，在印度订制镀金，运到这里来的。

大宝法王与楚布寺成佛之道

大宝法王（1985—），藏文称噶玛巴，意思是行佛事业者，是藏传佛法噶玛噶举传承的法王。噶玛巴是西藏活佛转世制度的创始人，历代都留下清楚的预言信，告知大家在某时打开信；内容记载了自己将于何年何月何日转世、投胎的地点、父母名讳等细节。传人再根据预言信寻访，迎请他回寺院。

第二世噶玛巴是元帝蒙哥的国师。第五世噶玛巴时，明成祖永乐皇帝在梦中见到噶玛巴就是观音菩萨，于是派人邀请他到北京。二十三岁时，噶玛巴旅行三年才到皇宫，皇帝亲自在城门口迎接，并尊噶玛巴为帝师。

历史文献中有详细记载，在接下来的一百天中，噶玛巴每天显现一个绝妙惊人的神通奇迹。永乐皇帝将事迹绘画在布上，以汉、蒙、藏文字批注《噶玛巴为明太祖荐福图》，并赐噶玛巴最高的头衔"大宝法王"及金印，此后噶玛巴被尊称为大宝法王噶玛巴。

现在这位是第十七世，是中国1959年以来第一位正式认证的转世活佛。

我第一次见到大宝法王的时候是在1994年，当时他才只有九岁，但是给我的感觉，像是一位七八十岁的老人住在一个小孩的身体里一样，极度地成熟、稳重、智慧。

之后每年都会去拜见他几次。到了大约1997年，他希望我父亲帮他一个忙，就是修建自青藏国道连结到他寺院的路。原来的土路已经残破不堪，三四座桥都已断裂，短短二十多公里的路，时常要开两三个小时的车，最后几段还必须走路或骑马。像我这种城市里来的人，骑一小时马，屁股就痛得不得了，也使前来拜见大宝法王的人们多了很多烦恼和痛苦。

我们把这个项目称为"成佛之道"。

在西藏造桥铺路不是一件容易的事，尤其是在乡下。比如，西藏许多工程都是请内地来的工人完成的，而我们希望造福当地老百姓，因此聘用了许多当地的藏民。但是，不久我们就发现，他们的确是一个骑马、唱歌、喝酒、跳舞的民族，请他们做工实在是累人累己。做做停停，唱唱歌，吃吃饭，虽然大家都很快乐，但是工程进度就会变得很慢，花的钱也多很多。

又比如，当我们把所有的土路都修补平整了，预备开始铺水泥路面的时候，发现很多地方都出现一条条横跨路面的水沟，把道路挖得乱七八糟。最后发现是当地农民挖的，是为了连结左右两边田地的灌溉。我们觉得很奇怪，因为我们已经建了很多引水渠，可以保证两边田地的灌溉。而且他们挖的地方，有时离引水渠只有几米，只要稍微清理即可灌溉另一边的田地了。一问之下，原来是当地农民习惯了原来河水流过路面进入田地的位置，嫌多走几步路麻烦，就直接在新路上横挖一条水沟，将水引到自己另外一边的田里。我们怎么讲也没有用。又将工程耽误了不少时间，浪费了不少钱。最后还得给他们钱，再请一些喇嘛和活佛慢慢开导，他们才勉强愿意不挖坏自己家门口新修的路。

这一类的小事很多，开始很烦，慢慢就习惯了，知道怎么面对，怎么解决。也让我体会到做公益的困难，特别觉得做公益的确是一个修心的过程，练习耐心、爱心、同理心、慈悲心，而且，没有智慧真的做不成好事。

《寻找香格里拉——大宝法王传奇》

1998年初，我制作了一部纪录片——《寻找香格里拉——大宝法王传奇》，介绍藏传佛教、活佛转世制度、噶举传承和这一世大宝法王的寻访、认证、神迹、教育等等内容。节目首播是大年初一，在东森电视台。几天内有大量观众打电话要求回放和索取录像带。在台湾，这个纪录片发行了五十多万份，有五六个电视台都回放了十几次，成了想了解轮回到底存不存在、入门藏传佛法必看的一部影片。

之后在两岸三地，这个影片至少有近千万份的盗版，还被人翻译成不同的语言，在马来西亚和印度尼西亚等东南亚国家流传。据说，前几年曾经在大陆的视频网站上也有好几百万的点击率。

制作这个纪录片的过程中，有相当多的奇迹发生。

首先，我从来没有拍过电影，只是以前去西藏和尼泊尔拍摄了很多录像带。在过年前，刚好有因缘遇到东森电视台的台长，希望我制作十三集的纪录片；又过了几天，他说："不如今年过年你做一个特别节目，我给你除夕和大年初一晚上八点到十点两个小时的时间。"

这是一个难得的机会，在主流媒体的黄金时段，能够播出佛法的影片。我当下一口答应。

当时只剩十几天的时间了，我一回去就开始写剧本，大约花了两天的时间。然后摄影组就来了，开始拍摄我的主持人镜头。我借了朋友的全德佛教用品社拍摄场地，什么准备也没有，就开始录制了。所有的台词，基本上都是在两天内一次录制完成的。有的台词事后看，自己也觉得讲得实在太好了，但是完全想不起来当时是怎么讲出来的。

剪接的过程更神奇。当时只剩下六七天了，压力非常大。由于是过年，所有的节目都是预先录制好的，当天要播出什么节目，也是计算机预先控制的，如果我的节目送不进去，那可是要"开天窗"的。东森电视台在过年黄金时间出现空白的话，那可是要砍头的！而我的头一定会是第一个被剁掉的。

我把过去几年拍摄的两三百卷大大小小的录像带，全都带进了剪接室，还搬了一个小书柜，把录像带都放好。剪接师看着我，傻了。这可是后期剪接室，平常人都是带着最多一两卷初剪完成的影片，再进入这里，剪接成两个小时的播出带。哪有我这种人，拿了几百小时的录像带来，不但什么格式都有，而且每卷录像带只有标号名称，完全没有内容是什么的记录。

那可是我第一次进剪接室，什么也不懂。反正初生之犊不畏虎，就开始剪吧。

我们决定又搬来两台看片机，剪接师一面剪，我一面坐在后面拼命地看录像带，做记录，找画面。每次主持人的画面一剪接完成，剪接师就会回头看着我说："下一幕你要放什么画面？"然后我看着时间一秒一秒在过去，就开始流冷汗，硬着头皮赌运气。

很神奇的是，很多时候我随手抓一卷录像带，往看片机里面一塞，向前向后跳个几分钟，就会找到最适合当时台词的画面。这种巧合发生了好几十次，如有神助。

头两天我还回家去睡了几个小时的觉，后面的五天，一分钟也没休息，拼命地找影片，甚至中途还大幅修改了几次剧本，重新录制了声音。几天没有睡觉，人进入了一种奇怪恍惚但是又很清醒的状态，不停地工作，就是要把这部影片给拼出来。

到了影片要播出的前一个小时，最后的播出带才制作完成。我已经累瘫了，由老制片马汉英先生亲自帮我送去要播出的电视台机房。我回到家里，昏睡了一天一夜。

醒来以后，我父亲把我找去，告诉我影片拍得非常好，大量的人打电话到电视台和基金会留言，要求回放，询问哪里可以买到录像带。东森电视台很快又回放了三四次，每次都有很多人打电话想买录像带。那个时候CD和DVD还没流行。由于影片里面有些珍贵的古老镜头，是别人拍了无偿给我使用的，因此我制作的影片也不能卖，只能送。但是还好，影片拍得精彩，有人捐钱录制了几十万份，很快就送光了。算起来在台湾就发出去了五十万份以上。

之后还有一个有趣的故事。几位知名的导演和制片找到我，坐下来的第一句话往往是："陈先生，你这个影片拍摄的手法完全不对，剪接的方法也完全不对,上的字幕大小和位置也不对。"

我心中很奇怪:"是专程来批评我的吗?"

其中一位接着说:"但真的很奇怪,虽然什么都不对,但是我从头到尾两个小时目不转睛地把整个纪录片看完了。真的非常精彩。我想请问你这是怎么一回事?"

我就说了以上的故事。他们都觉得很不可思议。

第二年,我又制作了一集《寻找香格里拉——传承》。之后有很多人希望我继续制作影片,很可惜因缘总是不成熟。不过,我总觉得未来有一天,又会有人赞助,支持继续拍摄这一类的影片。

有趣的是,最近听说大陆盗版的《寻找香格里拉》系列已经出到第五集了,封面介绍都说是陈宇廷制作的,价钱还卖得特别贵,而我自己完全不知道!

纽西堪布仁波切

在藏区,生下来没有被认证是一位活佛转世,而只是靠自己的努力成为具有慈悲和智慧,兼通佛法和禅修证悟的修行人,更是非常受人尊敬的,是很多一般喇嘛的榜样。纽西堪布仁波切就是这样一位活佛。纽西堪布仁波切又译为诺西堪布,是一位公认的大圆满成就者。他曾经教导过我几次,是我非常尊敬的一位上师。

他在弟子们的要求下,曾经写了一篇很短很精彩的自传,很能呈现一位大成就者的行仪和风范。在网络上很容易找到,我建议真心想修行的朋友们一定要下载看一看,在这里节录几段最使我感动的部分。

这一点也不是什么修持者的传记,它只不过是一连串苦难的记载罢了!我于一九三二年诞生于东藏。我的父亲是一位打家劫舍的绿林大盗,他打伤人、劫财甚至取人性命。由于在我很小的时候,我的父亲便弃家而去,所以我对他的印象并不深刻。他就像我们在西部牛仔片里常看到骑在马背上的歹徒一般,习惯性地在东藏与西康交界附近的丛林中出没……

当我稍微大些时，我的祖母便告诉我诺西隆多是她敬爱的根本上师，并诉说上师是如何地给予她新的生命。虽然她在经论上的研究不多，但是她对大圆满的修持有深厚的经验，并喜爱修持菩提心的教法。她终其一生念诵六字大明咒达三亿遍之多，且不断修持慈悲心、菩提心的禅修。

十八岁时，我从我祖母的上师的转世那儿接受了大圆满心髓龙钦宁提见、修、行深奥而不共的窍诀教授。这个教法根据根、道、果三者无二无别的殊胜妙理，揭示了佛法究竟了义的本觉，也就是我们内在的佛性。

这使我想到，十几年来，我接触了百余位藏族的大修行人，有些示现为大活佛，也有些看起来像是普通的喇嘛和一般藏民。我体会到，为什么人口稀少的藏族，在过去不到一千年中，竟然出了好几十万名有证悟的大修行人，以人口比例来说，远远超越任何民族。

我发现，这和他们的传统佛法教育有极大的关系。藏族的孩子，从小学习的榜样是有慈悲和智慧的大修行人；内心最佩服的，是有证悟的上师们。而现代社会的孩子们，大多从小崇拜的是歌手、运动员、电影明星；羡慕的是有钱有势、享乐的物质生活。从究竟上来说，两者本身并无好坏之分，只是当我们的心从小总是在追求享乐和名利物质上时，自己内心会产生越来越多的不满足、越来越多的烦恼和痛苦。

诺西堪布仁波切经过十五年密集的经教和禅修训练后，于1959年到了印度，继续向上师们求法，一共有二十五位根本上师。他一直过着流浪瑜伽士的生活，训练自己能适应任何环境。

……我在印度独居达二十五年之久，就像一位孤独的老人，没有积聚任何资财。

有时候会穿梭在红衣喇嘛群中，有时会身穿印度圣人的老橘色袍或简单的衣着。

有时候我会在寺庙里讲经说法，有时我会沿着恒河畔，与印度修士在印度教会、茅棚等处一起居住。

这就是多变的梦幻人生啊！

我有时地位崇高，生活舒适；有时环堵萧然，三餐不继。

然而，内在真理与安乐取之不尽、用之不竭的富足与受用，也就是所谓的"法"才是我真正的安身立命处。

有时候，我会给予包括许多转世祖古的一大群弟子们灌顶，这时他们会将黄金打造的灌顶宝瓶放在我手上，我再将之放在上千位喇嘛们的头顶上。

有些时候，我则是一贫如洗，以至于在印度加尔各答的街道上行乞。

这些无法预料的起起伏伏，谁能尽述呢？

人生就是像这样，充满了各种不测风云与兴衰起伏。

它是如此的虚幻、无常、无法掌控与起伏不定。而且到最后，我们都会死亡。这是多么的神奇呀！

这许许多多的经验、回忆与影响，有些是好的，有些是不好的，就好像是各种不同的梦境一般。……

诺西堪布仁波切被人下毒，几乎死亡。他曾在法国居住多年养病，后来定居在不丹，各大教派的许多佛法中心不断地邀请他到世界各地弘法，教授佛法与指导禅修，深受弟子们的爱戴与尊敬。

我怎么可能记得住从孩提时代就是康区一位目不识丁的顽皮小孩，到现在变成一位头戴老花眼镜、白发苍苍、满脸皱纹且能说善道的流浪汉之间如飞鸿雪泥般的所有陈年往事呢？这是多么令人吃惊的一件事啊！

……或许由我来谈论个人今生的种种遭遇并没有多大的意义，但是这会提到我亲身品尝过的神圣教法，而这些教法确实是在动荡的时代里，让人内心悦乐的真正原因。教法的展现是不拘形式的，但是它们的共同内涵是一种伟大的休息与安详。事实上，我只是一名无足轻重的小人物罢了！我完全没有什么特殊的任务或工作待完成，但是我确实感觉到既然佛法对我的此生有这么大的利益，我很愿意将我的经验提供给任何对教法有兴趣的人。

……即使是在巴黎或伦敦的地铁，我曾见到过很多根性很好的非佛教徒，如果他们能蒙明师指导，是有机会在刹那间证悟无二元心性教法的。

现在正是大圆满来临的时刻！

它不是通过一种文化或学问来传达，而是仰仗心灵的自然亲切感与业果的成熟。

最近我碰到不少无法对表面的宗教活动感到满足而诚恳地追寻真正实证之道的西方法友，我对此感到欣喜与受到鼓舞。他们愿意倾所有心力投入在教法的研习与修持上，甚至为了能使心性开显，愿意做许多的牺牲。这些不就是教法兴盛的征兆吗？教法除了自己内心之外，可有他处可觅？

……愿所有众生能在内在大圆满的光芒中觉醒，获得圆满的自在、安乐与成就！

仁波切是一位修持大圆满法成就的上师，我几次参加仁波切主持的法会，都被带进一种"一切外境如梦幻泡影"的感觉之中。第一次发生时，我不知道是怎么一回事，还以为自己眼睛花了，但是揉揉眼，去厕所洗把脸，回到座位，不一会儿，又觉得自己在梦中，一切都看得很清楚，但又如幻非真。

后来我才体会到，其实是如同纽西堪布仁波切在自传中所说的："我不是一位译师，所以我没有办法以西方的语言来与西方人士沟通；我只是尽我所能，以各种方式成为'法'的代言人。"所谓"法"的代言人，就是直指人心的教法，能让人体会到"一切有为法，如梦幻泡影"的真实意义。

纽西堪布仁波切是一位完全靠自己一生努力修行而成就的普通人，他的故事给很多的一般修行人和喇嘛莫大的鼓励——只要努力，人人都可以修行成就。

护持建设佛学院

我自己出过家，我清楚地知道，人不会因为把头剃了而突然业力烦恼减少了，突然变成好人、善人了，也不会因为信了佛教而突然生起慈悲心或智慧，更不会因为拜了伟大的上师，摸了摸头，而突然证悟心性了脱生死。这一切，都必须先建立正确的知见，再经过自己的亲身禅修才能得到。

单是劝人变成佛教徒，如果没有修行的方法，对个人和社会都不会有什么帮助的。因此必须有大量的既懂修行道理，又有实际修证的老师才行。而其中一个培养人才的基地，就是佛教学院。但是，建佛学院是最辛苦的，即使是许多出名的大禅师、大活佛，他们修建佛学院的过程都极为辛苦。

原因很简单，佛学院是为了出家僧众的教育，为了他们能修行成就弘扬佛法和利益众生。但是，捐钱给佛教学院一点也不是一个有趣或特殊的经验，没有任何让人感动流泪的机会，没有能让人心酸的病痛景象，没有能使人哭泣的穷困情境，更没有能勾起人同情心的悲惨画面。更严重的是，也没有让人出风头点头香的机会，你的名字也不会被刻在大殿的墙上；你见不到佛像上金的美感，也听不到大量人群对你捐钱的赞叹之声。

建设和护持佛教学院是一个比较深层的慈悲和智慧的行为，很多人都说是只有勇敢的呆子才会去做的事。当我在汉传佛法出家时，就听过一种说法，如果想陷害一位出家人，就请他去建设佛教学院，因为佛教学院是最不容易募款的单位。建设很难，筹措学生的教育和生活经费更难。发了愿去建佛学院的人，多半都是操劳过度累死的。

我曾经协助创立中台佛教学院，还担任过教务主任和教授，亲身经历过这种辛苦。当时我认为，出家僧众的教育和培养，是使佛教真正能利益众生的关键之一（另外一个关键是闭关禅修、证悟心性）。

因此，我们基金会投入很大的心血，募款协助建设了十几个佛学院，其中八九个大型的佛学院都有超过四五百名僧众。

在印度，出资建设的有大司徒仁波切的智慧林佛学院、创古仁波切的瓦拉那西智慧金刚大学[1]；护持的有十六世大宝法王的隆德寺那烂陀佛教大学、铃果仁波切的铃果佛学院、贝诺法王的南印度白玉传承佛学院……

在尼泊尔，出资建设的有创古仁波切的南无布达佛学院、彭措喇嘛的列些林佛学院和蒋贡仁波切的拉瓦佛学院、强久林佛学院……

在西藏，有第十七世大宝法王的楚布寺佛学院、桑耶寺佛学院、增克寺佛学院、西藏高级佛学院……

在青海，有创古仁波切的创古扎西却林佛学院、阿尼学校……

---

1 www.thranguhk.org

另外还护持了四川的尼众学校铁像寺、爱道堂以及五台山的佛学院。当然，还有台湾的中台佛教学院和佛光山佛学院。

列些林佛学院与尼泊尔小喇嘛认养计划

我多次住在佛学院里，每天看着小喇嘛们的生活，也感受到负责的活佛和喇嘛们比一般的爸爸辛苦多了。他们不只要把几百名小喇嘛从小养大，要管他们的生活，负责他们的教育，还要引领他们修行、闭关，甚至于证悟，真的很不简单。没有相当大的慈悲心和智慧，是不可能做到的。

由于建设佛教学院是很多大活佛都望而却步的事，当我们听说尼泊尔有两位中年喇嘛收养了很多孤儿和没人照顾的小喇嘛，想要建设一所佛学院照顾他们的时候，很快就决定全力护持。

喇嘛彭措和喇嘛姜辰，一胖一瘦，像是武侠小说里面的两个人物。胖喇嘛彭措负责教育，成为佛学院的院长。瘦高喇嘛姜辰负责工程建设和小喇嘛的生活，从水泥木工水电到柴米油盐酱醋茶，什么都管。

在西藏，出家僧人的生活费用，是由他的家庭负担的，大活佛主要是负责寺院的建设、主持大型的法会，还有传授修行的方法。而在尼泊尔，很多贫困家庭会趁着半夜，把小孩子丢在寺院门口。喇嘛们早上起来看到，也只能收养进去。

为了照顾他们，我们在台湾发起了小喇嘛认养计划，功德主可以通过银行定期自动转账的方法，每个月几百块台币，捐给一到多位小喇嘛，支持他们的生活和教育。这个计划直到2003年我离开化育基金会之前仍在进行，我们通过这个活动，照顾了大约十几个寺院的数千名小喇嘛。这是一个温馨感人、很有意义的项目。

护持修建禅修闭关中心

除了建设寺院和佛学院，我们特别重视护持禅修闭关中心。

禅修是佛法的根本，是一套通过"觉"向内修心的方法。禅修有很多层次,最基础的是把心静下来,练习心的"觉察"能力,在美国称为"Mindfulness",已经相当流行了,常译为觉察禅修、内观禅修、静观禅修、正念禅修。

关于基础禅修的功能,欧美的主流学府已经研究了几十年,有大量的科学研究早已证明禅修会帮助人降低血压、提升免疫力、改善忧郁症、老年痴呆。近年来,每年都有上千篇科学研究和论文,报告禅修在健康、医疗、教育甚至于企业管理方面的功效和应用。长时间的禅修,甚至会改变大脑的回路和结构,使人的创意、专注力、记忆力增加,能时常处于一种平静、安详、快乐的状态之中。

较深的禅修则是教导我们如何认识我们的内心,如何降服烦恼。再深的禅修则教导我们如何深入心性,亲身体验到生从哪里来死到哪里去,体悟宇宙和生命的实相。

如果没有禅修,则所有佛教的理论不过是一套一套没有什么实用性、无法验证的哲学。所以禅修是佛法的根本,极为重要。而在藏传佛法里,发展出了一套有系统的禅修闭关方法——在闭关中心中,进行为期三年三个月零三天的禅修闭关。

在尼泊尔和藏区建一个闭关中心的费用,有时只要几万人民币,最多也不过几十万,比起建设寺院和佛学院,动辄要百万千万甚至数亿元少多了,但是效果更大,因为所有的大成就者都是通过禅修闭关而证悟的。

闭关中心一般都是建在比较偏僻的山中,很多都是直接用泥土或木头搭起来的,十几万人民币就能建一个卫生条件很不错的了。我们募了很多款捐给建闭关中心的仁波切们,让他们能建设卫生条件比较好的闭关中心,也供养闭关者的生活费用,让仁波切们更能安心教学,而不需要花过多的时间忙着募款。

前面讲过,我到尼泊尔的游莫圣山朝圣。穿过几个小村庄,进入没有人烟的深山,找寻莲花生大师的闭关山洞。

导游是位很没有耐心的尼泊尔人,到了晚上六七点,他嫌我这个城市人走路太慢,撇下我自行朝深山走去,临走前给了我一根粗树棍,留下一句话:"小心有熊。"

没多久太阳就下山了，林中一片漆黑，我只能通过微弱的月光，双眼紧盯着地上的鞋印，希望能够赶上他。我走了一个多小时，知道自己完全是迷路了，大声叫唤也没有一点响应，只好走到哪算哪，继续朝山中走去。

没多久，在黑暗中，耳中突然听到呜呜的音乐声。开始我心中一喜，心想是不是感动了佛菩萨，听到天乐了。继续走了一会儿，才发现是远方传来的海螺声。又走了十几分钟，导游回来了，说前面有一个闭关中心，愿意收留我们住一个晚上。

说是闭关中心，其实只是几十间破旧的小木屋，大部分窗口连玻璃都没有。通过火光，看到十几位长头发长胡子的瑜伽士。刚好其中一位在印度读过佛教学院，会讲英文，我才有机会和他们交流。

原来这里是夏扎法王的长期闭关中心之一，能来这里闭关的，都已经完成了三年三个月零三天的正式的闭关，有的甚至完成了两三次，然后经过夏扎法王的认可，才能来这里闭关。在这里住着的，有许多是发愿终生闭关的瑜伽士和喇嘛。他们说我是第二位误打误撞走进这里来的，另外是一位迷路的欧洲登山客。

晚上交谈了很久。我的第一个问题，是关于慈悲心的培养和实践。

我那一段时间相当执着公益，就请教他："我的了解是，修行最重要的，是要培养慈悲心，还有实践慈悲心，你们离开人群，在深山里修行，怎么培养怎么实践慈悲心呢？"

他大概听出我的语气中有点挑战的意味，笑着说："我们也曾经生活在山下城市里，我还曾经在印度住过很多年，看过太多人生的苦，就是因为生起了慈悲心，希望修行成就以后能够利益众生，所以才来到这个山里，发愿终生闭关的。"

我又问："如果你们终生不下山，怎么实践慈悲心呢？"

他的回答，我到今天还记得。他说："的确，我们很多人这一生不会再下山了，我们的思想、语言、生活，和城市里的人已经有相当大的距离，下山反而帮不了什么人，但是我们可以通过三个方式帮助众生。

"首先，在这个世界里，不只有你看得到的人类，还有许许多多地狱、饿鬼道的众生，我们在禅修的境界中，光是帮助那些刚刚死去、惊慌失措、不知道怎么办的人，就已经忙不完了。

"第二，你应该知道的。我们的心念是很强大而且没有距离的。我们通过禅定，有时会看到山下发生的事。像是有人喝醉了打架，拿了刀想杀人。在那时候，如果我们和那人有缘，可以通过禅定，把一个善的念头放进他的心中，使他突然决定把刀放下。

"第三，死亡的时候，我们可以选择投胎到最能利益众生的地方和家庭，去圆满帮助众生的心愿。

"对我们来说，终身闭关，深入禅定，是我们最能帮助众生的方法。"

我听了很有感触。当晚的问答，使我对闭关禅修者有了更深一层的认识和敬意。

桑耶青浦山的闭关行者

公元8世纪，吐蕃王朝的国王赤松德赞决定以佛法治国，将莲花生大士从印度请到西藏弘扬佛法。桑耶寺是西藏第一座有剃度僧人的大型寺院，由赤松德赞亲自奠基，在莲花生大士的主持下，经过十二年的时间才建造完成。相传初建时，赤松德赞急于想知道建成后的景象，于是莲花生大师从掌中变出了寺院的幻象，赤松德赞看后不禁惊呼"桑耶（意为出乎意料、不可想象）"，后人把它定为寺名，素有"西藏第一座寺庙"的美称。《莲花生大士传》中指示未来西藏最适合修行的圣地[1]，其中能量最好的五大圣地之一就在桑耶寺的后山，一般称为"桑耶青浦"。

---

[1] 后来我慢慢了解"修行圣地"的含义，其实是和能量磁场有密切关系的。我们现代人都知道，我们是由能量组成的，是一个能量体。连我们的思想、情绪，也都是能量的活动。在现代社会里，每天有大量的外界能量刺激着我们的心，使我们的心很不稳定，容易陷入混乱状态，不能控制自己的情绪，看到一个喜欢的节目就开心，老板赞扬就开心；受到批评就不开心，路况不好塞车就不开心。外界的很多能量都持续地在影响着我们的心。所谓特别适合修行的地方，就是指它的能量场很安静、很稳定，甚至有一些特别的能量漩涡，我们在那里的时候，周围大环境的能量会让我们身内小环境的能量重新排列，变得有次序，安定下来。曾经到过西藏的人可能都有过这类的感觉，这个桑耶青浦山又是西藏最好的五大圣地之一，特别适合长期禅修。

桑耶青浦山上有许多小型寺院、茅棚、山洞，住着长年闭关的修行人。他们在山上过着非常简朴清静的禅修生活，有的只带着一小袋糌粑，混着山泉水吃，就能过一年。据说现在仍有不少证悟者住在这里，可惜我几次去都没有带翻译，语言不通，没有能够真正请法，只能做一些供养。

我曾参访桑耶青浦五六次。1999年，我父亲和我们一起去了山上，他很快做了一些统计，当时山上大约有二百五十位喇嘛和阿尼，多的时候有上千位。我们发现他们只需很少的生活费，每人每月的平均生活开支还不到二十元人民币！但他们大多数缺少必要的医药，尤其天气特别寒冷的时候，修行还没有成就的人，身体容易出问题。我们回去后，每年都会准备供养金和医药，请人带上山供养这些闭关修行的人。

护持修行人：礼佛到拉萨的人

大约2011年，我又到印度拜见第十七世大宝法王。在大厅中等待的时候，有一位看起来不到四十岁，个子小小的、皮肤黑黑的、眼睛亮亮的喇嘛，走过来拉着我的手，很亲切地笑着。我们语言不大通，只听得懂他一直说"谢谢、谢谢"，一时不知道他想表达什么。

一位翻译过来，告诉我，他就是十几年前我拍摄《寻找香格里拉——大宝法王传奇》纪录片，从川藏公路入藏的时候，在一望无际的荒漠高原上看到的三位万里大礼拜朝圣的喇嘛之一。

我仔细一看，哇！果然是他。那天我们开了好几个小时的车，大家坐得屁股痛，累得不得了。我坐在前座，正在一面持咒一面打着瞌睡，矇眬中睁开眼睛，看到前面远方有几个小黑点在路中间。车子开近了，原来是三位从四川三步一拜要拜到拉萨的修行人。

我请司机立刻停下车，从包里拿出钱来，走上去供养他们。

万里朝圣是要有很大毅力的，在这个巨大无边的高原上，更显得不可思议。我记得他们都是很纯朴的喇嘛，当我给他们供养金的时候，三个人都露出了非常不好意思的表情，开始他们还不愿意收，经过我的坚持他们才收下，然后又开始三步一拜。

我们上了车朝拉萨方向驶去，我从后视镜中看到他们三个人越来越小的身影，心中充满了感动。我当时就想，难怪过去几百年来有这么多藏族人修行成就，他们的毅力真的值得尊敬。

没想到，十几年后会在印度遇到他。他眼神还是像以前一样纯朴。其实我只是供养了他很少一点钱，但他却没有忘记，很真诚地向我道谢，使我很不好意思，觉得自己做得真是不够。

感恩心的力量真的很不可思议。

能做这么多事情，主要是由于我父亲

除了我们的努力，基金会能做这么多善事功德，主要还是由于我父亲将他的关系和人脉投入公益慈善和护持佛法中。

父亲当时的职位是"监察院院长"，类似古代的御史大夫，代表政府的形象。监察院也类似于中国大陆的中纪委，只是权力没有那么大。而且全台湾都知道他清廉能干、认真学佛，甚至把自己的家产和房子全都捐光了，所以当他开口请工商企业界朋友捐款做善事时，很少有人不捐的。何况台湾一般的老百姓本来就很乐善好施，知道是我父亲支持的项目，很多都愿意捐款。也因此，十几年下来，算算也带动了将近两亿美元的善款，二三成捐助了传统公益，七八成都用在护持佛法上了。

当然，比起后来我们遇到的许多欧洲和美国的大企业家族基金会，每年能捐三五亿美元的，我们所做的只是杯水车薪。从整个社会面来看，更只能说尽一点微薄的力量，像是多倒了些善良之水到苦海之中而已。

这也是为什么我觉得，从国家的层面来看，民间社会公益能扮演的，主要是拾缺补遗、创新实验、温暖社会的角色，真正解决社会问题，帮助老百姓过上安定繁荣的好日子，还是得靠政府的"贤"与"能"。

这次为了写书，花了不少时间整理旧资料，回头看去，倒还真是做了不少好事，觉得自己是一个很幸运的参与者，留下了很多美好的回忆。

以下是我们护持佛法项目的简单列表。

表二：基金会历年项目简表

寺院	灵泉寺、中台禅寺、佛光山、法鼓山、青海创古寺、班庆寺、西藏楚布寺、德格八邦寺……
佛教学院	<u>印度</u>：智慧林佛学院、瓦拉那西智慧金刚大学、隆德寺那烂陀佛教大学、蒋贡拉瓦佛学院、强久林佛学院、铃果佛学院、白玉佛学院…… <u>尼泊尔</u>：南无布达创古佛学院、列些林佛学院…… <u>西藏</u>：楚布寺佛学院、桑耶寺佛学院、西藏高级佛学院…… <u>青海</u>：创古扎西却林佛学院、阿尼学校、四川增克寺佛学院、尼众学校铁像寺、爱道堂…… <u>台湾</u>：中台禅寺佛教学院……
供养藏传大师	<u>红教（宁玛传承）</u>：夏扎法王、贝诺法王、敦珠法王、晋美彭措法王、睡觉法王敏林赤钦仁波切、纽西堪布仁波切、土登尼玛仁波切、噶玛洽美仁波切、图登诺布仁波切、乌金祖古仁波切、仁钦贝玛仁波切、卓千阙噶仁波切、仁增塔青仁波切、丹增嘉措仁波切、噶咤龙称竹扎法王…… <u>白教（噶玛噶举）</u>：大宝法王、竹青仁波切、大司徒仁波切、蒋贡康楚仁波切、卡卢仁波切、咏给明就仁波切、创古仁波切、嘉察仁波切、波卡仁波切、堪布卡特仁波切、东宝仲巴仁波切、天噶仁波切、巴渥仁波切、竹巴仁波切、热琼仁波切、卓千波洛仁波切、才旺仁波切、竹奔仁波切、桑顶多杰帕莫仁波切、成达仁波切、丹确仁波切、罗卓尼玛仁波切、达桑仁波切…… <u>白教（直贡噶举）</u>：直贡法王、竹旺仁波切、努巴仁波切…… <u>花教（萨迦传承）</u>：宗萨钦哲仁波切、萨迦赤千法王、竹给仁波切、萨迦度雄仁波切…… <u>黄教（格鲁传承）</u>：朗仁活佛、果洽仁波切、丹回活佛、联波活佛、那仓活佛、土库八世、仁青才仁仁波切、特千仁波切、丹白喇嘛……
藏传寺院	<u>西藏</u>：桑耶寺、乃琼寺、止贡提寺、哲蚌寺、色拉寺、大昭寺、小昭寺…… <u>青海</u>：青海塔尔寺、热贡地区寺院、玉树地区寺院…… <u>尼泊尔</u>：创古寺、宗苏山尼寺、竹巴噶举寺院、哰迭寺…… <u>其他</u>：五台山数十座汉藏寺院、内蒙五塔斯社寺、席勒图佛寺、四川绵竹祥符寺、西双版纳八角亭佛寺、缅寺……
汉传大师	惟觉老和尚、妙莲长老、星云大师、悟明长老、圣严法师、海涛法师、海云法师、真禅法师、钦议法师、龙莲比丘尼……
汉传寺院	圆明讲堂、成都文殊院、长沙开福寺、宁乡密印寺、五台山普寿寺、上海玉佛寺、广化寺、显通寺等十余座寺院、峨眉山院、大陪佛寺、北京居士林……

在生活中"保持觉性"才是修行的根本

我从寺院出来时,认定只有佛教才能救世界。可以说我是在不知不觉中落入这样一种心理状态的,所以全副身心充满热情地拼命护持佛教,把我人生的理想全部投入了这么一个使命中。在这个使命的驱动下,我心中总是急得不得了,看到世间到处是问题,觉得只有佛教兴盛了,才能解决世界的问题。

带着这么一个单纯的想法,那时候我只要看到哪个寺院有需要,就想尽办法尽快帮他们找到资源,使佛法能够弘扬开来。我护持佛法比做企业还要忙碌,有时候工作的时间比在麦肯锡还要长,而且还没有薪水。但是,做得很开心,也很有成就感。

这个使命感一直支撑着我,觉得活佛喇嘛们的困难就是我的困难,所有人间的问题就是我的问题。我变成了一个桥梁,一个需要之人与善心人士之间的桥梁、求法者与传法者之间的桥梁、功德主与寺院之间的桥梁,自然而然地觉得自己应该扮演这么一个角色。

也因此,仁波切和喇嘛到台湾,几乎没有不想和我们见面的。他们不一定是来弘法的,大多是有募款的需求,需要恢复寺院、修建寺院、建设佛学院、养育小喇嘛、印刷经典、庄严道场、开设医院、照顾孤儿……各式各样利益众生的事业都需要钱。

在他们的眼里,我的角色变成了功德主,但事实上,我们只是一个桥梁,自己并没有什么钱。由于这样,当没有钱可捐的时候,或是来不及帮他们募到款的时候,我时常有一种羞愧的感觉,觉得对不起他们,没有办法满足他们的需求。

七八年下来,我常觉得捐出去的钱越来越多,但是看到的需要更是越来越多,有点无止无尽的感觉。加上当时我修行不够,没有生起智慧,更没有体验到一切外境如梦幻泡影,是自心所化现的,也不懂得一切事自有因缘,强求不得,人更是强救不得。

虽然护持佛法对我的慈悲心有所提升,但是从根本修行上来说,这些只不过是"相似的修行"。我在这里列出来，不是为了表现我们做了多少事，而是想告诉大家，虽然我做了很多护持佛法的工作，但是那时对于如何在日常生活中修行，如何将一切行为都化为禅修的方法，是完全不懂的，因此是"心外求法"的"相似的修行"，不是真正的修行。也因此，虽然越捐越多，但是内心压力却越来越大，欢喜心越来越少。

当时还有一个困难，就是很多人都误以为我们很有钱。在台湾，我爷爷和父亲的清誉是人人都听说过的，人们也普遍知道我父亲把所有的家产都捐光了。但是在大陆，却"陈诚，国民党第二把交椅，他的后代，肯定非常非常有钱"这样的误会。甚至听说在四川重庆，有人用我们"陈诚故居"的名义，做了一片很大的房地产，赚了很多钱。也有人冒充我的姑姑，包项目搞工程。而事实上，我父亲、姑姑、叔叔那一代，全是教授、工程师、专业经理人，没有哪一位追求大富大贵，都是很本分的中产阶级，过着很有尊严的生活，但都不是很有钱。我们这一代更是如此。由于存在以为我们满手是钱的这种误会，使我们在大陆的公益事业做得很辛苦，只能从台湾搬钱来做事。长期下来，当台湾的经济开始不景气时，自然会有后继无力的感觉。

再加上我们总是在做一些开创性和拾遗补缺的事，每当某个寺院大师没有人理会的时候，我们总会全力投入，等到做起来了、热闹了，我们就逐渐淡出。其中一个原因是我们财力有限。当寺院建成了、做大了，真正有钱的功德主就会出现，那时候寺院也不大需要我们了，我们就转而支持更需要我们的地方。

刚开始遇到这种情形的时候，我内心的确是会有些怅然若失，但慢慢地我发现，这种惆怅或失落感是因为自己仍然有"有所得心"，做了善事，想要得到功德、得到尊敬、得到友谊、得到认可等等。对自心不够了解，自然最终结果使自己难过。过去护持佛教，还是带着个"我"在做，不够清净。

我也是经过相当长的一段时间以后才发现，善事做完了就放下，再去创造更有意义的事，本来就是我的心愿，也是我的兴趣。总是可以去做新的事情，我反而更开心。

现在我更体会到，只有经历到"觉性"，才能把一切工作、生活、公益乃至于护持佛法，都变成为禅修的一部分。否则不论做了多少善事，都和自己的健康快乐、证悟心性、解脱生死没有什么直接关系。

我们中国人强调"为善不与人知",但是几位朋友熟知我们曾经做过很多事,希望我们简单介绍,留下一个记录,让有缘人知道,我们的确曾经很执着地护持佛教,经过二十多年,最后才总结出来,"将日常生活中的一切都化为禅修,生起慈悲和智慧",才是公益和修行的根本。

第八章　求法

求法引言／关于上师／求法简列
宗萨钦哲仁波切——印度之旅
创古仁波切与堪布卡特仁波切——第一次入藏
竹青仁波切——尼泊尔慈悲智慧之旅
咏给明就仁波切——禅修
直贡法王——问答
夏扎法王——专带闭关的大禅师
贝诺法王——印度求法之旅
土登尼玛仁波切——英国求法问苦之旅
图登诺布仁波切——年轻的长者
睡觉法王——我想建佛塔的故事
佛法不离世间觉

求法引言

出家是一段难忘的经历。

1995年离开寺院之后，为了继续寻找心性的答案，我更积极、更自由地四处求法，去了尼泊尔、西藏、青海、印度四五十次。

从求法的角度来说，我是非常幸运的，由于我父亲和基金会大力护持佛法，使我有机会亲近许多人一生难见的上师们，并向他们求法，接受指导。

十几年下来，我学到许多法教，有很多的求法故事，在这里仅简单列举曾经教授过我法教和灌顶的上师们，并记录几件较有趣的经验。

关于上师

在谈我的求法经验之前，先简单介绍什么是"上师"。

基本上，上师是指够资格传授修行法教的老师。在传统藏传佛法中，对上师的资格是有很严格的要求的，大家可以参考典籍，我在这里只谈几个重点。

第一，上师本人必须严持戒律，有很高的道德操守。建议大家不要跟随自大自傲、基本做人处事有问题、男女关系不清楚、本身名利心很强的老师。

第二，上师必须有很清楚的教派和传承，是经过他的老师和传承认证的。

藏传佛法的主要教派有五个：宁玛、噶举、萨迦、格鲁、觉囊。其中宁玛分为六个主要的传承，噶举分为四大八小传承等等。所有传承的修行目标是一样的，基本理论也大同小异。修行方法的侧重点不太一样。宁玛和噶举强调闭关禅修。格鲁强调经教辩论。各传承都有许多伟大的上师。

另外，西藏还有佛法传入前的原始宗教，称为苯教。苯教又分为白苯教和黑苯教。白苯教和佛法类似，在莲花生大士入藏传法时期和佛教融合了，但保持了一部分原始苯教的传统。黑苯教就完全不同了，有很多下毒、放蛊、咒术、养小鬼之类的巫术，一般人都敬而远之。

藏传佛教的各传承都有一位正式的法王，作为传承最高法教的代表。像是宁玛敏珠林传承的敏林赤钦法王、噶玛噶举的大宝法王、直贡噶举的直贡彻赞法王、宁玛白玉传承的贝诺法王、萨迦传承的萨迦法王等等，一共有二十多位正式的各教派法王。

有时，也有一些修行证悟特别高的、各派公认的大修行人，虽然不是教派或传承的正式法王，也被大家尊称为法王，像是宁玛传承一百零二岁仍然健步如飞的大禅师夏扎法王，还有四川色达五明佛学院创始人晋美彭措法王，都是由于今生的修行而受各派尊称的法王。

由于各教派都有祖寺和清楚的修行体系，像大学研究院一般，所以如果想知道某位活佛是否属于某传承，是否正式被认证，甚至修了些什么法门，可以写信或亲自去祖寺了解，现在不少寺院也可以用E-mail或传真去询问。

第三，上师必须精通经论，并且深入禅修、证悟心性，具备教授弟子的善巧方便，才有可能带领弟子证悟。这样的上师，当然很少。但是，只要我们自己准备好了，带领我们真正深入心性修行的老师自然会出现，找是找不到的。

第四，不要忘记，我们自己的"心性"和"觉性"是自己最究竟的上师。上师最重要的责任，是帮助我们找到我们自心中的老师。

求法简列

我求法不分教派传承，但是我的因缘主要集中在宁玛和噶举。虽然找拜见了许多各派的仁波切，但在很自然的情形下，教导和传授我法教的，都是宁玛和噶举这两个传承的上师们。以下简列。

宁玛传承

夏扎法王、敏林赤钦仁波切、贝诺法王、纽西堪布仁波切、土登尼玛仁波切、仁钦贝玛仁波切、图登诺布仁波切、丹增嘉措仁波切、噶咜龙称竹扎法王、卓千阙噶仁波切、仁增塔青仁波切……

噶玛噶举传承

大宝法王、竹青仁波切、咏给明就仁波切、大司徒仁波切、嘉察仁波切、创古仁波切、东宝仲巴仁波切、波卡仁波切、堪布卡特仁波切、桑杰年巴仁波切、卓千波洛仁波切、热琼仁波切……

直贡噶举传承

直贡法王、竹旺仁波切、努巴仁波切……

萨迦传承

萨迦赤千法王、宗萨钦哲仁波切……

求法是我那一段时间最欢喜愉快的经验,以下略记点滴,和朋友们分享。

宗萨钦哲仁波切——印度之旅

【宗萨钦哲仁波切(1961~)简介:宗萨钦哲仁波切生于不丹王国。祖父是宁玛传承的敦珠法王。他七岁被认证为第三世宗萨蒋扬钦哲。仁波切经过严格的传统修行,但教学很现代化。在海外弟子众多,在藏区、印度、不丹都有佛学院,在澳洲、北美、台湾等地区也有佛学中心。他著有多本畅销书,如《正见》、《近乎佛教徒》、《人间是剧场》、《朝圣》。他还是一位电影导演,作品包括《高山上的世界杯》、《旅行者与魔术师》。】

宗萨钦哲仁波切是我遇到的第一位藏传活佛。第一次见到他,是在我父母台北家中。那时我仍然是一位僧人,很执着禅宗与汉传佛法,对藏传佛法有些排斥,但是和他谈了十几分钟之后,被他的智慧和真诚打动了。

于是,我向他仔细报告了我修行的情形,尤其是障碍与烦恼。那时候他谈了一个观念,我到今天还记得。他说:"修行最重要,是要从轮回到涅槃。但是大多数的佛教徒不是从真正的轮回到真正的涅槃,而心中想象出一个地方叫轮回,想象在那个轮回里面非常痛苦,然后心中幻想要去一个地方叫涅槃,认为那是一个很美丽、很舒服、很快乐的地方,这是永远达不到的。"

我问:"那什么是真正的轮回呢?"

他说:"就是现实的世界,你每天的生活。你需要认知这个世界和生活的本质是痛苦的,才能够生起真正的出离心。"

我问:"你对我有什么建议呢?怎么体会世界的苦呢?"

他说:"你应该去印度朝圣。"

我问:"该去哪里呢?"

他说:"如果你愿意,我可以帮你安排一趟旅程。住最差的饭店、买三等厢火车票、和几百个人挤起在一堆、吃恶心难吃的饭……"接着他又笑着说:"对了,最好你还能多生几场大病,上吐下泻,死去活来,而且没有人管。"

我听了以后,心中跃跃欲试,但是终究没有去成。

之后我参加了他几次说法,有几段印象深刻。他花了两天的时间教学,认真地讲解修行的知见。

当时台湾想听法的人比较少,多半是想求功德,喜欢参加灌顶法会,尤其是长寿灌顶和各种财神灌顶。有弟子要求他也多举办灌顶法会。灌顶中的其中一个仪式,是上师用手为弟子摸顶,代表上师对弟子的加持。

一位学生问:"是不是你用手摸一下我们的头,我们就能修行成就?"

他说:"当然不是。要修行成就,一定要先学习必要的知见,然后开始修行。"他又笑着说:"但是,教导真正的修行方法,很少人想听,而摸摸头,很多人就开心地捐钱。当我需要钱建设寺院,而对方希望我摸他的头,那么最简单省事、大家都开心的方法,就是我摸头,你捐钱。"

所有人听了都大笑。

敢用这么直截了当的方法当场点醒弟子,鼓励人用智慧修行的活佛不是很多。

还有一次,他又是花了好几天,认真地说完了修行的方法。请学生们提问时,竟然有位女生举手说:"仁波切,你为什么这么帅!"全场哄堂大笑。他也只得摇头。不少人是用这种像粉丝对电影明星的崇拜一样的心态找上师,的确很可笑。

这一点,我是深有体会。

当我出家住在星云大师佛光山的时候,有几次寺院派我去大学说法。我也遇到过相同的问题。演讲了两个多小时,底下的女学生偷偷地在叫:"师父!

您好帅喔！"之后还接连打电话到寺院来，说要来学佛、来参访。我当然不敢让她们来，也不好斥责。后来我想出了个办法，用非常严肃的语气，要求她们先把《金刚经》背下来。

看来我的魅力没有那么大，没有一个完成功课上山找我。

这都是早年的事了，现在我和宗萨仁波切一样，也都老了、秃了，再也没有这种问题了。

与宗萨钦哲仁波切见面大约半年后，我还俗回到麦肯锡工作，有了去印度的机会。我想起他的话，自告奋勇负责一个印度市场发展策略的项目。我住在新德里，每天拼命工作，想办法将周末空出来，去向藏传大师们求法。大部分的藏传佛寺离新德里都有五个小时以上的车程。我星期五傍晚下了班，就往寺院赶去，星期一清晨再赶夜路回来。印度通讯不便，有时还扑个空，到了寺院，仁波切不在，带着失望空手而回。

印度的公共建设非常差，和中国大陆有天壤之别。我去的主要省道，都是来回各一线的老旧道路，很窄，有很多坑洞，晚上没有路灯，还有牛羊会走在路中间。印度朋友对我说过，如果你的车撞到人还好，如果撞到牛，要赶快下车走开。牛在印度是神圣的动物，如果撞死了牛，村民就会过来，围着车子，通常只是一言不发，瞪着眼睛看着你。但如果运气不好，其中一位叫了一声"杀了他吧"，很可能他们就会把车里的人给宰了，然后继续回去耕种。

这种故事听多了，每次出发以前，心中都毛毛的。

有一次赶夜路回来的路上，遇到大塞车，司机的英文不好，我勉强听懂是因为路上的一个城市有暴动，所以军队警察都出动了。司机嘴里说："Guns! Guns!（枪！枪！）"意思是强盗有枪，要我把门锁好、窗子摇起来。

塞了一段时间，司机一副很烦的样子，决定离开主要的公路，抄小路绕道而行，把车开上了土路，摇摇晃晃地开进了一个小城。小城一片黑暗，密密麻麻的全是房子，小路勉强能够开进一辆车。

这个村庄很大，但是大概因为太穷，没有一点灯光。在有云的夜光下，我看到东一个西一个的人坐在房门口，盯着我们看。真像是来到了《天方夜谭》里阿里巴巴的古代世界。很明显司机是走迷路了。我们在这个怪异的小城里面开了将近一个小时，我不停地要司机开回大路上，他完全不理我。

突然间，一个人挡在路中间，司机紧急刹车。接着，在黑暗中，一个、两个、三个，陆陆续续冒出了几十个人，有的赤裸着上身，有的穿着白袍打着光脚，他们一言不发，瞪着眼睛，一层一层地把车子密密麻麻围了起来。

一个人用手敲敲玻璃，要司机把窗子打开，和他吵起架来。那人一直说，司机一直摇头，争执了一段时间，最后，那人给了司机几张钞票，司机点点头，回身把我的门锁拉了起来。周围的人们立刻把车门打开向里冲。

那时我想，肯定是被司机出卖了，心中生起各种念头："没想到我陈宇廷今日丧命于此！""唉！才三十二岁就死了！""死在这里，大概连个尸体也留不下来！""为了求法而死，或许死了以后有佛菩萨来接我？"

但是很奇怪，他们从左右车门一个接一个地进来，把我挤在中间。小小的出租车后座挤了八九个人，前面也挤满了，连车顶、后箱都爬了人。原来他们是想要搭便车出城。

我们就这样又摇摇晃晃地开了大概四十多分钟，才离开这个小城。

回到旅馆，想起宗萨仁波切想要帮我安排的旅程，虽然没有那么精彩，但是使我对生命有了不同的看法。也体会到，其实求法不一定是指上师教了我们什么道理。许多佛门基本知识，上网或看书了解起来更快。艰辛的求法过程，反而能帮助我们对生命有更深的认识，对法教更加尊重和珍惜。

创古仁波切与堪布卡特仁波切——第一次入藏

【创古仁波切（1933~）简介：创古仁波切是白教噶玛噶举传承的大学者。第十六世大宝法王请他作为隆德寺佛教学院的总经教师，专门负责教导数百名转世活佛以及特别优秀的喇嘛。2000年，他又被指定为第十七世大宝法王的总经教师。他在藏区、印度、尼泊尔、台湾、欧美等地有十余座寺院、佛学院、闭关中心。创古仁波切是我小弟陈宇全的剃度上师。陈宇全出家法名罗卓丹杰，于创古佛学院毕业后拿到堪布资格。】

【堪布卡特仁波切（1924~）简介：堪布卡特仁波切兼通经教与禅修，1975年被第十六世大宝法王派到美国纽约，担任噶玛三乘法轮寺的住持，直到今天。

虽然贵为北美最高上师之一，欧美弟子成千上万，仁波切为人极为谦逊，对学生很严格，但非常照顾。一位弟子对他的形容特别到位："当我刚到闭关中心时，看到禅堂的唐卡都是仁波切亲自缝制时我已经很震惊……而且仁波切亲自缝制床单，供养大宝法王，这种特别的藏式床单是很难缝的。在今年第二期三年三个月闭关圆满日之前，他为每个学生缝制法衣。闭关的学生每修完一座法的火供，仁波切都亲自砍柴。这个工作十分辛苦，树木上长满刺，山上风很大，他的左脚关节有风湿疼，每次砍完柴，仁波切的眼睛都会红起来。不管工作多辛苦，他都会完成，永远是那么快乐地工作。在这一年半当中最令我感动的是，仁波切举手投足是那么的平凡，却从平凡中展现大悲力量，默默而自然地帮助四周的人往解脱道精进修行。被他帮助的人没有压力，也不容易察觉，每个人都非常尊敬他，他所散发出的温暖和教诲激发出每个人内心深处的慈悲、智慧和禅定力量。我想这就是'心法'的最高加持力。"[1]

我第一次到藏区参访，是1994年和创古仁波切与堪布卡特仁波切一起去青海玉树的创古寺。那次主要是参加灌顶法会，几星期下来，我接受了几乎所有白教传承的灌顶。

但有几天的时间，我业力现前，心中充满烦恼和恐惧，整个人像快要爆炸一样。一个人在山上踱来踱去，刚走进寺院，迎面看到堪布卡特仁波切走过来，我连忙让在一旁。结果他走上来，很仔细、温暖地看着我，用一双有力的大手，握住我的臂膀，说："Don't worry, I will take care of you.（不要担心，我会照顾你。）"

然后他用额头碰着我的额头，突然之间，我心中所有的烦恼都不见了，好像心中一块大石头放了下来，进入了一种安详平和的状态中。这个心境持续了好几天。

真的，像他这样的大修行人，不必说什么，他的磁场能量本身就会帮助人。

---

[1] 2000年莲师生日，仁波切的学生陈依兰写于台北。

青海以后，我又多次拜见了创古仁波切，并为他在台北主办了多场大型法会，包括药师佛法会、大手印实修法会。白教的四加行，就是创古仁波切传授给我的。

堪布卡特仁波切长住美国，后来我仅拜见过他三次。他现在九十多岁了，最近十几年没机会拜见他，心中很想念。

竹青仁波切——尼泊尔慈悲智慧之旅

【竹青仁波切（1934~）简介：竹青仁波切是藏传佛法噶玛噶举传承最重要的大禅师之一，是少数兼通经教与禅修的大师。他年轻时候就参加了严格的三年三个月三天的闭关，之后又开始闭黑关。闭黑关是指坐在小山洞中，外面完全封死，没有光线，只留一个小洞，以便食物送进来和排泄物送出去。他闭了几年的黑关，得到很高的证悟。后来灾难开始时，几位弟子打破外墙，将他护送到了印度。之后他又学习精通经教，获得了极为少有的堪布和格西双重资格。堪布是指藏传佛法白教最高的佛学导师资格，格西是指黄教最高佛学导师资格，要经过大量经典辨论与考核才能拿到。之后，第十六世大宝法王请他作为隆德寺佛教学院的禅修指导老师，专门指导数百名转世活佛以及特别优秀的喇嘛的禅修。十几年以后，他完成任务，开始周游列国教学。他在欧美的弟子非常多。

他一生不建寺院，反而总是去其他活佛的寺院教学，他一去，各地的学生就来了，寺院的供养也就多了。他用这个方法帮助了很多寺院建设起来，而自己却始终住在尼泊尔宝大佛塔旁边的一个不起眼的小房子里。

他的教学非常特别，学生问问题，他时常即席作诗，以歌唱的方法作答，被誉为"现代的密勒日巴尊者"。他的著作《空——大自在的微笑》是一本重要的修行知见书籍，也是对我修行帮助非常大的一本书。我曾经多次参加过他的知见与大手印禅修教学及实修法会，他是我最尊敬的上师之一。】

有一段时间，我拼命在做公益，但是反而慈悲心减少了，烦恼增加了，特别想要知道怎么办，想了解慈悲心和智慧的真正意义。于是我专门去了尼泊尔拜见竹青仁波切。

那次没有很好的翻译，好不容易才请人翻译了我的问题。他听完，笑了笑，要我第二天早上再来。

第二天一大早我就赶到了他的住所。他叫了一辆出租车，要我上车和他一起去猴子山大佛塔群。这个大佛塔群住满了成千上万的猴子。下了车，他打开车厢，里面全是一串串的香蕉。他要我也抱着好几串，和他一起去喂猴子。很快几百只猴子就围了过来，他始终满脸笑容，很有耐心地把香蕉分给猴群，才十几分钟香蕉就全被猴子抢光了，我们继续站在佛塔群间，看着周围开心的大大小小的猴子。

竹青仁波切当时的笑容，到今天我还印象深刻，使我体会到慈悲心和欢喜心是一体的。那时候我们基金会承诺要帮助的项目非常多，募款的压力很大，很忙很累，渐渐地做公益变成了一种压力、烦恼，失去了欢喜心，难怪慈悲心不见了。

接着，他又要我上出租车，带我去另外一个地方。开了大约一个小时的车，来到了一个人山人海的小城镇。下了车，闻到一阵一阵扑鼻的烤肉香味。我心里想，这是不是要带我去看欢乐呢？我跟在他后面，走着走着，经过一个小桥，来到了河岸边。一看之下，吓了一大跳，原来是一个火葬场。

那一天，这个河岸两边密密麻麻地挤着上千人，哭的哭、号的号，吵闹不堪。这里的印度教有个奇怪的习俗，他们相信人死了以后越快烧掉越好，然后把骨灰撒在河里。因此他们把即将死亡的人运到这个河岸边，等着他们断气，一断气，就抬到旁边的柴堆上，点火焚烧。原来我刚才闻到的，竟然是烧尸体的味道。刚才还努力多吸了几口烤肉香气，现在觉得恶心不已。

我数了数，那天有六七十堆柴火。竹青仁波切带着我挤进人群，河岸边很窄，有几次还直接碰到还没有开始燃烧的死人的手。我们在这个火葬场人群中来回了一两小时，耳中听着过世之人亲戚朋友的哭嚎、毕毕剥剥的火焰声，对人生无常有了很深的体会，对于相信这些愚痴习俗的人，生起了很大的同情心。

没有现代科学知识的人，真的很可怜。古代的人，以为呼吸停了是死亡、心跳停了是死亡。现在大多数人，以为脑波停了，就算是死亡。而不久前我才看了大量的科学资料，欧美有很多脑波停了又被救回来的案例。想想在尼泊尔这里有多少人其实是活活被烧死的，而在现代医院中，又有多少人是被活活冻死的。

想到这里，藏族人的确是很幸福的，有活佛和大修行人指导他们关于死亡的过程、死后的世界、注意事项，知道亲友往生之后几小时特别重要；知道千万不要号哭影响亡者的心境。知道千万不要触碰头顶以外的地方，以免他们投胎到地狱饿鬼、畜生这些恶道。知道几天之内不能搬动尸体，需要尽快请到有禅修的喇嘛和活佛，引领亡者到好的世界去。

当天从火葬场回来，心中一直觉得很悲伤。第二天一早起来，脚指头肿了起来，痛得完全不能动，像是一把刀插在关节里一样。刚好仲巴仁波切也在尼泊尔，当时他是一位像我兄弟一样的年轻活佛，很有些神通本事。他很慈悲地一面帮我按摩脚，一面忍不住地笑着。

我痛得半死，问他笑什么。他问我昨天去了什么地方。我说去了火葬场。他笑着说："难怪！"我说："难怪什么？"他问我："你去是不是生起了同情心和慈悲心，想要度他们啊？"我说："是啊，太可怜了。我一直在持咒还有发愿。这和我脚痛有什么关系？"他大笑说："这是一个鬼拉着你的脚，请你度他。你心愿是有的，但本事不够。鬼没度成，自己脚肿起来了。"

我的脚痛了两三天才开始稍微减轻了一些。我马上忍着痛，赶去拜见竹青仁波切，想向他报告，我对慈悲心有个概念了，想请教他什么是智慧。结果他连续几天在禅修，避而不见我。之后我就回了台湾，没有见到他。多年以后我才了解，智慧是不能用言语形容的，必须通过禅修，通过"觉性"，才能够亲自体验。

回到台湾，我和父亲谈到这些经验，他告诉我，多年来，他去看望了许多临终的朋友，还用了两三个月的时间，几乎每天去台湾大学医院的临终病房，和医生护士们分享死亡的知识以及照顾即将往生的病人。他告诉我，他没有见过一个人死亡前不害怕的。临终前人的地水火风开始分离。地大分离，是指肉体开始不受控制了，身体变得迟钝，移动困难，向下沉的感觉。水大分离，血液和液体开始流动缓慢，各器官变得干燥缺水。火大分离，热量开始减少，感觉冷，眼耳鼻舌身意六识衰退，感到外界的形色和声音愈来愈远、愈来愈模糊。风大分离，呼吸开始急促、粗重，吸不进空气，直到气息停止。

死亡过程中，人的意识逐渐模糊，也有些人会看到鬼魂，看到前来报仇索命的，看到要去的世界。这时候，没学佛的人，吓得不得了，要进入未知的世界了，完全不知道怎么应付。金钱财富毫无用处，亲戚朋友完全帮不上忙。学佛的人，懊悔年轻健康的时候没有好好修行，现在死到临头了，要去哪里完全没有把握。运气比较好的，有仁波切或喇嘛、僧人、师兄弟在一旁帮忙念经念佛，减少忧虑，心境比较平稳。运气不好的，被插满了管子，疼痛不堪；或是送到了不允许周围有人助念的医院，一个人独自面对死亡……

几年之后，我看到了妻子央金拉姆和她的藏族家人，如何心境平稳地送走了她亲爱的姐姐和父亲，整个过程极为庄严感人，使我对生前不懂死亡的亡者和他们的家人特别同情，觉得难过。

藏族人都知道，人断气后神识没有完全离开，绝对不可以触碰，最少要放八小时，保险一点十六小时，或是经过活佛喇嘛确认神识确实离开了，才可以擦身体，更衣化妆。人死后全身冰冷，但会有一个地方保持热度，神识离开躯体后，可以触摸判断出逝者投生去哪里了。根据藏传佛法，脚心热者去了地狱，膝盖热者成了动物，腹部热者入了鬼道（大部分人如此），胸口热者投生回人间，眉心热者投生了天道，顶门热者往生了佛净土。因此，千万不要哭哭啼啼，影响亡者；更千万不要揉腹搓脚，害了往生之人投生恶道。

很多人生前福报很大，但是一直没有机会接触到修行，人老了，福报享尽，临终前病痛不堪，临终时慌张失措，六神无主，进入了很苦的地方，实在很可怜。

咏给明就仁波切——禅修

【咏给明就仁波切（1975~ ）简介：明就仁波切是藏传佛教中最重要的年轻禅师之一。他从小就喜欢禅修，时常离家跑到附近的洞穴中静静地坐着。他十一岁向父亲祖古邬金仁波切请求闭关三年。十四岁正式参加了三年三个月三天的严格禅修闭关。十七岁开始担任闭关中心指导老师。

之后他到三十多个国家，带领闭关和教导禅修。除了藏传佛教深广的禅修和经教训练外，明就仁波切也对西方的科学和心理学深感兴趣。2002年时，明就仁波切和几位长期禅修的行者，受邀前往位于美国威斯康星大学的魏斯曼研究室，参与"头脑成像和行为"的研究。在这次研究中，科学家们针对"禅修对高阶禅修者的头脑产生了什么样的影响"进行研究和观察。这次破天荒的研究结果，在《国家地理杂志》和《时代杂志》等主流媒体上发表。

明就仁波切的著作有畅销书《世界上最快乐的人》，登上了《纽约时报》的销售排行榜，并且已经被翻译成二十种以上的语言版本。之后还有《你是幸运的》、《请练习，好吗？》、插画童书《小吉宝贝》。】

明就仁波切比我小十一岁，是年轻一代仁波切中我最尊敬和佩服的一位。我曾经多次参加他的教学和实修法会，并向他单独求法确认禅修心得。但最重要的一次是2002年，他来到广东中山的解脱福利学校，给了我和央金三个多小时的禅修指导，对我日后的修行帮助极大。

当天仁波切听完了我们的修行心得报告，问了我们一些问题，了解了我们的程度之后，没有讲什么大道理，而是直接带我们禅修，带着我们认识心是什么。每次教完一个方法，就要我们立刻当场练习，然后问我们有什么感觉、有什么体会。再根据我们的回答教授下一个方法，如此一步一步带我们深入心性，我和央金极有收获。

几年之后，我读了小弟堪布丹杰翻译出来自己用的一本书稿，才知道仁波切带禅修的方法是古代教授大手印禅修的方法，非常科学，非常实用有效。那本书稿是堪布吉美对于达波札西南给所作的《了义大手印教授》或称《显明本体》的开示，是藏传佛法中最重要的禅修指导手册之一，是极为珍贵的禅修次第教材。

之后几年拜见仁波切多次，主要是请仁波切印心，请问他我的一些禅修境界是否正确，障碍如何突破，以及下一步该如何深入。每一次他的回答都极为清楚、简单扼要，很明显，他不只是根据书本知识回答问题，而是根据他实际修行证悟的经验来回答，特别实用。

他在全球弘法十几年之后，被誉为年轻一代活佛中的新星，有好几万弟子，极受尊敬。最了不起的是，在2011年，他留了一封信给弟子们，说他决定放下一切，遵循他的上师们的典范，去过一个流浪瑜伽士的生活，而后只身浪迹四方，进入数年居无定所的闭关修行。

这是极为不容易的一件事。我们在一个地方住久了，好东西吃习惯了，事业稳定了，都会产生执着，何况他已经成为数万人的上师，拥有一切名利荣誉，拥有自己的寺院佛学院。他能够说放下就放下，实在是一位非常值得尊重的修行人。

不过，我仍然很希望他早日回来！

直贡法王——问答

【**直贡彻赞法王（1946～）**简介：直贡彻赞法王是直贡噶举传承的领导人。明成祖永乐帝赐封他为灌顶慈慧净戒大国师。

这一世的直贡彻赞法王，是一位很特殊、兼具传统修行和现代知识的法王。他平易近人，会说流利的中文。我曾经多次向他求法，接受灌顶。他四岁被认证为法王，开始接受严格的教育。十三岁时，因为是活佛而被软禁，他主动要求和一般孩子一样上学，于是被放了出来，和一位照顾他的老喇嘛相依为命，在三年之内读完了六年的课程。他运动特别好，尤其是足球，还曾经被誉为"拉萨金腿"。

"文革"结束以后，他经印度辗转到了美国亲戚家中。为了学英文，他白天在图书馆，晚上在麦当劳打零工，因此英文也非常好，并且对汉人和西方人的生活，都很了解。之后，他被邀请回去带领重建直贡噶举传承。那是一个很艰巨的任务，因为当时传承中的活佛们不是很老了就还是小孩。

他决定承担起重新恢复传承的重任。所做的第一件事，是参加三年三个月三天的密集闭关。在闭关中，他的生活和其他喇嘛完全一样，没有任何特别待遇，非常认真地求法和修法。

他做事很有焦点。他说他身为法王,最主要负责三件事。第一是汇整传承的法教,第二是建立佛教学院,第三是带领闭关。其他一般募款修建寺院、僧侣生活方面的事情,交由各寺院的住持自行负责。二十几年下来,现在直贡噶举传承,在全世界几十个国家都有道场,培养出了很多僧才,以及很多修行很好的年轻仁波切。】

我曾经参加直贡法王于1998年12月12日到26日在台北举行的噶举密咒藏灌顶法会。这次的大灌顶是授权参加的,可以修习大部分噶举传承的密咒修行方法。法王连续十五天,从早到晚,不停修法以及为我们做灌顶。

在这里不谈我向直贡法王求的法,仅记录几个印象深刻的小故事。

直贡法王传法的时候非常严谨,教授极为清楚。他传法时,会把他自己是向哪一位上师在什么时候什么地点学到的,都仔细介绍。包括他自己是如何修证,如何得到上师认可,允许他可以传此法都会一一说明,即使是一对一单独传法时,他也如此,我听了非常感动。他虽然贵为法王,但是对他自己的老师和法教都极为尊重,传法更是非常严谨,一丝不苟。

直贡法王说话很简单明了,也非常现代。有一次,我随他到马来西亚弘法。有弟子问他,有人自称是某某传承的上师活佛,该如何分辨?他的回答是:"Use fax(用传真机)。"当时E-mail还不很普遍。他解释说,每一个传承对于主要的活佛的认证、教育、经历等等都有记录,最快的方法是传真来询问。

有一次我请教法王说:"我对您有信心,但是对大宝法王也很有信心,怎么办?"他大笑:"修行要修到无二的状态,你还没有开始修,分别心就越来越多了!很简单,你可以观想我们两人合而为一。事实上,你应该观想所有你尊敬的上师、佛菩萨,都合而为一,在你的头顶上。"

另一次,我和法王刚好一起坐上了台湾飞印度的飞机。我有机会细细向他报告我的修行经历,尤其是我的苦恼和突破的过程。他一面听一面笑,尤其是我诉说苦恼的时候,他笑得特别开心。听完了以后,他说:"恭喜你有所突破,很好。"我问:"您为什么一直笑?"他说:"很多人以为做个皈依、捐点钱,每天修修法、读读经,有一天就修行成就了。那是不可能的。修行需要投入生命,经历很多烦恼,突破困难与障碍,才有可能成就。"

夏扎法王——专带闭关的大禅师

【夏扎法王(1913~)简介:夏扎法王是宁玛传承最高法脉持有人,上师中的上师。大宝法王等各派上师都公认夏扎法王是当今修行成就最高之人。他一生主要指导闭关禅修者,在尼泊尔和印度山中建有很多禅修闭关中心。】

我没有亲自见过夏扎法王,但是他对我的恩德是不可思议的。我是通过他的两位弟子——尼泊尔的公主洛夏娜女士和驸马赖星丞先生,间接向他请求加持、指导,并解除了我修行上的一个主要障碍。

很多重要的事,我们都请教法王。比如该修什么法、该不该有小孩,等等。法王非常慈悲,也通过洛夏娜公主嘱咐和指点我和妻子央金主要应修的本尊。法王知道我和央金现在在教学,也得到他的特别加持!

可能是因为很想念他,在梦中倒是见过几次。很希望今生能有缘见到。

他是世界上硕果仅存的长老,最清净的法教的代表,在这里记录我知道的几个小故事。

夏扎法王一生坚持隐居的修行方式,年轻时即开始过着隐蔽瑜伽士的修行生活。十五岁离开家庭,背着简便之背囊,以行脚方式走遍整个西藏。从来不居住别人家,只栖身于僻静的山洞或自己的小帐篷中。

他还没离开西藏前,有一段时间,他奉师命,成为了摄政王热振活佛的根本上师,被封为整个安多、中藏及西康的最高精神上师。于是,所有显赫的上师、政要、权贵、施主们都来供养他,向他顶礼。

在传法圆满后,他表示要到远处朝圣。摄政王派了侍从护送,到达目的地后,他以想要静修为理由,遣退所有侍从,将摄政王赠送的华贵衣服与一名乞丐调换,飘然离开,不知去向。

尼泊尔莲花生大士的圣地有个很小、很陈旧的寺院属于夏扎法王管理。很多弟子提出来要装修扩建一下,也有不少钱款可以捐助,可是他马上否决,说:"这个地方就这样很好,不需要任何改变。"当今像这样的上师已经很少了。

很多人前去求法,以为供养的钱多就可以让他欢喜。有位汉人就带了一大包美金现钞去,很恭敬地对他说:"上师,这是供养你的。"

法王说:"真的是给我的吗?"

那人说:"是的。"

他又问:"你真的不后悔给我吗?"

那人又肯定地说:"是的。"

他说:"那好吧,现在这些就是我的了。我们做一个火供[1]吧。"

然后,马上当着那个人的面,一把火烧掉了所有的美金钞票。

那个人惊讶得说不出话来。

夏扎法王常用这种棒喝的方式,来点醒向他求法之人,去除他们的执着与修行障碍。

夏扎法王很慈悲,但对弟子很严格。一位跟随他修行多年的侍者,在练习观想佛菩萨的时候,有一天真的看到佛菩萨现前了,兴奋地跑去告诉他。他听了,一把揪住侍者的头发,拉进房边的茅厕,一脚把他踢入粪坑,大声问:"现在你看到的佛菩萨在哪里啊?"侍者满头满脸的大便,当然什么都看不到了。

---

[1] 火供是一种修行的方法,将珍贵的和自己心爱的宝物投入火中燃烧,心中观想宝物无尽扩大增多,供养一切佛菩萨,布施给一切众生。通过这个方法,去除我们对物质的执着,以及对物质执着所造成的苦恼。

但这位侍者也因此开悟了。他后来告诉我的一位朋友，那次法王把他的执着破除了，因为一切是自心的化现，禅修看到的佛菩萨也是自心的化现，但是他误以为是真实的，还起了志得意满的感觉，给法王一脚破除了。

有一次尼泊尔公主和驸马带给我几撮夏扎法王的白胡子，我一拿到手中，隔着小塑料袋就能感受强大的能量从指尖流过全身。

夏扎法王一生不建寺院，自己住在莲师圣地的一个破旧的小房子里。他在尼泊尔和印度山区修建了数十座禅修闭关中心。直到今天，夏扎法王101岁了，仍然时常独自脚云游到不丹、尼泊尔及印度，指导闭关禅修的弟子们。

贝诺法王——印度求法之旅

【贝诺法王（1932~2009）简介：贝诺法王是宁玛白玉传承第十一代法王，在1993年印度菩提迦耶的宁玛祈愿法会上，来自世界各地的宁玛传承的杰出代表们一致推举贝诺法王为继敦珠法王、顶果钦哲法王之后的宁玛派掌教法王。

他1959年到印度，本想独自闭关专修，后来不忍心珍贵的教法逐渐消失，决心在南印度兴建寺院和佛学院。当时他身上只有五百卢比，身边也只有八位出家众。几十年下来，现在寺院平时有数千僧众、五百名佛学院僧人、四百多名阿尼、五十多名闭关行者。所有僧众的衣、食、住、医药全由他一人负担。除了授予教法及灌顶之外，他马不停蹄地在香港、台湾、新加坡、马来西亚、菲律宾、美国、英国、法国等地都建立了佛法中心。】

头几次拜见法王，都是在我父母家中。据说贝诺法王年轻的时候教学非常严厉。但是我见到他的时候，他已经六十多岁了，看起来极为和蔼慈祥，胖胖的像是一位温暖的大爸爸。除了参加多次法会，我在1995年有缘去北印度比尔城（Bir），向他求法两个多星期。那时候，他正为北印度的喇嘛们举办为期十多天的宁玛灌顶大法会。其间他非常忙碌，但是每天早上晚上都单独教导我两三个小时，包括龙钦宁体大圆满前行[1]等许多法教。我白天除了参加法会之外，主要在他为我准备的小房子里闭关禅修和做前行。

土登尼玛仁波切——英国求法问苦之旅

【土登尼玛仁波切（1943~）简介：宗萨钦哲仁波切每次提起土登尼玛仁波切，都会动情地说："他太了不起了。"土登尼玛仁波切担任过中国藏学研究中心《大藏经》对勘局的局长，主持《大藏经》的勘校、整理和出版工作。他精通英语，是《汉藏英佛教大字典》的主编。他是大圆满传承的最重要持有者吉美林巴大师的转世。】

帮助众生离苦得乐，是佛法的根本，而究竟什么是苦呢？

我曾经为了这个问题，到英国向当世最著名的一位藏传佛教学者，土登尼玛仁波切请益。我想知道，我应该如何通过佛经说的三种苦苦苦、坏苦、行苦，使我的修行更加稳固。

当时我只知道仁波切是一位修证极高，深受各派尊重的大活佛。我约好了到他伦敦的家中见面。上了楼，我极为意外地发现，他是和三四个打工的外国人合租住在一个小公寓中，他只有一间小小的没有厕所的房间。

他没有穿活佛装，而是一身很朴素的便装，像一个做工的老人。他走路一拐一拐的，后来我才从朋友处知道，原来，在"文革"时期，他屡遭毒打，肾被打伤，一条腿被打成了残疾。但他从来没有怨恨过打他的人，而是以慈悲对待。

我向他顶礼，他不肯接受，只愿意握握手。但我挺执着的，还是很快速地拜了一下。我想供养他，他不肯接受，他说他负责制作英汉藏佛学大词典，有

---

[1] 大圆满是宁玛传承最高法教：前行是指十万大礼拜培养谦卑柔软之心、十万金刚萨埵消业障、十万献曼达累积福德、十万上师相应法与自心相应。

薪水，不需要供养。后来我才知道他从不接受供养，反而是常到餐馆打工替人刷盘子，赚取生活费。

我告知来意，他很简单地为我解说，苦苦就是因苦而生的痛苦，像是病痛等等；坏苦是每次我们得到快乐，内心就想重复，下回无法重复时，心中就会产生苦；行苦则是不苦不乐，荒废时日，使人生空过。

不过，我这次英国求法之旅所学到的倒不是知见，而是亲见证悟大师的行仪。土登仁波切极为谦虚低调。他回答了我的问题，就带我去参加一个法会。那是在伦敦的一个教堂里，一位年轻的黄教活佛主持的法会。仁波切带着我走进去，没人认识他，他就找了后面的一个位置，和我一起坐在地上。

年轻的活佛入场时，吹打的号角响起，大家恭恭敬敬地站起来，他也一样。接着大家向年轻活佛顶礼，他也跟着很认真地拜了三拜。年轻活佛开始说法时，明显对现代社会不熟，说起法来像是照本宣科，我都听不下去了。但他仍拿出笔记本认真地记录。我忍不住问他，这有什么好记的？你这么伟大的活佛，何必向这样的人顶礼？

他很认真地说，我在负责翻译工作，这位年轻活佛的翻译非常出色，我可以好好学习，因此我该向他顶礼。

我很感动。为了完成他的使命，他是毫无自我的。大活佛的修行是体现在简单的日常生活行仪中的。

图登诺布仁波切——年轻的长者

【图登诺布仁波切（1965～）简介：图登诺布仁波切不是一位出名的大活佛，但是他师承晋美彭措法王、贝诺法王、纽西堪布仁波切等等高僧，谦虚博学，是我十分尊敬的出家僧众的表率。仁波切1993年刚来台湾时我就认识他了。刚开始我是他的第一位中文老师。这里不谈我受的法教，只谈谈两个小故事。】

有一次我和他谈到轮回和汉人对传宗接代的执着，他笑着说，在藏区人人都说我是我爷爷（著名的伏藏大师才曲仁波切）的转世，不知道这算不算传宗接代。

我总觉得，当地球上有关键数量的人，开始了解到这些生命实相的时候，我们的教育、经济、政治、科学等等观念都会改变，人类才有可能真正进化，进入和平幸福的时代。

他在台湾将近二十年了，现在精通中文，平日深居简出，一直住在一个八九十平米的小寺院中，整日埋首于写作。法本的整理、翻译以及教材的准备，出版了三十二本《慧光集》，深受海内外各地佛教徒的肯定及喜爱。我最感动的，是他贴在门口的标示。

我们的宗旨
我们应该尽自己最大的努力，
避免把佛法和佛法中心，
用于攫取无用的权利、情绪化的野心或毫无价值的名声。
我们的目标，
不是把这个中心办成著名的机构，
而是要把它办成简单、宁静、返璞归真的处所。
唯有这样，
这个中心才能给任何与它结缘者的心灵，
带来真正的利益。

在佛法和寺院越来越世俗化的今天，图登诺布简单的几个字，说明了一位慈悲本分的出家众的心声，是延续佛法的真实关键。

睡觉法王——我想建佛塔的故事

【睡觉法王敏林赤钦（1930~2008）简介：传统上，敏林赤钦法王是宁玛红教唯一的掌教法王。这一世敏林赤钦是一位"梦瑜伽"的修行成就者，被尊称为睡觉法王。由于他今生大部分时间都呈现睡觉的禅修状态，不管世事，因此

宁玛推选了贝诺法王作为最高的行政法王。】

我和法王只有一面之缘。那是在法王第一次也是唯一一次来台湾的时候。

他曾开示，修行强调白天能保持觉性，清楚明白。但一生中我们大量时间在睡觉，为了使睡时也能修行，所以有"梦瑜伽"的修法。这种梦观的修法使我们日夜合一，醒梦如一，可以帮我们在死亡之后的中阴时期解脱，"梦瑜伽"是一个很根本的法教。

醒时和睡时没两样，净垢无别，这就是不二。不管醒时或睡时，一切现象其实都是幻象，重要的是要知道如何善用我们的经验，结合慈悲心，把幻象变成修行的动力。烦恼来时立即斩断，斩断烦恼就是真正的觉醒。

法王1960年从西藏到印度，期间流传着许多有关他的神通事迹。谈到神通一事，他说的确有人有大神通，"但即使能把天地倒转，如果没有慈悲心，也是一无是处。如果我在你面前示现神通，你可能一时对我生起信心，但这不是真正虔敬的信心。就我个人的体悟，如果能依循佛陀的法教，过快乐的生活，而不伤害任何人，这就是最大的神通。"

法王是藏传佛法公推的大瑜伽士，据说是莲花生大士的化身。对于此说，他说："一个人是不是活佛转世不重要，如果他知道以佛菩萨的方式终其一生，利益一切众生，他就是转世活佛。如果故作活佛状，他也不必然是成就者。所以，做一个真正的人要比去模仿另外一个人更重要。"

我去拜见睡觉法王，最主要的是由于我当时的一个心愿——我非常想在汉地建造一个代表汉藏融合、世界和平的巨大佛塔。我希望佛塔里能有汉传佛法禅宗、净土宗、天台宗和藏传佛法红、白、花、黄四大教派的佛像和壁画。要建这么一个佛塔，我们会需要各派的大活佛以及修行高僧的参与和帮助。

为了这个目的，我带了设计图和PowerPoint简介，去旅馆向法王报告。

走进房间，睡觉法王坐在床上，我向他顶礼以后就开始向他报告。睡觉法王和大部分我见过的活佛不一样，感觉上他不是属于我们这个世界的人类，好像同时活在多重空间里面。

我一面报告，他一面目不转睛地瞪着我。将近十分钟的时间，他眼睛都没眨一下。我报告完了，他仍然不说话，脸上没有任何表情，继续瞪着我。

我知道他有神通，大约我在想什么他都知道。所以我很紧张，心里想可不要出现什么不好的念头，很努力地持咒念佛。

过了大约有五六分钟，感觉上有半个小时，他才把翻译叫过来，对我说："可以的。你的发心是正确的。是为了利益众生的。你开始建造佛塔时可以告诉我，我会写信让我们整个传承全力支持你。"

我听了极为感动，拜谢了好多次。

很可惜的是，我的功德不够，这个心愿一直没有办法落实，而法王已经于2008年圆寂了。

佛法不离世间觉

我拜见了这么多伟大的上师，学了那么多法，知道他们的来历和生平，又亲眼看见了他们的行仪、经历、证悟后慈悲的风范，心中充满感恩和敬佩。但是，我也时常会想，到底我自己还有没有希望呢？我这样的人也有可能修行成就吗？离他们距离实在太远了，怎么办呢？回到日常生活中，该怎么做？怎么修呢？

用了那么多的心血和胆量做赌注，把青春和生命都投入进去了，总觉得，上师们还是那么伟大，法教还是那么神奇，而我自己还是这么差，烦恼和痛苦仍然在。我自己到底该怎么办呢？

我曾经想学习他们，变得和他们一样。希望像他们一样放下一切去用功，甚至去过他们的生活。后来我发现，模仿是不行的。修行必须要做自己，找到自己的路。我已经是一个现代人，有一定的习惯、性格。到了藏区，光是当地的卫生条件、饮食习惯都不适应，更难习惯不洗澡、不刷牙、全身跳蚤的生活。但那些，对他们来说是很自然的，是他们原来的生活环境，而我就不可能了。学习那种生活，反而充满更多的烦恼。现代人想一下子跑去过那种生活是不现实的，反而会给自己找来很多烦恼和障碍。

模仿古代修行人的生活，很不容易生起欢喜心。而修行修法都一定要有欢喜心，不是拼命，不能强忍，硬逼自己。我得到那么多的法、那么多的灌顶，知见道理也都清楚，可是心性上没有悟道，一个主要原因就是我不适应那种生活习惯。

慢慢我才体会到，不论多少高手教过我，我也不可能一夜之间成就。因为我的习性还在。我必须在我的生活中面对我的烦恼习气业力，一点点磨练。我必须找到适合我自己的生活和适合我自己的修行之路。

以上，是我1996年还俗离开寺院以后参访高僧，直到2002年结婚前的求法点点滴滴。我当时真的没有想到，真正成就我修行的，竟然是我的婚姻；帮助我修行稳定的，竟然是世间的俗事。

原来真的如同禅宗六祖大师惠能所言："佛法在世间，不离世间觉。"离开世间生活想要找到智慧真理，是不可能找到的。

第九章　公益创新

公益创新——解脱事业 / 为"解脱"而办企业

公益创投 / NPP做了什么？

中国的公益发展蓝图 / 策略公益和世界家族公益会

唐爱益与策略公益 / 洛克菲勒与桥梁领导力

洛克菲勒的家族传统 / 给想做公益者的几点建议

下一场梦

公益创新——解脱事业

2000年开始，我积极参与了基金会支持的一个公益创新项目——广东中山的"解脱事业"。解脱事业是一个实验性的福利学校。这个学校最多时有一千四百多名来自各个省份的农民工，他们多半是小学和初中文化。

"解脱"其实是一个企业、学校、家庭、文化、慈善一体，尝试能做到经济上自给自足的公益组织。我们希望能让农民工们不但学到一技之长（学校），大家在有中华文化氛围的环境中（文化）和谐快乐地生活在一起（家庭），还能够有收入（企业），盈余又继续投入社会文化教育事业（慈善）。

我自己在这件事上花费了前后两三年的时间，和农民工一起住在宿舍里，他们都叫我陈大哥，我和他们聊天，了解他们的生活。他们这些来沿海打工的农民工，其实都很有上进心，认真努力，只是没有人真正有爱心地教他们一些东西。

直到今天，我仍然很怀念晚上和他们一起坐在屋顶上，在月光下聊天的日子。大家忙碌了一天，晚饭之后，身心轻松，大家围成一圈，一面喝着茶一面嗑着瓜子，听他们讲自己家乡的小故事、他们的心愿、人生的期许。我父亲偶然也会来参加。我们在他们身上看到中国古代农民的单纯、勤奋、朴实、善良。他们能够有份稳定的工作，把孩子养大，就很开心了，没有什么非分之想。对于有钱人开着名车的生活，他们也没怎么特别羡慕或忌妒，甚至他们也知道很多有钱人内心其实苦得不得了的各种小故事。

我们的管理原则很简单，就是把他们都当成自己的弟弟妹妹来对待。

学校最初只有四五个人，慢慢地扩大到最多时的一千四百多人，所有后来的管理人员都是内部培养出来的。在这个学校里，大家首先学习基本卫生、生活常识和道德礼仪，然后每天读诵四书五经，甚至一些基础的佛法。每天早上起来带他们一起跑步，之后就是带他们一起念书，我们把以前在寺院学到的教育融入了事业管理之中。

在校办工厂里,大家一起练习做手工艺。比如做衣服,我们让每个人都能把一件衣服完整做好,这样,他们回到家乡的时候,自己就可以开一个小店,而不是只会在大工厂里做一个小环节的工作。我们把环境做得很好、很舒服、很有艺术感,放着慢节奏的轻音乐,有时候放佛号,人很容易专注和安下心来。尤其女性,做手工艺的时候就相当于在修禅定,很多女孩来我们这里之前是很辛苦的蓬头垢面的女工,但来了之后不到一个月,她们的脸上就会自然显现出传统中国女性温暖、贤淑、放松的神情。而且我发现,让这些农民工产生真心的快乐、学会礼仪道德,远比训练大学生容易多了,因为他们很单纯,没有很多贪心的想法,自我意识不太重,从小成长的环境也比较简单,所以很容易把他们培养成很好的人。

我们的餐厅做的全部是素食,大家轮流做菜,每个人都有机会学到怎么做菜。我把以前出家时大师兄那套方法带到了这个地方,很多人去参观厨房都会吓一跳,因为不论怎么摸都没有一丝油腻,都会好奇是怎么做到的。其实我们只是先把流程设计好,然后就是培养心态——这是你自己的家,你生活在这个地方,一定要照顾自己的身心健康,为什么要活在一个全是油腻、有蟑螂爬来爬去的地方呢?你不是为我在活,你在为你自己活。

每餐都是无限量的自助餐,大家没有匮乏的感觉,就不必拼命多拿,每个人都把饭菜吃得干干净净,这样,洗碗组的人就非常省力。吃饭的坐姿甚至比军队还要正。对于坐姿的练习,我是通过带他们玩一个游戏,首先规定大家只准歪着坐,或跷二郎腿,然后要大家自己体会舒不舒服,对肠胃消化好不好,大家一开始还觉得好玩儿,但很快就发现坐姿不正自己很不舒服。然后我再让他们坐正试试,大家就自然觉得还是坐正舒服,以后不用讲,习惯自然就形成了。还有请大家上台表演吃饭,有的人趴在桌上,低着头找碗,我问大家觉得像什么。大家都笑说像狗、像畜牲。我说人类有手,可以拿起来将食物放入嘴中,应该左手拿碗如"龙捧珠",右手拿筷如"凤点头",他们一下就记住了。这样吃饭的确舒服,而且做龙凤多好,谁想做狗。其他的练习还包括走路的姿势等等,我在佛光山学到的东西都用在这里了。

周末的时候,我就带他们做各式各样的课外活动,我买了很多《探索者频道》、《国家地理杂志》之类的录像带，投影在食堂的大墙上一起看；也到处募捐了很多书来建立了图书馆，来增加他们的文化气质；还去募捐了几十台旧计算机，让他们学习打字以及基本信息处理。

从我们学校出去的人，走在路上都可以认得出来，"气"就是比别人正。这是很多细节构成的。比如说我们要所有人都要大声讲话，大声讲话的时候，中气足，心就会正，人的心和气是连在一起的。中午吃饭的时候，我都试着做一些讲座或实验，像是让大家上台表演过去宫廷里的太监宫女如何说人坏话，再让他们大声试试看，大家都笑成一团，发现大声说不出造谣的闲话。几个人聚在一起小声悄悄地交头接耳的行为成了很丢脸的事，自然而然就没有了。

中国有个说法，"气定神闲"，就是这个道理。后来我在禅修中了解到更深层的气脉原理，如果一个人打坐的姿势总是往下倾，修久了就会产生自卑心；如果一个人下颚总是向上，就会修出傲慢心。错误的姿势就会形成不好的气，就会产生不好的心态。在藏传的气脉密法里关于"气"有很深的内容。在社会上，我们会看到骄傲的人是抬着头的，没信心的人是低着头的，但是可能没有想过姿势可以反过来影响人心，这其实是些很简单的道理。当然，我每天给这些农民工上课的时候不讲气脉，只讲方法。

在做这个学校的时候，我还有一些很深的体会，就是不论你对周围的环境和其他人做什么，都是在引导能量的运作，所有这些能量也会互相影响。比如衣服的色彩和人心就是互相影响的能量——在沉闷、保守、不欢喜的社会里，人们所穿的衣服就是比较灰暗阴沉的；在快乐阳光的世界里，人们穿的衣服也是五彩缤纷的；黑色是一种修罗道艺术，从来没人用黑色和灰色来形容天堂。一家公司的董事长、总经理如果非常认真地帮助员工保持整洁、欢喜、条理、亮丽，他的企业一定是安定的。不论是杂货店的老板，还是大企业的老板，改变环境就会改变人心，这其实是最大的公益。

这个学校几年做下来，有两三百人后来非常优秀，我还叫得出名字来，他们也还叫我陈大哥。他们有自己的联络平台，有几个人在负责，互相之间联络照顾。有些人已经是企业的小主管，还有人自己开了公司，买了车买了房子，生活过得很不错。

为"解脱"而办企业

当时多次的记者访谈，很能反映出我年轻时的心态——比较理想化，有很重的国家民族情操，以及对现代社会的一种忧心感。现在回头看，虽然有点傻，甚至有点傲，但也挺可爱的。摘录如下：

2001年有一篇名《为"解脱"而办企业》的文章，其中写道："从陈宇廷身上可以琢磨出许多耐人寻味的东西。承祖上陈诚的余荫，陈宇廷也算功成名就。如果在大陆，他可以算成是'太子党'，而他本人又走了一条具有台湾特色的道路。在一个充斥着西方现代文明的社会里，陈宇廷又一脉继承了中华文化传统。对于我们正处于文明冲突的转型社会而言，其中许多东西值得慢慢玩味。"

记者："采访陈宇廷是在'解脱'的设计室。这是一个缭绕着悠悠天音的房间，桌椅烛台古色古香，层层木架上叠放着各色花布，在屋顶排排彩灯的映照下，色彩斑斓，温馨优雅。几个穿着中式衣衫、两腮桃粉的女孩子，步态轻盈、笑容可掬地穿梭在我们身边……"

记者："我对你的情况觉得有点好奇，也觉得有点不可思议。从普林斯顿到哈佛MBA到麦肯锡，还有显赫的家世，怎么180度出家了？可以谈一谈你的心路历程吗？"

我："对我来说，这是个很自然的过程。我在美国是从高中一直读到硕士研究生毕业，毕业后在你刚才提到的那些国际性的机构工作、服务，有过亲身的生活和工作经历，我认识到，欧美的那套经济理论很明显地将这个世界带到一个冷酷的、过度竞争的、浪费资源的、把人当成数字的游戏中。西方的根源是奥林匹克精神，那是一种对立的、你死我活的、需要假想敌的文化。而我们中国的根源，是强调和谐共处的农业文化，我们的理想自古即是世界大同。两者的优劣，对人类的利弊，其实是显而易见的。"

记者："我们看到很多企业界的人士以及研究人员慕名来参观学习。"

我："'解脱'发展到今天，已经接待过许多政界商界的朋友，还有我在美国读书时的同学也前来参观，他们觉得，解脱，是21世纪新型的集企业、学校、家庭、文化、慈善于一体的事业体，未来可以在世界各地以同样的理念在各行各业中推广。许多来过的朋友们已经将其中一部分的精神、理念或企业文化带回到自己的企业，有的是回去改善员工的福利，有的是改善劳资关系，有的是开始注重社会公益，甚至还有几位藏族同胞不远万里从偏僻的地区来这里学习。"

记者："这么多的人来参观来学习，你认为'解脱'最让人感兴趣的是什么？"

我："观念和思路。很多人来过之后，他们恍然悟到，企业还可以这么办！"

记者："我曾经接触过一些你的员工，我问他们来'解脱'感受最深的是什么。他们有的说这里像家一样，彼此之间像兄弟姐妹，有的说在这里学到了做人的道理，还有的说在这里学到了技术以后，可以自己回去办厂，照顾乡邻。你可不可以谈一谈'解脱'的理念是什么？"

我："'解脱'是一个结合企业、学校、家庭、文化、慈善为一体的尝试。在现在这个经济时代里，我们可以把国家看成是几十万、几百万个小企业王国的总集体，而这些企业王国的国王——董事长、总经理们，如果一个个都是自私自利、唯利是图的暴君，人民快乐得了吗？一定不可能快乐的。每天下了班，当一群群不快乐的人把痛苦带回家，家庭好得了吗？当一家家人都充满了烦恼抱怨和苦闷甚至仇恨时，国家安定得了吗？"

记者："每个企业都存在开除员工或者以种种理由辞退员工这样的问题，'解脱'是怎么解决这个问题的？总不能来了就不走，来了就一个不能少吧？"

我："这就是'解脱'的'学校'功能。我们都晓得也看过很多的工厂流水线式的生产模式，那些年轻的男孩女孩，一个个好像都被变成了随时可以替换的机器。做领子的只做领子，做袖子的只做袖子，钉纽扣的只钉纽扣……等到年纪大了，眼睛不好使了，动作缓慢了，怎么办呢？就等着被辞退了。他们在服装厂付出了十几年的青春，回到家乡却连一件衣服都做不出来。我们看了觉得非常难过，所以，在'解脱'，如果在设计室或服装生产部门工作，能学会剪裁、缝纫、配件、手工，回到家乡可以开裁缝店，开服装厂。如果在食堂工作，能学会从采购、洗菜、烹饪到服务、卫生、记账等整套的管理知识，回家乡可以开饭店餐厅。如果在宿舍区工作，能学会清洁、接待、服务、卫生、礼仪等一整套的管理小旅馆的知识,回家乡后可以开小客栈、小旅馆……"

记者:"有很多企业,尤其是现代化管理书籍中都强调不要任用亲戚,大家拉帮结派会造成管理上的死角,可是,你这个哈佛MBA竟然会……"

我:"我们反而欢迎全家人来。这就是理念的不同。一家人来,未来可以一起回去创业,照顾家乡。现在父子档、母女档、夫妻档、兄弟档,甚至全家来的都有。在'解脱'的事业中,我们尝试尊重中国人的习性,来培养每一个人的志气——修身、齐家、治国、平天下的志气,先把自己的妻子、丈夫、孩子照顾好,然后把照顾他们的爱心逐渐扩大到整个家族,再慢慢扩大到小区、乡里,最后连陌生人都会自动关怀。"

记者最后一个问题是:"有没有觉得很累、很辛苦?"

我:"没有。反而觉得很开心。不开心的时候,往往是私心跑出来的时候。如果是'无我利他',不求回报地去做事,就不会有什么不开心。"

以上是2001年的采访。

没想到,"解脱事业"在2002年被关掉了。我极为伤心难过,哭了很久,痛苦了好几年。不过,当时的确做得太早了,如果是2010年开始做,遇到现在正在推广中国文化的政策,或许会变成政府推广的对象也说不定。

那时自己修行不到位,没有悟到空性,一切都是梦幻泡影,所以对公益产生了执着,对善果产生了执着,智慧也不够,才会做好事得了个苦果。

公益创投

没想到,"解脱"理想破灭带给我的痛苦反而带给我在禅修上的巨大突破。这方面的故事,且容我在后面几章再说明。

"解脱"结束后,有两三年的时间,我重回企业界,主要在台湾一位修行朋友的生物科技公司打工,也参与了美国几个旅游房地产项目的规划,主要是为了赚点钱养家。做公益的七八年,我不但没领过薪水,连原有的存款都全捐光了,只好回台北住在父母公寓的小阁楼中。

到了2005年，生活费有了，我又开始想投入公益了。但这一次，我决定不再凭一股热情了，可得生起些智慧。在当年麦肯锡台湾老大、老朋友计葵生的介绍下，我和麦肯锡亚洲区暨大中华区的董事长谈了几次。他们决定请我回去担任资深顾问，制定大中华区的公益策略。

在这之前，我一直在陈家公益事业的第一线上，回到麦肯锡之后，我把自己抽离出来，从大格局重新看整个中国公益领域的发展趋势，以及可能有什么创新的模式。我带了一个团队，研究国际上最成功的公益模型，了解中国整体的社会需求、公益领域的现状、主要的项目与领军人物、政府政策与法规动态，也就是用做企业的专业精神来做公益。

在麦肯锡的一年时间，恰好是中国公益产业一个很好的发展时机，当时有人甚至说是中国的"公益元年"。我们制作了一份完整的报告，并被极为专业的《麦肯锡期刊》收录，专门做成了一篇称为"Developing China's nonprofit sector（建设中国的公益产业）"的报告。

然而，我希望不只是做一份报告，而是能够有实际的行动，协助建设健康中国的公益产业。我决定引进一种新的公益的模式，叫做"公益创投"，英文叫Venture Philanthropy。公益创投并不是指投资公益事业来赚钱，而是说用创投的理念来协助公益事业的发展，帮助公益组织做得更专业化、更有效率，并且可被复制以扩大社会效益。

我得到一起制定策略的麦肯锡好友潘林峰先生和程玉女士的帮助，并且把麦肯锡大中华区的董事长和北京的总经理吴海先生都拉进来参与了，发起了新公益伙伴（NPP——New Philanthropy Partners）公益创投基金这样一个公益组织。起动后，我们又认为只有麦肯锡一家公司是不够的，健康的公益领域需要更多的专业伙伴，于是，我邀请了很多其他企业加入，包括奥美广告、奥美的母公司WPP、德勤会计、君合律师事务所、诺华制药、摩托罗拉、台湾的永丰余集团等等，除了这些企业之外，还邀请了共青团中央的中国青少年发展基金会、国务院扶贫办的中国扶贫基金会，还有中国红十字基金会一起来参加。

成立的时候，NPP的理事会由每一个单位派两个人做代表，通常都是大中华区的董事长、总经理、资深合伙人、执行长或是秘书长。每家企业也同意提供数十名到数百名具有专业能力的志愿者。

NPP做了什么？

NPP虽然也有点点滴滴很多感人的小故事，但整体而言，是一个比较理性的公益事业。用一张图，大致就可以说明我们的使命、策略、项目和成果。不能说是很成功达成使命，只能说尽力做了一些事。

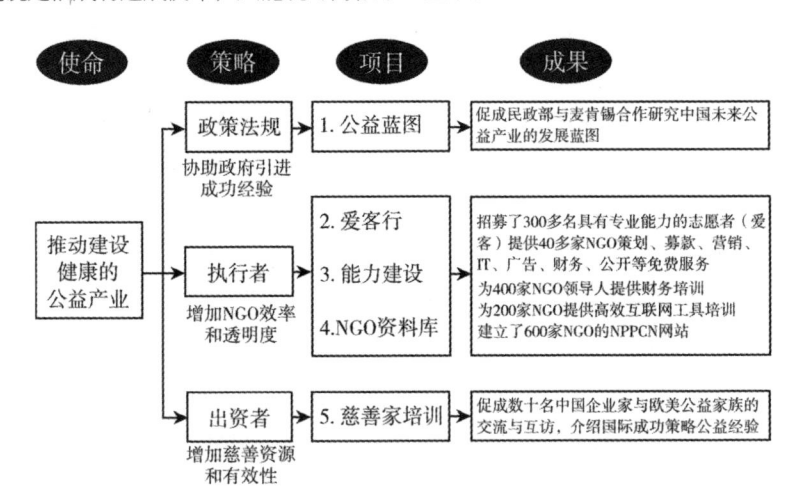

```
使命                策略              项目              成果

                政策法规         1. 公益蓝图      促成民政部与麦肯锡合作研究中国未来公
                协助政府引进                      益产业的发展蓝图
                成功经验

推动建设                          2. 爱客行        招募了300多名具有专业能力的志愿者（爱
健康的          执行者           3. 能力建设      客）提供40多家NGO策划、募款、营销、
公益产业        增加NGO效率                       IT、广告、财务、公开等免费服务
                和透明度         4. NGO资料库     为400家NGO领导人提供财务培训
                                                  为200家NGO提供高效互联网工具培训
                                                  建立了600家NGO的NPPCN网站

                出资者           5. 慈善家培训    促成数十名中国企业家与欧美公益家族的
                增加慈善资源                      交流与互访，介绍国际成功策略公益经验
                和有效性
```

其中爱客行动——招募了来自理事会成员企业的三百多名具有专业能力的志愿者（爱客），提供NGO 策划、募款、营销、IT、广告、财务、公关等免费服务，是一个很有意义的项目。许多志愿者事后说，他们看到竟然有这么多公益组织在默默地为社会上的老人、孤儿、残疾人等弱势团体做了那么多事，是他们在冷酷竞争的商业世界中打拼时意想不到的，特别觉得中国的未来有希望，能有机会为这些NGO服务也特别有荣誉感。

中国的公益发展蓝图

2008年，我说服了麦肯锡公司为民政部做一个免费咨询项目——研究中国未来公益产业的发展蓝图。这个项目为期六个月，收集了更多全世界各个国家最好的公益模型，分析了中国公益产业的发展情形，最后做出九点建议。

建议一：尽快出台慈善法，促进慈善事业发展的法制化进程。

建议二：理顺政府职能，建立由民政部牵头的跨部委慈善工作协调机制。

建议三：完善监管体系，建立由政府监管、公众监督、内部治理和行业自律组成的"四管齐下"的开放监管体系。

建议四：优化流程、分级管理、分类指导，降低慈善组织注册门槛。

建议五：落实税收优惠细则，稳步开放公募权，打造公平而繁荣的竞争环境。

建议六：继续支持非公募基金会发展，鼓励部分大型基金会向资助型转型。

建议七：加强民间组织能力建设，鼓励支持型慈善组织发展。

建议八：试点政府购买服务，多渠道拓展慈善资源。

建议九：大力推广慈善文化，多角度褒奖慈行善举。

近五六年来，中国公益领域迅速发展，基金会数量翻了一倍，这是一个很好的趋势。到2014年，报告中的一些建议已经成为政策。当然不能说都是因为这个研究报告，但是这些建议的确起到了一定的作用——因为是结合了国内（民政部）和国外（麦肯锡）最专业的机构所做出来的公益领域发展建议。

策略公益和世界家族公益会

2008年NPP完成了中国公益产业的一个市场调查。我们邀集了来自十个大学的共三十名义工，经过培训之后，请他们到几个主要的省份了解并拜访当地的民间公益组织，做详细的记录并且做一个内部的评分。根据民政部的资料，当时中国有大约四十万个NGO，即非政府组织，包括民间非企业事业单位（民非）和其他社会组织。但是我们尽量去收集资料，却只找到六百多家民间NGO。这不包含政府的公益组织，也不包括基金会。而且学生回馈，这其中大约有二成的目标、人员、工作内容不清楚，没把握可以被信赖。而比较好的八成中，又有八成少于五位员工，预算少于十万元人民币。

我们深入后，发现四十万和六百家这两个数字都是正确的，是定义和计算方法不同而产生的。举例来说，一家大型的政府基金会，在中央登记后，又需在各省各县市独立登记分会才能运作。这几百家，其实是一家。另外，很多教育单位像是希望小学和民办教育单位，也有好几万所。再加上医疗机构、卫生单位、养老机构等，就成了四十万家。

这样算下来，能够专业化、被复制产生较大社会效益的，不到一百家。当时所有基金会多半是属于政府的，因此NPP这样的专业资源很难用得上力。于是，我开始找寻下一步的方向。

唐爱益与策略公益

在一位好朋友的介绍下，2009年，我认识了后来像亲兄弟一样的朋友唐爱益（Elliott Donnelley）先生，是他把我带进了世界企业大家族的公益圈子。他是世界最大印刷企业R.R. Donnelley的第五代。这个企业以重视社会责任而著名。成立将近一百五十年，几乎总在美国前二百强。他耶鲁大学毕业后来中国教书两三年，回美国投身监狱重刑犯的改造工作。做了几年，被他祖母招回家族企业，负责第五代的投资基金，变成一位成功的金融投资家。

但是他心里仍然总是想着社会公益。在遇到我的半年前，他受邀参加了美国西海岸一个特殊的公益培养计划。每年挑选十几位大企业家和家族事业继承人，参加一个月的公益事业培训。内容分四大部分。第一是了解美国公益现状，并到华盛顿学习与公益和税法相关的法律法规；第二是参访并学习各领域模范公益组织的成功经验和实际做法；第三是亲身去拜访几个国家，了解他们公益产业的发展情况和最佳成功案例；第四是每一个人都需提出一个清楚的公益计划，不但要做一场像拿博士学位一样的答辩，而且要向所有的教授、同学、校友承诺执行，以后每年定期报告进度。

当时他觉得他对中国特别有感情，因此决定回来，把世界最先进的成功公益观念和案例介绍给中国，有兴趣的人可以吸取有用的部分，再根据国情，进行自己想做的公益项目。他看到我做的NPP，极为感兴趣，第一次见面就谈了四五个小时。

唐爱益是一位不休息的工作狂，一半时间继续金融投资，一半时间做公益。他也是一位"活在空中"的人，总在飞机上，一年有时要全世界飞上百次，最少的时候也有五六十次。他也是一位舞蹈家，舞蹈就是他的禅修。他又教学，又表演，身为一名高大的白人，还在纽约黑人区组织了很多场数千人的大型舞会。最特别的是，他对人极为平等，没有什么分别心。他能上能下，可高可低。有时候住总统套房，有时候办舞会可以一星期和十几个人挤一间房间。他有时坐头等舱，有时陪朋友坐经济舱。他对人很平等，和什么人都能相处。和一般工作狂不一样的是，他总是非常开心欢喜，总是在帮助别人。总是在问，有什么我可以帮得上忙的地方？或许一些中国大家族的第二代第三代，可以考虑也时常这么做，多关心别人的需求。当然，这是要带着智慧的，不能糊里糊涂地给人利用。

我刚认识他没有太久，有一天他突然打电话来说："Mark，我帮你买了机票，请你到美国来几天，我介绍一些朋友给你。"于是我开始了一个很有趣的旅程。在加州，他介绍我参加了一些西海岸公益家族的私人聚会，遇到了像惠普计算机中的惠氏家族（Hewlett Family）、乔布斯的夫人等很多知名的企业家族。我开始了解到这些大家族在怎样做公益。大体上，他们都是在用做企业的理念来做公益。这不是指赚钱的理念，而是讲求效果效率。他们会很细致地调查了解需求，研究问题的根源，然后来制定执行策略，解决问题，而不仅仅是简单的捐钱。我也发现，欧美国家很多人做公益真的没有其他企图，只是想帮助人，想把好事做圆满，这也是让我很感动的地方。

之后我即刻飞去芝加哥，去他们的企业总部，见了他家族的长老们。由于他的爷爷喜欢火车，因此在他们巨大的家园里有自己的火车轨道和火车。在芝加哥住了两天，他又突然说，有几位有趣的朋友在新墨西哥州，我们一起去吧。

到了新墨西哥州，第二天开了一段时间车，来到一栋大别墅。按门铃没有人应，我们自己推门进去。一进去我就呆了，大厅挂了一张大的莲花生大士像，放了四五张读经桌，上面放着藏传佛法的法本，还有金刚铃、金刚杵这些法器。那时候我早就因为时差累得头昏眼花，看到这些有点搞不清楚自己身在何处了。

过了一会，里面几个人走出来，我们做了自我介绍。他们极有兴趣，就开始谈起了佛法和修行。其中一位女士，看起来像他们的禅修老师，和我聊得特别深入。谈到修行的各种境界时，我发现她已经修成了初步的拙火禅定，可以只穿比基尼在大风雪中打坐很多天。

谈了一两个小时之后，他们突然问："你来找我们做什么？"我说唐爱益说有些好朋友我应该认识，我就来了。他们问："你知道我们是谁吗？"我说不知道。他们进去拿了名片出来，我看了仍然不知道。回到旧金山，我上网一查，原来几位都是美国名列前茅的大富豪家族的继承人，也是极为知名的公益家。真的没有想到，在美国这个圈子里，已经修行多年的人还真不少。

洛克菲勒与桥梁领导力

随着自己禅修的进步，心境开始稳定，遇到的外缘也不一样。2009年开始，通过禅修，我在国际上交了很多特殊的朋友。

当年我被选为阿拉善协会的副会长，和一群中国热心公益的企业家一起去参访美国加州、纽约和华盛顿的基金会。我在纽约参加洛克菲勒家族的一场公益活动时，一个人过来问我是不是娶了一位藏族妻子，在得到我的肯定回答之后，他说他的老板佩姬·洛克菲勒"太爱你妻子的歌了，总是放给大家听"。我当时不知道佩姬怎么认识央金的，问央金，她想不起来。后来才知道，原来是前一年央金被请去参加在印度举办的"世界妇女心灵领袖大会"作开幕演唱，洛克菲勒也参加了那次活动，爱上了央金的歌曲，还特别交换了名片。但是央金不知道洛克菲勒是什么人，所以也没有留意。

认识之后，佩姬在纽约办了一个大型活动，请了联合国秘书长安南等国际人士，特别请央金去演唱。当时我们以为她只是对央金的歌喜欢而已，后来发现不这么简单，我注意到，每次央金唱歌时，她都在禅修，还流着眼泪。

她告诉我们，她在全世界做公益三十多年，觉得越做越做不完，她在三四十个国家解决大型的社会问题，把各国政府、企业界、公益组织这三方结合在一起，一起解决重大的社会问题。她能调动大量的资源，来帮助各种各样的人，但是她总觉得问题不在于钱，不在于能力，也不在于资源，而在于参与的人的"自我意识"。当人的自我太重，在一起做事时，都是在表现自己，甚至争功劳，使很多好事做不成。

她说她请央金来，是因为央金的歌声一出来，就会让很多人从左脑思维进入右脑的平和状态，就会有很多想法从内心发出，而不再是竞争思维。我听了这些觉得很有意思，就跟她说，我一直觉得做公益最重要的就是生起慈悲心。她连连赞同，说她谈的也正是这个，philanthropy "慈善事业"最初的意思，就是热爱人类，所以做慈善的动机必须从爱出发，从慈悲出发，重点在发心，发心正确，自然行动正确。那次交谈让我很感动。

之后她又邀请我们一起禅修。她觉得在改变别人的自我之前，一定需要先改变自己。要帮助别人的心，需要先调整自己的心。所以她就开始学习禅修。她知道了我和央金都是禅修多年的人，就邀请我们住在她家里，我想我们是少数常被邀请住到她家里跟她一起禅修的人。

几年下来，去了十几次。每次禅修，她都邀请了很多其他家族的人。通过她，我们认识了巴菲特家族，还有许多大企业家族，他们都在认真做公益的同时修正自己的心。我从他们身上学到了很多最新的公益观念和做法，同时我通过讲解我自己的禅修经验，帮助他们修行，也帮助他们更了解真正的中国，这和西方媒体注销来的很不一样。

2009年，她和先生又邀请了一群人到我洛杉矶的家里禅修。结束时，她邀请我们陈家加入"世界家族公益协会"（Global Philanthropists Circle，GPC）。她解释GPC是她和父亲戴维·洛克菲勒在十几年前发起的全球性公益组织，协会成员是来自三十多个国家的共八十多个主流政商家族，包括许多国家的首富，都是投入公益多年的大家族。每年有多次会议，互相学习，探讨人类未来发展方向与各种公益、文化、教育、经济、政治等主题。我父亲听了当时就说，我们恐怕不适合参加，我们不是一个富豪家族。她说，我们邀请参与的家族，最重要的条件是对当地社会和国家有杰出的贡献，而不一定是富豪，我们知道陈家几代为国家社会做了很多贡献，因此邀请你们成为会员。同时，也希望你们能将GPC带入中国，找到更多适合参与的家族，一起为全球公益以及世界和平做出一些贡献。

之后几年，我们在中国接待了很多欧美的家族，一方面向他们介绍中国，另一方面也学习他们全球的经验。

洛克菲勒的家族传统

近距离相处之后,我发现洛克菲勒家有一些很特别的传统,在佩姬身上特别明显。

第一,他们从小就学习做公益。佩姬的父亲,九十九岁的戴维·洛克菲勒说,他自己十几岁的时候就常被父亲带去非洲的一些穷困国家。每天都会问他们几个孩子当天的所见所闻,为什么当地有这么多贫困的人,你们想怎么帮助他们。他说他那时还只是个孩子,每一次被问到都很紧张,所以都得认真地做功课,认真地思考这些社会、人类的问题。他父亲告诉孩子们,你们身为洛克菲勒家族的一员,这一生不愁吃不愁穿,因此,你们有责任解决这些人的痛苦,这是我们的使命。这的确是对孩子非常好的教育。我觉得带孩子们去穷苦的地方,远比带孩子去发达国家享受来得有意义。现在中国富起来了,他们对子女的教育和培养有不少值得我们参考和学习之处。

第二,佩姬创造了"桥梁领导力"的奖项,每年颁发给最具有这种影响力的人物。得奖者包括克林顿总统、安南秘书长、纽约市长彭博等人。其实佩姬她自己正是这种领导力的代表。在任何一个场合,她总是扮演一些无我利他,把人串连在一起的角色。譬如,每一次我参加她的各种大型聚会或者是酒宴,我发现她永远在观察所有的人,让每一个人都没有冷场。如果你在酒会中落单了,没多久她就会走过来,介绍给你几个兴趣和你相似的人。每次吃饭,她总是能把你安排在你想认识的或是你会喜欢在一起的人同桌。像她这样一位名利具足的人,能够这么温馨地安排这样的小事,让每一个与会的人都很欢喜,都有收获,这是很不简单的爱心与智慧。

给想做公益者的几点建议

英文中,社会公益这个词是Philanthropy,原来的意思是Love for humanity,热爱人类。其中最重要的,就是我们的爱心。

对于想投身公益的朋友们,我有三点简单的小建议。

第一,公益最重要的是修心。不在于捐了多少钱,而在于我们自己的心有没有变得柔软谦卑,充满温暖、爱心、慈悲、平等。如果偏离了这个主题,只重视项目的效果和效率,就失去它本身的意义了。

经常有大企业家找到我,说自己对公益很感兴趣,让我帮他做一个中国最大、最强的基金会,一个未来可以被复制、国际化的全球基金会第一品牌。我都会问,这是一个好的心愿,但是请问你真正想要服务的对象是什么人,你想解决什么社会问题,哪些事情真正让你感动。想要投入公益,我觉得一定要静下心来,体会你要服务哪些人群,他们到底有什么需要。

而且,有了正确的心态,才能面对做公益时的许多挑战。

譬如,做公益其中的一个困难是要游走于两个世界之间。一个是苦得不得了的世界,只要一点点钱就能够活很长时间的世界。另一个是你去募款的世界,时常吃一餐饭的钱就可以养活很多穷苦的人。如果没有一定的修心能力,久而久之,人的内心会产生很多不平衡和混乱,一不小心就会变得愤世嫉俗,或者自命清高、烦恼丛生。

又譬如,有时做公益比做企业还要困难,要有心理准备。你捐了很多钱、做了很多好事,不一定会得到人家的称赞,甚至有时候反而会引起人的嫉妒心,被人造谣、挖苦。会有一种退转、为谁辛苦为谁忙的感觉。如果我们动机很清楚,看到被帮助的人快乐了,自己就快乐了,内心才不会动摇,不会生烦恼。

第二,公益一定要从自己周围的人——亲人、师长、朋友、同事开始做起。如果是企业家,先从照顾员工、上下游厂商做起。照顾并不一定是给钱,而是真正理解他们的痛苦与快乐,而且有所行动;用智慧和爱心服务他们,带领他们。在现代社会,每个公司老板对员工苦乐的影响远超过古代国王对老百姓的影响,因为他们每天生活在一起。如果所有的国王都是善良的、有道德的，他的子民、邻国就都能快乐起来。如果全中国的人，无论是在小店、商场、百货公司、大卖场或是在中小企业、大型集团里面工作的人每天都能很快乐，还能够把快乐带给亲人、朋友、同事，大同世界会自然来临。我认为这是最大的公益。

第三，慈悲和智慧要均等。做公益一定要有爱心，但是不能只有热诚。热诚是一个起点，之后一定要用做企业的心态了解市场，也就是了解需要帮助的人的真实需求、要解决的社会问题的来龙去脉，等等。然后要有清楚的目标、策略和执行计划，以及找到适合的团队，确实按照进度执行，不能因为是做公益就马马虎虎。

下一场梦

当NPP结束时，很多人觉得实在是太可惜了。创造了这样一个不可思议的机制，带动了那么多最著名的国际企业，你怎么没有持续做下去？

我想，或许是我的修行有了一点点进步吧。人生是一场一场一直在变化的梦。这个游戏已经够了，梦想已经实现了，应该进入下一个阶段了，做一个不一样的帮助人类的梦。

这个梦，就是推广"觉性科学"。且容我在以后的章节中说明。

第十章　婚姻探险之旅

佛菩萨的预示 / 我当时的婚姻观念
大宝法王禅观 / 准备婚礼 / 有趣的结婚登记之旅
设计婚礼 / 婚姻誓词 / 婚礼流程 / 真正修行开始
落难陌生人之间的磨合 / 央金的转变 / 作茧自缚
自性音乐 / 有趣的小事——看电影的故事 / 心想事成
太太变成了菩萨，我怎么办？ / 美国严肃的夫妻生活
每年搬家的生活 / 烦恼即菩提
练习将婚姻中的烦恼变成禅修工具
原来烦恼的因在自身之内 / 央金写书的故事
"觉观烦恼"是一种自我疗愈 / 央金歌舞法
央金六法 / 女儿乐乐 / 菩提伴侣，共同愿心

一天，我刚登机，拖着行李，抬头找着座位，忽然听到一片鼓掌的声音。低头望去，好多人面带微笑对我点头示意，手中正拿着《联合报》（台湾最大的报纸），头版是我和央金两人的照片，我还刚好穿着和照片上一模一样的中式服装。

报纸主标题写着"汉藏联姻，陈宇廷找到'空行母'[1]"。副标题是"当过三年出家人的陈履安的长子陈宇廷，原以为自己此生不可能成家，最近却在彼岸找到了他的'空行母'——一位藏族传奇女子央金拉姆。央金拉姆是一位自学成功的牧羊女，如今是开发藏药的企业家"。

不久，我们就结婚了，开始了一场奇妙的心灵探险之旅。

佛菩萨的预示

古时候男女"奉父母之命，媒妁之言"而成婚，我们是"奉菩萨之命，活佛之言"。我和央金在婚礼时相互还不大认识。

我记得当晚两个人躺在床上，看着天花板，又互相看看。

她说："这样就是结婚了？"

我说："是啊。"

她说："你有什么特别的感觉吗？"

我感觉了一下说："好像没有。你呢？"

她也停了一阵说："好像也没有。"

我说："嗯，那好吧！"

---

[1] 在藏传佛法中，空行母正式的意思是指证悟空性的女性或觉悟的智慧女性，但也可以用来称呼在家修行人或瑜伽士的妻子。

然后什么也没做就睡了。不知道别人是不是也这样。

前后十二年间，我和央金之间的关系经历了很多次巨大的蜕变。开始像老师和学生，慢慢成了师兄和师妹，还曾像儿子和母亲、业力累赘和女修行者。她在2008年修行有重大突破之后，我和她又变成了众生和女菩萨、徒弟和女上师、仆人和女主人的关系。我又经过多年修行，才又慢慢变回到同参道友、佛行事业伙伴、菩提情侣。

先谈谈佛菩萨是怎么把我们凑在一起的吧。

央金一直想要出家修行，不想结婚。追求她的人很多，但是她的心很坚定，连单独和他们喝杯咖啡的机会都不给。

2001年的八九月，在央金遇到我之前三个星期左右，是西藏解放五十周年庆典，她们三姐妹随中央代表团在西藏参加庆典歌舞晚会。

央金当时内心很苦。她的心愿是以发展经济的手段，解决藏族经济落后、教育文化断层的现象，因此大学辍学创业。但随着事业的成功，她越来越忙，永远有开不完的会、做不完的事、层出不穷的企业管理问题，身心非常疲惫。企业越做越大，反而离她创业的心愿越来越远，身心、时间全都卷入了一个漩涡中出不来。她很想出家，将身心全部投入佛法的修行。

于是，她抽空去了大昭寺——西藏最早的寺院。寺里有一尊非常神圣的释迦牟尼佛像，传说是佛陀在世时即塑成的两尊佛像之一，唐朝时经过印度辗转到了长安，之后文成公主把这尊佛像带进了西藏，一直供奉到现在。

央金就在这座佛像面前起誓：我想修行成就来帮助众生，请给我机会出家修行，我不愿意再继续做一个企业家了，这样实在太苦了；如果我应该结婚，我希望找一个和我心愿完全一样的修行伴侣。

结果，当天晚上她做了个梦，梦见自己走进一个古代的汉族大官的大宅院里，房子里面富丽堂皇，空中有声音告诉她，这是一个高官家。门厅里有一个长案，案上放的是自己的结婚嫁妆，她好奇想打开红色的包裹看看嫁妆，这时空中的声音又告诉她，里面是你的嫁妆，是汉族的。她想到这可能表示会嫁入一个汉族大官家，就吓醒了！

之后的几天，由于做了这个梦，所有庆典的宴会她都不敢去参加，担心宴会上有那么多汉族大官，万一哪个喜欢上她怎么办。她找了各种借口躲起来。

还好什么事也没发生。

之后过了大约一个星期,她见到她的上师,七十多岁的老活佛赛仓仁波切,一位很慈悲、修行也很有本事的老活佛。谈话间,上师突然问她,你对自己的婚姻怎么打算啊?她吓了一跳,因为通常他们不谈这些事的,只谈怎么修行。她就讲述了她的梦。那位活佛就说,再过两个星期左右你会碰到一个对象。

那就是我。

至于我,直到遇到她的几个星期以前,也是完全不打算结婚的。

我当时的婚姻观念

接触佛法之前,我的婚姻观念是希望尽早成家,生一大堆孩子,最少五个。接触佛法之后,观念慢慢变了。汉传佛法很强调万缘放下,最好有福报能出家修行,今生解脱。其实佛法所谓的解脱,倒不是非要在形式上丢掉所有东西,而是内心对一切都不执着,是修心。但是那时我并不知道这个道理,就照本宣科全然接受了出家修行是最好的路。

当时两位近代大师的生平对我的影响很大。第一位是禅宗泰斗虚云老和尚。他活了一百二十多岁,从清朝一直到"文革"。他从小就想出家,父母不准,甚至逼他娶了两位太太。他传记中记载,他和太太在一起从不行房事,每天对太太说法,讲解人生是苦,必须出家修行求解脱。后来他找到机会离家出走,到山上落发为僧,最终修成了正果。

第二位是弘一法师。弘一法师出家之前是位翩翩公子,既有才华家境又好,但是他毅然放下一切去苦修,严守戒律,很多人把他作为修行的榜样。不少人甚至认为只要持守戒律修到极致,就能修成阿罗汉果[1],也就是证悟的圣人。当时我对这些观念全盘接受,并没有用科学和逻辑去追问戒律和证悟两者到底是什么关系?为什么严持某些戒律会得到某些结果?近代有哪些大师如此

---

[1] 阿罗汉果是指修成小乘佛法圣人,从生死解脱了,不再进入轮回。

修得了正果？

而我自己参加多次禅七以后，认知到轮回是个真实存在的现象，觉得结婚、生儿育女不过是某人过世了，心意识离开了这三度空间的世界，男女行房，给了他肉体，能再回到这个空间生活，如此而已。更是觉得结婚没有什么意思，也没有什么必要。

我出家还俗以后，仍然保持着这样的观念，总觉得有一天还是会回到山里，放下尘世的一切，走回出家修行的道路。因此虽然也交过感情很好的女朋友，在一起很开心，但是从来也没想过婚姻。

直到还俗后七年左右，2002年，一位佛法老师突然对我说，再过两三个星期，你会遇到一个女孩，你应该娶她，她对你的修行会很好。我说，天下那么多女孩，天天也都碰到不少女孩，我怎么知道是哪一位。他说，你碰到了就知道。

果然，两个多星期后，遇到了央金。她是奇正藏药的三位创始合伙人之一，她们带了大概二三十个高管，一起来参观我们的解脱学校，来的人里只有四五位女的，除了央金是年轻的单身以外，其他几位都是年近五十的妈妈。而央金又是藏族，给我的感觉很特别，虽然是一位大企业的CEO，但是仍然清净得像一位小女孩，没有染上任何生意场上的习性，很不可思议。

单是清净，其实也不足以形容她。她极有使命感和慈悲心，当时一直在探索藏族未来的出路——怎样才能把藏族的经济发展起来，同时又能保持藏族的文化教育、生活习惯，和修行的方式。她一到我们的解脱学校就说："我发现藏族未来的希望了。未来西藏应该做出一个像你们这样的地方，把生活、学业、事业、道业结合在一起，把家庭、工厂、学校这些功能也结合在一起。在这里，大家都在一种善良祥和的状态里，人人平等，各尽其力，都很欢喜快乐。"

其实，我们当时是把出家时学到的生活模式和制度搬过来经营解脱学校，但是把宗教、信仰、崇拜、上师这些宗教化的东西拿掉了。所以它不是个宗教的模式，倒更像儒家的大同模式。在解脱学校，我们不谈出离世间的事，也不谈轮回过去，只谈今生怎样做一个很好的人，怎样安身立命。

由于这是一次正式的企业参访，我和央金没什么机会单独谈话，但我心中已经确认，就是她了。

于是，我找了一个机会，或者说是个借口，说想带一些企业家去参观她们的藏药厂。她同意了。她们的工厂在西藏的林芝地区。当时拉萨的统战部副部长认识央金很多年，他对我说："央金是个很少有、很特别的人。她从零开始，把企业做得这么大，但是完全没有被企业界的习惯给染污，一直保持自己的清净。"这和我的感觉一模一样。

这次参观又是两边大队人马，所以还是没有什么机会单独交谈。

她们的企业当时在全国已经有三十多个分公司，每天都有事情发生，都得她去解决。她忙得像个救火队长一样，马不停蹄地全国飞来飞去。除了带领她们建立的几百人的销售团队，还负责整个企业的公关，还有在全国举办藏药研讨会议和座谈，向各地相关政府单位与专家介绍藏族文化和医药。

当我们从林芝回到拉萨，她又接到紧急电话，需要赶回北京。

我就急了，找到她说："明天你去机场之前，能不能早半小时来我这里一下，我有很重要的事情需要和你商量。"

第二天一早她就来了。我一面和她聊天一面看手表，大概谈了谈我以前做过的事情，谈了些我的修行情形，还有我的心愿，有点儿像作紧急报告一样。最后看到只剩十几分钟，我实在忍不住了，就突然问她愿不愿意嫁给我。

当然，我讲得比较含蓄。我说："我在做这样的一些事业，很希望有一位志同道合的共同修行的伴侣、妻子。你愿不愿意作为我的空行母，一起完成这些佛行事业？"

我当时看她表情，好像有点像是答应了，心中已经开始把她当成妻子了，因为她完全没有表示任何反对的意思，好像也觉得就应该是这样了。大概是因为她遇到我以前做了那个特别的梦，所以当我提出来的时候，她也感觉就是我了。

不过，后来我才知道，当时我有一点一厢情愿。央金说她当时的感觉是吓了一跳，心中生起"大概逃不掉了，会和这个人在一起"的念头，没有我想的那么罗曼蒂克。

大宝法王禅观

求婚之后，我在广东忙我的公益事业，她在全国忙她的藏药事业，没什么机会在一起。

我每隔一两天就给她打电话，谈心愿，谈佛法，谈修行。有次媒体采访我们的故事，记者脱口而出："好小子，还能用佛法追女朋友！大开眼界！"

这样过了三四个月，到了2002年的3月份，我的小弟堪布罗卓丹杰（陈宇全）当时在西藏十七世大宝法王身边做翻译，我和他电话联系，让他帮我们请大宝法王给我们卜个卦，算一算我们是不是真的应该结婚。大宝法王很慎重，没有马上给答案，他说要禅观一下，第二天答复我们。隔天，他说了两点：第一，你们结婚是好的；第二，如果要结婚，一定要在5月之前。

当时已经3月多了，我就打电话把这件事告诉了央金，问她有什么想法。央金听了之后，说既然大宝法王这么说了，那我也就同意嫁给你吧！

两人就开始准备婚礼。

准备婚礼

写请帖中的新娘简介时，我才发现对央金几乎一无所知，无法下笔。于是我只好像记者采访一样，问了她很多问题，像是你出生在哪里，怎么长大的，上了高中，上过大学吗，你怎么创业的，负责什么，有些什么成就。

虽然原来我就知道她在做企业，还去看过她的厂，但是我心里一直觉得她只是一位很纯朴、想修行的藏族女孩，没有留意她的生平。她说上过大学。我还问她知不知道唐太宗是谁，想知道她对中国历史有没有概念，发现她基本是有的。

又了解到她出生在甘肃的天祝藏族自治县，是最北边的藏族。原来藏王松赞干布和唐太宗打过一场仗，松赞干布打胜了，占领了整个青海、甘肃，央金就是那时被派驻留守在那里的藏族的后代。"天祝"藏文是"华瑞"，意思是英雄诞生的地方。他们是很古老的藏族，穿着、语言和现在西藏的藏族不大一样。

接着又发现她曾经考上大学，但辍学创业，是为了想以经济的手段解决藏族经济落后、教育文化断层的现象。我听了非常感动。

随着她的述说，我越来越觉得意外——她们家族的故事，使我落泪；她创业时面临的各种挑战，更不是我这样一位麦肯锡顾问能够想象的。

一开始我并不清楚她的事业有多大，一问之下，才知道她们那时候已经是一家几十亿的企业了，有三十多个分公司。她们一手建立的业务团队有五百多人。由于她办了上百场藏文化和医药座谈会，和统战部、药监局及很多政府部门都很熟悉。

更令我惊讶的是，她还曾代表藏族在联合国大会上发过言，在藏区做了很多公益项目，等等。接着又发现她还是一位有知名度的歌星，2000年，她和她的姐妹一起在著名的中央电视台春节联欢晚会演出。

她谈起这些成就来倒都很轻描淡写，没有什么得意的感觉。我一面问一面做着笔记，对她的爱意慢慢也化成了敬意，当然，心中也有些得意，能娶到这么一位女孩。

有趣的结婚登记之旅

当时我在广东中山推动公益事业，对国父孙中山先生的平等博爱精神特别敬佩。因此，在正式婚礼前，我们选了3月12日，孙中山纪念日，到甘肃兰州办理结婚登记手续。

那时候，台湾人要娶一位大陆人，尤其是藏族，手续还挺麻烦的。

我们找到了当地的民政单位——在顶楼加盖的一个破旧的小办公室中。

房间里没人，我们坐着等了很久，才来了一位凶巴巴的老太太。聊了几句话，她又跑出去吃东西。

我们又等了很久。她回来后要我们填表，填好表，她就开始提问。

我记得其中一个问题是："你们有签什么合约吗？"

我很意外，问说："什么合约？"

她说:"结婚合约呀。"

我问:"你是说结婚证吗?"

她说:"不是,就是合约。"

我说:"没有签什么合约。"

接着她又问:"你为什么要娶她?"

我说:"什么意思?"

她不耐烦地又说了一次:"'你为什么要娶她'就是你要娶她的原因是什么。"

我呆了一下说:"我爱她。这个原因可以吗?"

她板着脸说:"那倒也可以。"

整个过程我觉得很好笑,还拍了不少照片,到现在还在。

然后老太太就让我们去做健康检查,没有健康证就不能领结婚证。还好央金是做医药的,认识很多医院的人,只用了一天,就把所有的健康证明都拿到了。要不然我人生地不熟,会很麻烦,听说化验结果就得等半个月。

第三天回去,那位老太太看我没什么疾病,就同意我们结婚了。

然后我又去了些其他部门,跑来跑去办了一些手续,盖了不少章。没想到结婚这么麻烦,现在听说全都简化了,那个年代蛮可怕的。

设计婚礼

我其实是个对传统很尊重但又很喜欢大胆创新的人。我三弟陈宇慷的佛教婚礼就是我设计的。其中的誓词和流程都是我根据佛法修行仪轨创作出来的。那时候我希望三弟对佛法更深入,所以把他的婚礼办得像一场大法会一样!我们恭请了卓千波洛仁波切主持和专门修法。那次婚礼庄严肃穆。原本婚礼都是极为嘈杂的,但那次数百宾客在那场"法会"里一片安静,好像进入了一个前所未有的、温暖的能量场一样,持续了将近四十多分钟的时间。很多人说,从来没有经验过这样一场特别的婚礼。

几年以后,有一天,我三弟打电话来。

他说:"大哥!我婚礼的誓词和流程你有备份吗?我的弄丢了。"

我问:"哦!你需要用来做什么?我计算机里有。"

他笑着说:"那个时候被你骗着当众承诺了好多要帮助人的心愿,大部分都忘了,最近想起来,想看一看这些年来到底做到了多少!"

我当时很开心,看来发愿还是挺有用的。

现在轮到我自己了,当然也要设计一个既创新又传统的婚礼流程和誓词。

里面有很多发愿的部分,像平常新郎新娘拜天地都说会相爱到永远之类的,而我们的是改成了生生世世都会一起帮助众生。

婚姻誓词

这是我俩的功课,一场不能逃避的人间经验。

我们曾经选择清净,各自用各自的方法,到今天即将步入中年。

而内心深知"佛在众生中成"的道理。

众生,众生,众多的生死,众多的烦恼无明生起。

"知苦、断集、证灭、修道"是唯一能解脱出离的方法妙药。

因此,我们不再逃避,勇敢地面对。

期望在佛菩萨的加被和龙天护法的护佑下,能顺利借境练心,最后达到转烦恼成菩提的解脱境界。

我们都清楚地知道自己的欠缺,更欣赏对方的精彩。这中间没有"从此公主王子过着幸福快乐日子"的天真。

我们期盼能互补所长,相互扶持,相互照顾。在恭敬三宝、皈依三宝和利益众生的解脱道上,成为相濡以沫的"菩提伴侣",共同走完这如梦幻泡影的人生。

如果你愿意,请祝福我们。如果我们跌倒了,请给我们你慈悲的手。

而一切的功德,都回向尽虚空遍法界六道众生,在佛菩萨的加持引领下,走向极乐世界阿弥陀佛净土。

我和央金的婚礼定在2002年4月28号。那一天是准提佛母的圣诞日。在佛法里准提佛母是观音菩萨的事业化身。观音菩萨代表慈悲的能量，准提佛母代表实践慈悲的事业。

我们在北京举办了一场很特别的佛法婚礼，结合了汉传和藏传佛法。宾客有近千人。央金公司的总部在北京，所以大概有六成是她的宾客，四成是我的宾客，从各地飞来的。由于不想劳师动众，台湾没有发帖子，后来也没有在台湾补办婚礼，所以很多我们家的亲朋好友都没有能够来参加。

主持婚礼的是丹增嘉措活佛，他是著名的四川色达五明佛学院的副院长，是一位年轻、瘦削、很慈悲的修行人。我们还请了我小弟堪布罗卓丹杰，邀请了他在尼泊尔和青海玉树创古寺的师兄弟们，一共十几位喇嘛，还有两位活佛，央金家乡的活佛也来了。

央金的父母和亲戚来了二三十位，都穿着传统的藏装，更增加了婚礼的喜庆和美感。我们父母倒是在婚礼当天才见面的。央金父母的家族过去是贵族，后来虽然成了贫苦的农牧民，但是一直保持着佛法的传统。她父亲像一位安静的禅师，个子很高，留着漂亮的白胡子，当他牵着央金的手进来，有些人还以为是我们特别请来的演员；她母亲是一位祥和的女菩萨，眼神中充满慈悲和智慧。由于我们全家也学佛修行多年，一见面好像认识多年一样。

当天还来了两岸四五十家电视和报纸杂志的工作人员，几十台摄影机和照相机打着灯、闪着光，围着我们，像是拍电影一样。

我们没有交换戒指，我送央金的是我出家时的汉传僧服和藏传僧服，她送我的是一对金刚铃和金刚杵。

一个多小时的婚礼誓词和流程，像是一场庄严盛大的佛教法会。很多人感动得流泪，说参加了一场不可思议的婚礼。

好几个台湾的报纸媒体也以"王子公主的婚礼"来形容我们这次的"法会"。

婚礼流程

事后不少人以为藏族婚礼都是这个样子的,其实从头到尾是我们新设计的。以下是当时印给宾客的婚礼流程。

11:15　主婚人入席仁波切入席证婚人入席
　　　　证婚人带领唱颂吉祥祝福文
　　　　新人入席献哈达
　　　　新人献供:感谢父母、众生、国家、三宝[1]四重恩德
　　　　　　感谢父母恩德
　　　　　　感谢众生恩德
　　　　　　感谢国家恩德
　　　　　　感谢三宝恩德
　　　　新人清净自心
　　　　　　往昔所造诸恶业
　　　　　　皆由无始贪嗔痴
　　　　　　从身语意之所生
　　　　　　一切我今皆忏悔
　　　　新人发愿利益众生
　　　　　　诸佛正法圣僧众
　　　　　　直至菩提我皈依
　　　　　　以我布施等功德
　　　　　　为利众生愿成佛
11:40　新人发愿学习菩萨行——六波罗蜜[2]

---

1 三宝:佛、法、僧。
2 六波罗蜜:菩萨修行的六个基本方法。

1. 布施（以食物代表）：我们供养这份食物，祈请三宝加持我们将两人之间的分享扩大至一切众生，圆满布施波罗蜜。

2. 持戒（以香水代表）：我们供养这份香水，祈请三宝加持我们得以严持戒律，圆满持戒波罗蜜。

3. 忍辱（以沉香代表）：我们供养这炷沉香，祈请三宝加持我们培养宽大的容忍之心，圆满忍辱波罗蜜。

4. 精进（以海螺代表）：我们供养这个海螺，祈请三宝加持我们精进利益众生，永远不退转，圆满精进波罗蜜。

5. 禅定（以宝瓶代表）：我们供养这个宝瓶，祈请三宝加持我们觉悟的自心，圆满禅定波罗蜜。

6. 智慧（以烛光代表）：我们供养这盏烛光，祈请三宝加持我们生起佛菩萨的智慧，得以利益一切众生，圆满智慧波罗蜜。

我们希望以如上的供养增长慈悲与智慧，让我们能以佛法帮助尽虚空、遍法界、如同母亲一般的一切众生[1]

11：50　　新人宣读结婚誓约

新人交换结婚信物

　　宇廷赠予央金：汉传僧服

　　央金赠予宇廷：金刚铃

　　宇廷赠予央金：藏传僧服

　　央金赠予宇廷：金刚杵

证婚人祝福新人

11：55　　功德回向[2]

以此功德愿证佛自性

降服烦恼怨敌之过患

生老病死汹涌之波涛

---

[1] 如母众生：我们生生世世轮回了无数次，因此一切众生都曾经做过我们的母亲，对我们有极大的恩德。

[2] 功德回向：将自身行善、修行所累积的功德、福气与所有众生分享，帮助一切众生离苦得乐，究竟圆满。

　　　　　　愿度众生解脱轮回海
12：00　主婚人致谢词
　　　　　　新人拜谢证婚人
　　　　　　新人拜谢父母
　　　　　　新人对拜
12：10　午宴开始
12：30　新娘央金拉姆献歌

真正修行开始

不知道你有没有想过，为什么童话故事的结尾都是"王子公主乘着白马，骑向日落，从此过着幸福快乐的生活"，基本不提婚后生活呢？

因为婚后就是苦难日子的开始。

以下是我们心路历程的点点滴滴。虽然嘴里说没有"从此公主王子过着幸福快乐日子"的天真，心里仍希望是个浪漫快乐之旅。

落难陌生人之间的磨合

我和央金都有些冒险家的精神，但所有浪漫的幻想很快就破灭了。

结婚没有多久，我的公益事业突然中断。学佛修行、努力行善了十几年，最后落得只剩两箱衣服回到台湾的下场，而到底如何证悟的方法又没找到，内心很苦。央金嫁给我就是为了有时间能修行，但没想到为了和我结婚，她却付出了巨大的财富代价，从她创立的企业净身而出。

两人婚姻刚开始，就在经济和心灵两方面同时遇到重大的挫折和考验。

于是，我把她接回台湾，一起住在我父母家屋顶阁楼的小套房中。

两个还不大相识的人，突然什么都没有了，被放在一个小空间中，自我的习性都更加凸显出来，有了很多烦恼，不知如何相处。

两人近距离相处，发现我们的性格、喜好、饮食、生活习惯、思维模式等都不一样。

我生长在受保护的大宅院中，在阿姨、厨师、司机、门房、警卫群中长大；而央金生长在自然的山林中，在牛群羊群中长大。

我很幸运，出国读书受亲戚照顾，读常春藤名校，在奖学金和父母的支持下，从来不需要担心钱；而央金是好不容易才上了小学、初中、中专，独自到北京端盘子、洗碗打工赚钱供自己考上大学。

小时候，她在大山中放羊，和远方的牧童一唱一和，把美丽的藏族山歌由一山传到另一座山；我是在围着高墙的大院子中，和两个弟弟骑着脚踏车唱着卡通动画的主题曲。

她是辍学创业，从西藏最苦的环境里，从零开始打拼，创造了成功的藏药企业；我是读完哈佛，在麦肯锡稳定有序的工作环境中，帮助大型企业更加强大。

我们喜欢听的歌不一样，喜欢看的节目不一样，喜欢的衣服不一样，连会笑的笑话也不一样。甚至晚上睡觉，要不要开冷气这样的小事，我们都没法一致！

再加上那一年两人的事业都归零了，挤在简陋的小小阁楼房间中，自然有很多磨擦，也会为了小事吵架，想不明白对方的喜好、对方在想什么、为什么生气、为什么烦恼。

我们共同的话题，除了佛法就是修行。在这件事上，我们倒是完全一致的，都希望自己在修行上有所成就，未来能够利益众生。

央金的转变

央金性格很清净、可爱，像个小女孩，但是做起事来，极为坚毅、认真，不成功绝不停止，她学起佛来更是如此。

结婚前，虽然她是藏族，从小信佛，但是对佛教的道理并不清楚，对于修行的方法也知道得很少。那时候我有一点自认为像她的上师，教她佛法，督促她修行。有时甚至还笑她身为藏人，怎么佛法道理懂得这么少。

来到台湾，只要有机会她就到处参访，参加各种法会。她发现在台湾遇到大活佛和大修行人的机会比在藏区还多。藏区地广人稀，去个寺院不知道要花多少时间，但是台北这么小的一个城市，每星期都有很多禅修、灌顶，或教学的法会。

她把所有的精力都花在修行上，进步极为快速。每天一早就起来禅修，开始不会双盘，但她每天坚持，有时双脚都坐麻坐紫了，都忍着不起来。不到两三个月，她就可以双盘了。

她一开始参加法会，很快就有许多境界显现。禅修不是一套哲学，而是修心的方法。只要知见和方法正确，身心都会产生觉受，譬如会看到、听到或在意念中出现各种境界。央金很快地达到这些境界，但在知见上有很多不明白的，就会来问我。

那一段时间，我不再是她的上师了，比较像是她的佛法知见老师。每次她从法会回来，都会和我分享她的经验和体悟。我总是非常意外，可能由于她很清净，又特别用功，一开始禅修，各种觉受和境界非常多，许多我只有在经书里看到可能会出现的境界，在她身上都发生了。我每次都会找佛经和佛书，引经据典地告诉她，她的这些境界，是怎么一回事。心里也时常想到，真奇怪，我修了十几年，都没有这么多境界，她怎么这么快？

更使我惊讶的，是当仁波切告诉她，不要执着这些境界时，她马上就放下了。执着是指禅修有了境界，心中得意，总想重复，或者是觉得自己修得不错了。更严重的是以为自己修成了，比别人高了。执着境界，不但是修行的障碍，还容易走火入魔，害人害己。

她一听说不可执着境界，立刻就放下了，连谈都很少谈起。我在佛门多年，见到很多人禅修有了好的感受，天天想去炫耀，告诉别人自己修得有多好，要不然就是希望重复，活在一种期待中。而她能立刻放下，这是很特别的。我觉得这可能和她是藏族有关系。修行在藏族的血液中，从小就具备许多修行的基本条件，像是对因果、轮回、无常这些观念的认识以及对修行的信心。

作茧自缚

结婚前，我仍陷在一种"我是修行人"的迷思中。虽然表面上挺谦虚，内心总有一种由于我在学佛修行、拼命投入公益，所以自己比别人高一点的错误心态。

当时我还担心结婚会阻碍修行，生怕婚后会被女色和业力绑住，如果以后我又想出家修行，证悟成道，万一她反对怎么办？

于是，趁我们一起去兰州办结婚证的路上，我讲了一堆佛教修行的道理，表示希望两人婚后过修行的生活。然后我提出了个要求，说希望我们互相承诺，如果有一天，我们其中一位想去全心修行，另一位不得阻拦，你同意吗？她说好，因为她也很想去修行。

没想到，她来台湾没有多久，不知怎么地，我变得特别想谈恋爱。

大概是因为刚经历了公益事业和佛行事业的挫折，身心疲惫，实在不想度众生了，对参加法会也没什么兴趣了。每天工作之余，就只想和她一起牵着手去逛逛街、看看电影、搂搂抱抱，享受一下人生。

然而，她来到台湾，只想参加法会、参访寺院、到山里禅修，对谈恋爱毫无兴趣。

结果以前的承诺，把我自己给卡住了。

我只好运用各种变通的方法，想办法创造各种罗曼蒂克的情境，试着勾起她的爱意。可是她偏偏不为所动。

我时常觉得，别人是追女朋友，想得到女友的心；而我总是在追太太，想让太太爱上我。

像是有一次，我趁她出门时，剪了很多大大小小心形的红纸片，贴了一墙，关上灯，点了许多彩色的小蜡烛，在插着玫瑰的玻璃瓶边，放了张温馨的卡片，还有美味的红葡萄酒、精致的酒杯……然后静静地坐在角落等她回家。

她一走进房间，看了一眼布置，对我说："你这是什么意思？你想干吗？你想干吗？"然后就把灯开了，从包里取出佛经和法本。

我只好乖乖走开。答应不打扰对方修行的，还能说什么呢？

当然，除了承诺之外，我也很能体会央金的心境。八年来，她不眠不休地投入做企业，身心疲惫烦恼，想放下一切追求解脱，有一点像我出家以前在麦肯锡的心境。所以我虽然心里想着谈恋爱，但是仍然成全她想修行的心，送她参加法会，四处向高僧活佛求法。

自性音乐

央金几乎每几个月就脱胎换骨一次，性格、想法、见解，都有很大的变化。我也只得努力跟上。

举个例子来说，结婚前，她主要唱的是高亢的藏族歌曲，像是著名的《青藏高原》，每一次唱完，都得到很多人的掌声。但是，她总觉得这不是她未来该唱的。于是她很认真地禅修、祈请、念诵法本，希望会唱出真正能帮助人心的声音。

大约2003年，"非典"的那一段期间。她在北京，我在台北。有一天，她打电话来，说："宇廷哥，这几天打坐的时候，随着所修的法，内心会浮出不同的曲调，你想不想听听看？"

我说："好啊。"于是她就唱了一首《妙音天女祈请文》给我听。我一手拿着话筒，闭着眼睛倾听。不到一分钟，就泪流满面。

三五分钟她唱完以后，我才从那个情境中出来，很惊讶地说："你这是怎么唱出来的？"

她说："我就是很安静地祈请，自然会有曲调出现。"接着她又唱了一首她新作的文殊菩萨的祈请文，我也是感动得不得了。

她来到台湾以后，把创作能够帮助人心的心灵音乐，也当成了她的重要使命。

那时候，每次她要录音和作曲之前，都会离开我，到山里或寺院里禅修一两个星期，然后音乐才会出现。

她现在有时候笑着说，她不是一位很好的太太，原因就是这个。每次我想亲亲热热，她就一个人跑到山里去了！

不过，当她又作出了新的曲子，唱给我听时，实在是一大乐趣，看着她修行快速进步，我内心也总是很开心。

有趣的小事——看电影的故事

除了磨合，也有不少有趣的小事。

我们很少看电视，后来回北京家中连电视机都没装，偶尔一起看场电影。

有一天，一部国内外评价非常好的电影上映了，我很兴奋地想带她去看，她那一天心情很好，经我一阵劝说，同意和我去看。结果还没看到一半，她的表情就已经很不对了，又像生气，又充满了忧虑。

回到家中，一进门她就开始训话了："你是一个修行人，怎么可以带我去看这种电影？你自己怎么可能喜欢这种电影，恐怖、暴力、恶心，你的心态有很严重的问题……"

我被骂得一头雾水，解释说："《加勒比海盗》是个喜剧型的动作片啊，不是恐怖片。"

她不理我，闷着头睡了，晚上她做了一堆噩梦，早上又说了我一顿。

还有一次，我们在台北，电视"探索者频道"，正在介绍远古时期恐龙在中国大陆的活动区域。

她走过来时，画面刚好谈到这个区域在内蒙古的南端，离北京只有三四个小时，又播放了计算机制作的恐龙生活画面。她看了很意外，说："哎哟！我在北京住了好几年，都不知道旁边有这种动物，下次回去我们一起去看看好不好？"

后来，我慢慢懂了她的纯真，绝对不和她一起看任何剧情复杂的影片，更不敢给她看有打斗或暴力画面的影片。

我又收集了很多的爱情片，有时趁她心情放松的时候，拉着她一起观看。不过，她最喜欢的还是《风中奇缘》、《海底总动员》、《飞屋环游记》之类的温馨动画片。

心想事成

一方面，虽然由于受到很多挫折，我嘴里有时会说气话："我再也不修行了，再也不想帮助众生了。"但说归说，心里仍然放不下。另一方面，我很拼命地修行和做公益很多年，身心的确也很累了，想休息。但未来到底如何修，事业的方向是什么，都没有把握。而央金是拼了八年企业，净身出局，开始拼命修行，境界很多，但也没有掌握核心的方法，因此，两个人的心都很紧、无法放松。

结婚以后，我和央金都处于身心很紧张的阶段，两人的事业都归零重来，也没有钱去度蜜月。一位企业界的修行好友，听说了我们的情形，想要出钱让我们去度蜜月，我们当然很开心，但是也很有罪恶感，直到三年以后的2005年才去泰国清迈度假，圆满了我的浪漫之梦。

太太变成了菩萨，我怎么办？

2008年，是我和央金之间的关系，发生最大转变的一年。

五月，我的一位长辈朋友汉纳·斯特朗（Hanne Strong）来北京家里，她的先生摩利斯（Maurice Strong）是科菲·安南（Kofi Annan）时期的联合国副秘书长。

我在家里总是喜欢放着央金的音乐，谈话间，她听到央金一首名"大地的呼吸"的歌曲，突然停下来，说这是大地母亲的声音，有一天地球遇难的时候，这种声音会疗愈很多人。央金说是她唱的。汉纳就问是谁教她唱的。央金说没有人教，有一天在山中录音时，感受到大地的呼吸，就自然唱出来了。汉纳很惊讶，劝央金不要随便唱，要到懂她声音的人群中唱。她邀请央金去她在美国科罗拉多州Crestone镇的圣山闭关。

汉纳本人是一位心灵修行大师和慈善公益家，虽然祖上是丹麦王族，但近五代人都是藏传佛教徒，十六世大宝法王的弟子。她说Crestone这一代最早整片都是湖，今天还保留着一个小神湖。这个圣地地底全是水晶矿，所以今后会对地球能量的平衡起到重要的作用。十六世大宝法王曾经说，除了西藏之外，这里是世界上能量最好的地方。这里是美国的圣地，西方人的一片净土。在这里，即使是走进一家小超市、小餐厅，都会听到有人在谈修行、谈禅修、谈心灵，甚至是谈外星人、雪人什么的故事。是一个很有能量、很祥和的宝地。

于是央金就决定去Crestone闭关。到了这个独特的心灵修行城，我们才知道原来汉纳是这个心灵城的创始人！她在90年代起就开始建设，她捐出了她和先生在Crestone买的近百万亩土地，帮助建设了一个大学，还有三十多个禅修中心和寺院，禅宗、藏传佛教、印度教、印第安人、基督教、回教、苏菲的都有，是一个不可思议的圣地。

央金前后在那里闭关了将近四个月。

其中最长的一次，汉纳安排央金到一个神圣的森林里独自闭关。这一片森林古代是印第安人的修行圣地，现在由她的好友约翰·密顿（John Milton）买下。约翰是一位禅修大师，曾经带领了数百名联合国以及世界500强的领袖，在欧美能量最好的大自然中闭关禅修。他说央金不必他教学，只需自己一个人在山里闭关就可以了。

于是，我和约翰帮忙扛了帐篷和一个多月的补给品，陪伴央金走进了森林，在一个小河边帮她搭起了帐篷，我们就下山了。

我听说山里野生动物很多，除了鹿、羊之外，还有狼和熊。她闭关的头几天，我还溜进森林，躲在树丛中，偷偷看望了她几次。看来一切安全，我自己也就到另外一座山上的小木屋中去闭关了。

三个月后，我去接她出来，陪她去纽约参加一场音乐会演出。她那时眼睛亮亮的，身材健美，一身古铜色的皮肤。三个月没见了，看到她这么美，感觉很亲近，自然产生了夫妻的爱意。

但是她刚闭完关，对爱情没什么感觉了。我当时很失落。她说她记了很多闭关笔记，但是不能给我看。

当然，我想了些办法，偷偷看了。

一看之下，我吓了一大跳，古书上记载大成就者的各种禅修境界，像是自发地生起拙火，众多古代大师传法，体验觉空不二、明空不二、乐空不二、空有不二，得到大地之母、度母、空行母之舞这些帮助女性证悟的歌舞法门……

她怎么可能已经有这样的成就了？怎么办，太太变成了菩萨，那我怎么办？一下子我被各种负面的情绪掌控了，恐惧和气得不得了，她怎能为了自己修行成就完全不理我了？甚至我一气之下把她笔记给撕了（不过很快又捡回来粘好了）。

央金当然也有些难过，马上要去纽约演出了，为什么先生不好好支持她。不过，她的心情很快稳定，没有受影响。那次她在纽约圣约翰大教堂即兴演出，现场录制了很多新歌，被收录在乐团的专辑中，2011年，竟然拿到了格莱美音乐奖的《最佳新世纪音乐专辑》，成了第一位中国籍的格莱美音乐奖得主。

从那个时候开始，我总觉得没有资格做她的情人或先生了，最多是个顽皮弟子、没大用的仆人，或说好听的，是一位护持她修行度众生的护法吧。一直到2012年，我自己修行又有了突破，两人关系才逐渐平等起来。

美国严肃的夫妻生活

2008年到2012年初，我们搬家到了美国洛杉矶，她大部分时间在美国家中禅修，我则是大陆美国两边跑，忙着发展事业。

我们租的房子，是一个法国太太的家，院子非常大，地中海别墅型，整修得非常浪漫，前花园、侧花园、后花园、游泳池边、后山上，种了近百株玫瑰花，还有各种很香的花，有车子一开入院中，鼻中闻到的全是花香。周围围满了浓密的大树，看不到邻居，像是住在山中一样，院子里很多大树都有两三人围抱那么粗。游泳池边还有一个看得到后面大山树林的室外SPA。

即使在这样一个罗曼蒂克的环境里，两人的关系大多时候仍然很严肃，有点"夫妻相敬如宾"的味道。不过，偶尔，很偶尔，也会有些爱情与浪漫的火花。像是我2009年10月11日的生日。

那一天，和往常一样，白天我在忙工作，我想她大概在佛堂禅修，所以也没有找她。到了傍晚，她突然走过来，要我到前侧花园的游泳池边。我一去，吓了一跳。原来从房子到游泳池和SPA的一路上，点着一排排的蜡烛，点缀着很多玫瑰花瓣，在SPA的边上，放着生日蛋糕和我最喜欢的欧洲奶酪和法国红酒。

看着山头落日、泡着SPA、吃着奶酪、喝着红酒，还有央金相伴，好像突然从人间上了天堂。

可惜，可能是两人很少泡SPA吧，泡了十几分钟，就开始冒汗，接着头昏眼花，全身虚脱，就像很多喝了太多喜酒入洞房的人一样，什么事也没做，就呼呼睡着了。

早上起来，讨论了一个多小时，SPA对身体气脉的影响，以及人间快乐的确很短暂，结论是不要浪费福报，还是趁年轻精力好的时候，好好修行最重要。

每年搬家的生活

我自从十七岁出国读书开始，平均不到一年就搬一次家，三十二年来搬了三十五次。不能说是颠沛流离，但的确有些居无定所之感。

结婚后也仍然如此，和央金在一起十二年中，在广东、北京、台北、美国、上海，一共住了十三个地方。每次在一处终于安定下来，布置成了心目中能安心的家，又得再搬了，有时是因为事业改变，有时是学佛因缘，也有时是经济考虑。有人说，是因为我命宫中有一颗星名"驿马"，也有人说是佛菩萨护法不让修行人执着一个地方。

我总是不服气，想尽办法要定下来，因缘又会把我们带着到处跑。不过，的确每搬一次，就会觉得业力轻了一些，因为又得把一年中不小心累积的丢掉送掉。而且每次都有很多新的善缘出来，在各地都交了很多新的好朋友。

结了婚带着太太这样到处搬家，到了这个年纪，连个房子也没有。虽然她不在乎，但我心里总是对她有些歉意，没能提供她一个安稳固定的修行场地。

烦恼即菩提

记得有一次我在寺院出家的时候,突然间烦得不得了,没有任何理由,就是单纯的烦恼,好像要被烦恼的火焰烧掉了一样,去请教老和尚。老和尚说:"烦恼即菩提!大烦恼生大菩提,小烦恼生小菩提。"

我听得一肚子气。那时连"菩提"就是"智慧"的意思都不知道,以为是一种什么东西。我心里很不开心地想:"我都快烦昏了,你还说什么菩提不菩提的!烦恼就是烦恼,和菩提有什么关系?"

2003年,是我修行以来,烦恼最剧烈的一年,结果没想到,反而也是修行最有突破的一年。从那时以后,虽然心中仍会有烦恼生起,但是再也不怕了,甚至有时还有点欢喜,体会到一点点唐朝大禅师永嘉大师《证道歌》中的:"法身觉了无一物,本源自性天真佛。五阴浮云空去来,三毒水泡虚出没。"

那是我结婚第二年,一个突然的事件,使得我们的公益事业一夜之间化为乌有,我本人只剩下几皮箱的衣服回到台湾。以前所收集的佛像、唐卡、佛书、家具……什么都没有了。做公益7年没领过一分薪水,只出不入,积蓄也早就捐光了,连个银行账户都没有。那时又刚好遇到"非典",和央金两人北京台北异地而居,还多了个相思之苦。不只如此,我住在台北,2004年的"总统大选"即将开始,国民党和民进党竞争激烈,其中一边的报纸又对我们造谣中伤,编了很多故事对我们进行人身攻击。

我当时陷入一种特别痛苦的状态,觉得自己修行修了十几年,放下了一切去出家,做了那么多年的好事去帮助别人,建了上百个寺院、闭关中心、禅学院、佛学院,办了那么多法会,自己持咒念经禅修,怎么最后落到这个田地?

回头看时才知道,其实一部分问题出在过度执着做好事,成了拼命做好事,没有量力而为,也没有生起智慧。

当时可不懂,很努力地想来想去,也想不清楚事情的前因后果,身心逐渐被愤怒、懊恼、失落、怨恨、忧伤、悔恨等负面情绪笼罩,已经到了影响生理的程度。有一次我被邀请去演讲,结果还没走进礼堂就晕倒了。其实那时候我也不过三十七八岁，应该正是很健康的年纪。以现代医学来看，大概算是重度的忧郁症吧。

我记得有几天，我愤怒到一个地步，对佛法极度失望，觉得修这么多年也没用，不如去过日子，喝喝酒、看看电视算了。有一次我还真的买了几瓶酒，喝了两天。那时候我已经吃素戒酒十几年了，喝得头痛欲裂，全身难过。几天之后，觉得自己太愚蠢了，嘲笑了自己一顿，出过家、办过佛学院的人，怎么能如此没出息。

我知道佛法是真实的，又亲自拜见过那么多证悟的修行人，只是烦恼自己没修成，失去了信心，决定最后再努力拼一次。

于是我又开始读经，想通过读经来消除业障，我以前诵过《大般若经》，还有几百遍《金刚经》，我想我的烦恼这么强，可能是以前读得还不够多。我就再多读一些试试。之后的几个星期，我从早念到晚，又诵了《八十华严经》、《六十华严经》等等，但是烦恼、愤怒、恐惧这些情绪丝毫没有减弱。

这个方法不管用。据说读《密勒日巴尊者传》七遍，可以消除累世业障，我又重新拿出来读诵。结果读了三四遍之后，心中更加烦得受不了，看来这个方法对我也不管用。

我又想起"四加行"里一个法门叫做"金刚萨埵"，是一个专门清除业障的法门。我就用了大约两个月的时间，从早到晚修这个法，念金刚萨埵的咒语，几乎醒的时候都在念这个咒。慢慢每天可以念到13个小时、15个小时，甚至17个小时。当我这样全心全意地持咒，白天真的就没有烦恼了，特别开心，但是晚上做梦时又不成了，梦中不是打就是杀，甚至有一天半夜跳起来手做握刀砍杀状。这太可怕了，看来只是把烦恼压到梦里去了，根本没有解决问题。

有一天，我上山看病的时候，在一个寺院中遇到了一位很有修行的老和尚。我向他报告了我的问题。他听了以后笑着说，你的问题是好事做过头了，修行修过度了，像是弹琴太用力，把弦拉断了，不是一根断了，你五根都断了，再弹下去，琴都烂了。

我问该怎么办。他说，"你试试看，烦的时候不要修，不烦的时候才修。"我试了几天，仍然不行。又上山找他。

他建议："你该去好好度个假，放松放松。"又问："你最想去哪里度假?"我说:"我喜欢海边,最好去东南亚、泰国、马来西亚。"他说:"很好,你赶快去吧。"我说:"那不行。"他问:"为什么?"我苦笑说:"我现在一无所有,没钱去度假。"

那位老和尚也没说什么就走开了。过了几分钟,他拿了一大叠钞票回来,放在桌上说:"师父我给你钱去度假,这样够不够。"我感动万分,跪倒在地说:"只有弟子供养师父的,哪有师父给弟子钱的。"当然没敢要他的钱。

最后他说:"你已经学了太多的经教,像是一个超级药师,你懂所有的医药道理,但你自己病了却不知道该吃什么药,因为你不知道自己的病在哪里,你不需要再吃药了,你需要的是放松。"

或许这是一个关键的因缘。有一天我又烦得快疯了,决定想放松看清自心。这回我没盘腿,搬了一张沙滩椅到父母家的屋顶上,那时候台北一阶课程大楼正在建设,从很远可以看到它,我躺坐在椅子上,对自己说,今天一定要搞清楚烦恼和愤怒是怎么一回事,否则我就起不来了。

我记得那天我坐了十几个小时,什么念头都有,停都停不下来,跟洪水一样,有时候愤怒,有时候忧愁,有时候伤心难过,有时候是自责。从早上一直坐到天黑,我印象中在黑暗里可以看到大楼工程的闪光。

我就这么坐着,突然间,我发现愤怒和我分开了,变成了两个自己。一个安静的自己,看着一个愤怒的自己。我觉得很奇怪。继续了一段时间,安静的自己开始问愤怒的自己,到底是谁在烦恼。我心中更生起了疑惑,这是怎么一回事?

问着问着,愤怒竟然越来越淡,忽然就不见了。我反而吓一跳,站起来左右看了看,发现自己不烦了。烦了几个月,突然不烦了倒是不怎么习惯。我心想,我还没把你搞清楚,你怎么就不见了呢?

于是我把所有使我愤怒烦恼的事情又想了一遍,像是自己修行、事业、金钱、爱情一无所有等。但仍然烦不起来,我想这很奇怪,是怎么回事?没多久,如释重负般地睡着了。

第二天刚起来也不怎么烦,但不到中午,烦恼又回来了。我很兴奋,赶快用之前的方法,坐在屋顶上看着自己的心,安静不动的自己,看着烦恼的自己。结果这次只用了四五个小时,很单纯地看着烦恼本身,发现烦恼的感觉不是一个东西，而是一股起起落落的能量，有时强一点，有时弱一点。甚至有趣地发现，烦恼存在的部位，也是会移来移去的，有时在胸口，有时上一点到头部，有时下一点到腹部，有时自己还可以把它移出身体。第三天时间更短些，发现如果我轻松看着它，它起起伏伏一段时间，就会自然消失。第四天烦恼又来时，只用了不到一个小时。慢慢时间越来越短。看烦恼本身变成了个游戏，对烦恼也就没那么恐惧了。

我逐渐体会到，烦恼不过是一种能量，会自然生起也会自然过去。如果我想去掉它，它就会变得更强烈；如果我不跟着它走，只是安静地看着它，它自然很快就会平息下去。

我就用这个方法，又用功了几个星期。刚好我的上师之一明就仁波切来台湾弘法，我就去请教他。他说恭喜，这个禅修方法是对的，你对烦恼的空性本质有了初步的体会，非常好，但这只是初步，要继续，不要再持咒念经，继续观察你的烦恼就好了。然后又教了我几个方法和禅修的要点，要我继续。

我回去练习，有一天，我突然感觉到，这个安静的我和烦恼的我又合二为一了，知道烦恼的我和烦恼本身合成一个东西了。

又继续坐，一天，我感觉自己像电影《黑客帝国》里那个主，看到心外的一切东西都是虚幻的。

有点类似从梦里醒来之后，又回到梦里了的感觉，这次在梦中，看着梦中的山河大地、说话的人群、飞翔的鸟儿；感受空气的流动、雨点落在身上，你不能控制梦中的这一切，但是清楚知道在梦中，这一切都是你的心化现出来的。

之后接连几天都时常出现这个内外合一的境界，每次时间长短不一，有时几秒钟，有时几分钟，有时十几分钟。我又去请教明就仁波切这是怎么一回事，我的体会是对的吗。他说，很好，你的经验是正确的，但是不要执着，本来一切就是自心的化现，这是一个好的开始，应该保持这样，继续禅修。

我知道自己的悟境没有错，觉得蛮开心的。这算不上什么大彻大悟，但是是一个很好的境界。后来我对照经论，知道这是体会到"能所一如"，也就是说，能看到的能力和所看到的对象，两者合一不二的境界。

我继续用这个方法禅修，逐渐有了更多深入的觉受和境界。但我也发现只要身心放松下来，其实人人都可以体悟到这些境界，自己完全没有什么可以得意的，只是奇怪，这么简单的事情，我竟然那么多年都没有发现。

当时想到禅宗的一首诗："手把青秧插满田，低头便见水中天，六根清净方为道，退步原来是向前。"突然体会到悟境是在自己内部，而不是去外部寻求，这就是一切现象的本来的面目，二十多年了，终于搞清楚了，找到了这个就在眼前的东西。

真欢喜，原来烦恼真的就是菩提，大烦恼还真的给了我大菩提！

练习将婚姻中的烦恼变成禅修工具

我体会到心性之后，对烦恼不再恐惧，而是开始运用烦恼，使自己的觉性更加稳定。

没有多久，央金也有了类似的经验，甚至比我体会得更深、更广。在《大地母亲时代的来临》中，她写道：

有一次先生让我发了很大的脾气，我几乎是怒火冲天。但是，我突然经验到在那个愤怒后面，还有一个不动的自己：一个不动的自己凌空看着愤怒的自己。那是一个非常强大而奇怪的经验，不动的自己看到被愤怒包围的自己的全部过程。

不动的自己看着怒火慢慢从心里生起，之后慢慢流遍全身，浑身被烧伤的感觉……这种烧伤的感觉在全身维持了很久，才慢慢退去。那次我才感到这样的怒火一次会烧死身上多少细胞，太可怕了。之后我对先生的感觉，从讨厌变成了一种感恩的感觉。因为是他让我有机会经验到这个不动的自己，这是多么珍贵难得的修行经验！

自从那时起，我们两人的婚姻关系，就进入了另一个层次。烦恼虽然仍然会生起，但它本身不再是烦恼，反而成了禅修的工具。

我们很幸运，在婚姻初期就有这样的体会，才能将婚姻生活中大大小小的烦恼，转变成禅修的工具，要不然，我想我们早就分手了不知多少次了。

修行是一层一层的，有时以为自己不错了，体会到了，而事实上只是初阶，或是不完整的体悟。当时我们只体会到如何处理生起的烦恼，但对烦恼的因和烦恼的本质，都还没有悟到。

婚姻前十年，虽然知道修行的道理，禅修也有些境界，但没有悟到空性，知道的东西也不会在生活中应用，在现实生活中找不到根本的答案。两人互相又走不进对方的世界。央金忙着创作和闭关，而我一直在挣扎，不甘心放弃修行，又不愿意完全投入商业世界，所以两人一直面对经济压力、生活问题、到处搬家、居无定所，生活充满了不安定感，小烦恼不断。我常愧疚自己修行没成，事业也没成，没有办法带给央金一般先生能带给太太的安定生活。她倒是对我事业如何不甚在乎，但对我的修行有很高的期望，一直用最高标准要求我的修行，给了我很大的"望夫成龙"的压力，也造成我很多苦恼。

当然，现在回头看，这十年的各种大大小小烦恼，成就了我们的修行，帮助我们将观察自心和观察烦恼本质的功夫练得非常纯熟。

由于我们时常能"觉察"到自己念头和情绪的起伏，自然也看得到对方烦恼的生起。一感到不对劲了，就会尽快给对方空间。如果我觉察到自己负面情绪生起了，会赶快走开，她也会知道我是去面对自己的心了，会给我空间。也有时吵了几句，发现心乱了，马上各自去静坐或者出去走走，三五个小时再回来交流。

这样的修行情形，维持了大约五六年。

原来烦恼的因在自身之内

到了2008年，我们对烦恼，又有了更深一层的认识。

烦恼其实是心里一些能量的聚集，在某些条件的牵引下就会爆发出来，如果自己没有"觉察"之心，就永远只会去怪罪对方。

那段时间的修行之后，我们开始了解这个能量，并且会去调控它。这样，不管怎样的烦恼都不会入心。她说跟我在一起这么久，最开心的也是这件事，吵完架很快就会解开，又可以一起手牵手到外面散步了。

我们维持这样的修行状态，又过了一两年，通过几次很大的烦恼，我和央金先后发现，"烦恼"和"引起烦恼的事件"完全是两回事。烦恼真正的"起因"，是在自己的心里面，不在外面。使我们烦恼的外境，不论是别人说的一句什么话，或是一个车祸、一场疾病，只不过是一个"外缘"。因和缘加起来，烦恼才会生起。这好像我们的内心一直有一个燃烧着的烦恼火种，任何外缘，像是不同种的油，由眼耳鼻舌身这五个地方泼了进来，使心中的烦恼之火烧了起来。去掉这个"内因"，才是解决烦恼痛苦的根本方法。

这个体会对我们极为重要。两人从此都不再责怪对方，因为自己烦恼的"因"，是在自己心里，只能向内把这个烦恼的火种扑灭。责怪对方，不但没有用，而且根本是错误的方法，永远解决不了自己心里的烦恼。

不但如此，有时反而会生起感谢对方之心，体会到如果没有对方引起这些烦恼，我们永远没有机会看到内心的烦恼火种，也就是说，没有机会找到和扑灭火种，每一次的烦恼，都是扑灭一个火种的机会。

央金写书的故事

央金在洛杉矶过了两年多家庭主妇的修行生活，2011年，一件很欢喜的事发生了。年初，她被告知她2008年参加保罗·温特乐团（Paul Winter Consort），和音乐家们一起录制的专辑，获得了格莱美音乐奖"最佳新世纪音乐奖"提名。当年被提名的还有日本的喜多郎等著名音乐家，她并没有想到会获奖。

2月中旬，好友彼得·巴菲特和珍尼弗·巴菲特来家中禅修了几天，中间央金接到保罗·温特的电话，说颁奖典礼就在洛杉矶，由于她是专辑的主唱，希望她代表乐团领奖。没想到，那一年投票结果是他们获选了，央金也就成了第一位中国籍的格莱美音乐奖得主。

央金回来告诉我，领奖时她只有一种感恩的感觉，觉得这是佛菩萨送她的礼物。而且这个礼物不是为了她自己，而是为了让她以后更有力量帮助众生。

她得奖之后,很多报纸媒体来家中,采访她之后,总是建议她应该把她的修行经验写成书,和更多人分享。几位记者说,像她这样一位自藏区山中长大,创立了大企业,又放下一切,选择修行并取得相当成就的藏族女性,是从来没有过的。而央金谈到的"家,就是女人最好的修行道场"更是许多现代女人特别需要的。

于是央金决定写书。我也非常支持,愿意花一段时间护持她写书。只是没想到,她只花了十天,就差不多写完了。

在那十天之中,她几乎没离开过家中佛堂,我送饭时,她偶尔会给我看她写的内容。每次我都很惊讶,不像是她能写出来的。她以前很少写,也不怎么会写文章。而书中的诗、文、觉醒方法,内容精彩,文笔优美。

我问她是怎么写出来的,她说,其实一切的创意都在我们自心中,只要静下来,进入禅修状态,聆听内心的声音,自然就写出来了,就像她创作歌曲一样。

由于内容是她在不同的能量状态中写的,有时语气像知心的好友,有时像姐姐、妈妈,有时甚至像个谆谆叮咛的老祖母。

而我在参与她写书的过程中,也有很多修行的体会和突破。在那十天里,我扮演太太的角色,帮她做饭、洗衣、打扫,让她能完全安心写书。我帮她做菜送饭,深切体会到一位家庭主妇的感觉。我要得不多,看到她吃我做的菜时开心的表情,或说句"真好吃",我就心满意足了。

"觉观烦恼"是一种自我疗愈

菩提是指智慧,这种智慧的生起,需要三个条件:第一个条件是方法,"觉观"烦恼情绪的方法;第二个条件是练习,要时常练习觉观内心的情绪;第三个条件是烦恼。没有烦恼,则没有足够的能量稳定自己的禅修,没有能量悟入烦恼的本质。我们很幸运,具足了这三个因,加在一起,使禅修没有留在口头禅,烦恼也不再是烦恼。

像是央金在《大地母亲时代来临》书中写的:

另一个大觉醒：愤怒和觉醒的能量本质相同

我还有一个在愤怒中觉醒的强大经验。两年前，有天我先生的情绪非常不好，主要是他的事业面临很大的不确定和压力。他总是做一些开创性、革命性的公益尝试，所以经常面对很大的挑战。也许面对太多失败了，那天他一股脑地把内心的愤怒全都曝了光。我到佛堂打坐，他也跟着走进佛堂，心里充满了愤怒……我也被愤怒包围了。他走出佛堂后，我还是静静坐在佛堂里。那次的经验是，强大的愤怒经过我全身，又像火一般冲上头，穿越了我的身体，突然把我带进一片能量的海洋中，而一个清新明亮的我，却坐在平静的能量大海上。我第一次经验到，原来愤怒只是一股强大的能量而已！

当时愤怒就像大草原上的一头疯牛，起不了什么作用。我坐在安静的海洋上，变得愈来愈清醒、愈来愈清明，回归到纯然的觉醒状态里。这个觉醒的自己又和能量之海连为一体，原来愤怒和觉醒的能量本质是一样的。

愤怒的能量化为觉醒的甘露：体会婚姻中的约定

这时候，我突然听到一个声音，莲花生大士的箴言在我的世界响起："放下过去，不留任何痕迹，向未来开放，处在当下。"

之后我在很长的一段时间里，都处在这样的空性当中。

我第一次战胜了自己的愤怒。多少年来，愤怒打败我，我被淹没在愤怒中，我恨自己的愤怒，我讨厌自己的愤怒，我怕自己的愤怒。今天，我不但战胜了自己的愤怒，还骑在愤怒这头疯牛之上。这头疯牛归入海洋，愤怒变成了我的老师。

愤怒教导了我智慧，教导了我真相，是愤怒让我觉醒了。

接着，我进入了感恩里，想到了我先生，是他创造了这样的情境，让我醒来。他无数次、有意无意地创造了这样的情境，就是为了让我醒来。这难道不是我们的约定吗？

突然，我第一次生起对他的感恩之心。原来这就是我们这生的约定。我来人间修行，约定他来给我很多的考题，他在帮助我完成考试。

在这么大觉醒的状态之下，我经验到了我们之间的约定。过去我对自己婚姻的迷惑，此刻都变得清晰了。

我走进先生的房间，他已经被愤怒的能量打败，完全乱了，还无法从这能量里出来，完全被负面能量包围着。我没有讲话，只是用自己的双手拉起他的双手，我感觉当时自己在一个无念而温暖的能量里，我的温暖可以融化掉他的所有冰冷。当我拉着他的手，我们面对面坐下来，他马上平静下来，接着我们就静静的，没有讲话，继续禅修。一股强大而安静的能量穿越我俩，我们进入非常深的、超越负面能量的平静旅程中。我俩的能量合一，穿越了对错好坏的境界，进入当下的空性之中。

在短短的一段时间里，我体会到很多不同层次的情绪世界，无论是认知的外境或自己感受到的内境，都是心的化现，是虚幻不实的！

从那次之后，我俩的人生修行之旅就进入了另一个阶段，我们都经验到在某种情绪包围下，唯有往内观，从内心"平静下来"，才能找到最终的答案，而"温暖的能量是疗愈痛苦最好的良药"。这一切，都胜过头脑和语言。

自从那次之后，央金变得和以前很不一样。

突然间，她变得极为平和而智慧。以前会烦的事，现在都不大受影响，对人、事物的判断和了解，都变得很精准，而且总带着慈悲的爱心。

她变得很温暖、安静，也仍然浪漫。外面的一切顺逆境，好像都不太影响她的心境。早上我睡醒，常看到她像个十几岁的小女孩，青春、单纯、清净。

以前她对我总是望夫成龙，总有许多要我变好、变得更好的要求。现在她不要求了，而是在平和中，一起向前。

婚姻前十年中，她自己修行受了很多苦，也被骗了好几次。她会伤心，但从来没有恨意。不像我，有时很想把那些假上师干掉或揭发出来，也会恨自己没能力好好保护她。

但央金明白了为什么以前要经历那些苦。一切经历都是美丽的，她不但找到了答案，也疗愈了自己的伤。和她在一起，总会让我平静，也使我更体会到男女能量的差异，感受到社会上男人的苦。现代社会节奏愈来愈快，如果家中没有一股稳定而正面的女性能量，男人因为恐惧会变得更有侵略性，更加焦虑和不安，社会就会落入更动荡不安的恶性循环当中。

央金歌舞法

烦恼遇境生起时，让它自生自灭，或运用骑乘，认出它的空性，的确是很根本的处理烦恼之法。练习了几年，我和央金逐渐熟悉处理烦恼的方法了，但是我们仍然常想，是否有方法，不必等烦恼生起，就能直接清理烦恼的因？

大约在2012年7月，央金发展出一套很有效的方法，我们把它称为"央金歌舞法"，运用"聆听"、"唱诵"、"自性舞蹈"三种方法，通过清理身中的气脉，来疗愈心中的伤痕，化解烦恼的因，使内心的觉性更加深入和稳定。

这套方法融合了央金上师们的教授，她在山中闭关时学到的方法，还有一位很特殊的印度修行者教授的方法（见央金拉姆《大地母亲时代的来临》），能够很有效地处理烦恼的因，也可以说是一种自我疗愈的方法。身上的伤口愈合了，就不怕别人在上面撒盐。心中的伤痛疗愈了，外境就引不起我们的烦恼了。

"央金歌舞法"分成三部分，觉之音、觉之诵、觉之舞。觉之音和觉之诵是指运用央金的音乐，配合自己发音唱诵的频率，将自己身心安住下来，进入一种禅定状态，让身心得到大休息。之后，由自己的心性带动四肢和身体，通过像舞蹈一样的"自性运动"，将堵塞在身中气脉里的能量结点排出体外，达到疗愈自己的作用，我们称这种运动禅舞为"觉之舞"。

这当然不是唯一能根本解决烦恼的方法，但的确是我用起来最有效的方法，比任何方法都更快速地让我进入定境，也比任何方法都快速地打开身中的气结。

后来我们才了解到，这一套方法其实古代就有，印度的瑜伽、敦煌的壁画、西藏的秘密唐卡中，偶然有画下来的。但是可惜古代没有录像机录音机，这一套方法很不容易传下来，必须由老师亲自带着弟子练习，千余年下来，就慢慢失传了。而央金通过她的修行和愿心，又逐渐将这套方法整合回来了，变成一套适合现代人学习的方法。

央金六法

我们在美国生活的那几年，央金体会到很多对现代女人特别适用的修行方法。男人和女人的禅修方法大同小异。大同是指需要随时保持觉醒。小异则是指最适合的修行环境不大一样。央金认为，家，是女人最好的道场。

但要把家作为道场，需要有次第的学习生活中修行的方法。央金归纳出"央金六法"，六个修行的次第。她在《大地母亲时代来临》中的叙述很清楚。

"央金六法"是我根据大师们的教导和自己亲身修行的经验，总结出来的六个次第的方法，分别是"发现觉性""熟悉觉性""觉观自心""回归自性""实现愿心""任运自心"。这六个方法能帮助现代人——特别是现代女性——在日常生活中觉醒。

在藏传佛法里，女性代表智慧，男性代表方便。"央金"代表智慧和艺术的女神，是文殊菩萨（智慧能量的代表）的空行母（指证悟空性的女性），所以我以"央金"来命名这些修行方法。

在我们会思想的头脑后面，有一颗明觉的心，总是默默地看着你，我们将称它为"自性"。自性开始无生、中间不老、未来无死。你很难形容自性，但是感觉得到它的存在。

"觉"是通往觉醒、修炼自心、证悟自性的钥匙。"发现觉性"就是体验到觉性，也就是体验到头脑背后的观察者，也称为"生起了觉性"，相当于禅宗常说的"悟"。

然而，人常在刹那间体会到自性，但在生活中却不能保持，所以要悟后起修，也就是"熟悉觉性"，通过日常生活中的点点滴滴修炼自己的心。

之后，当你开始觉察和面对自己的我执，慢慢熟悉运用自己的烦恼和情绪来修心，你就开始"觉观自心"了。

在觉醒的旅程中，你时常会需要"回归自性"，也就是和所修的法和自性相应。刚开始可能是偶然相应，相应的时间也很短，境界也很浅，像是感受到内在的声音、看到一些善的境界等。这些都很好，但不能执着，一执着，就会卡住，无法进步，甚至产生障碍。慢慢地，境界会愈来愈多，愈来愈深，大多时候都在一种清净的喜乐中。

这时候，反而需要放下已得到的轻安、喜乐、清净、空灵等境界，继续回到生活中"实现愿心"，在生活中实现自己的菩萨心愿。

最后阶段"任运自心"已经在做与不做都一样的境界里，一如的状态已变成了你日常中很自然的行为。境界自然来去，成为一个很平常、普通，但是又很欢喜、平静的人。

女儿乐乐

在结婚之前和婚后很长一段时间，我都没想过要小孩。因为一直觉得生小孩不过是把另外一个过去死去的人再次化为能量体，通过某一种因缘重新排列组合，重新进入轮回，所有人都在这么做，我不愿意把我的时间用在这件事上，央金也没有一定要生孩子的想法。其间也曾遇到一些有修为的大师们，对我们说，你们现在的修行应该生个孩子，会很有意义。但我们听了一直不置可否。

直到2012年，央金自己禅修的时候，也体会到应该要一个孩子，她就很认真地当成一项工作来和我说——我们现在确定要带一个小孩来了，我们必须开始做这方面的准备了，要调整心态，更加清净自己。

2012年9月我们在北京，那几天我父亲刚好来看我们。早上他对我说晚上做了一个很特别的梦，梦见他在天上飞，手里抱着个Baby。我跟央金两个人互相看看笑笑，告诉父亲我们正想要孩子。

其实当天晚上我也做了一个梦，梦到整个天上飘满了白色的水晶球，有透明的，有半透明的，也有彩色的，其中一个飘到离我很近的地方，我就一把抱住了它，是半透明的，里面是很美的七色彩虹，再仔细看，彩虹里坐着一尊四臂的白色的观音菩萨，非常漂亮。我正欢喜地看着这个奇景，就醒来了。

醒来后我把央金摇醒，告诉她这个梦。她笑着说她也做了一个好梦，梦到她走进一个大房间，佛龛上坐着一尊巨大的红珊瑚的弥勒菩萨，微笑着看央金。桌上放满了红珊瑚的石榴，央金得到一个最亮的石榴。央金说："我觉得这应该象征孩子来了。"过了几天去做检查，果然央金怀孕了。至于这样一个孩子是不是一定很特别，是不是什么菩萨转世投胎，我倒觉得并不一定，只是做了一个很吉祥的梦，心里很开心。

由于这个梦，本来我想为孩子取名"大乐"。后来发现是女孩，我父亲说应该取名"明乐"，有弥勒、密勒（日巴）、明空不二、乐空不二等很吉祥的意思。

明乐的小名是乐乐。乐乐真是人如其名，生下来就带给我们无尽的快乐，每天看着乐乐我就很快乐，大概人们渴望的天伦之乐就是这样吧。这一年来，我父亲时常和我们在一起写书，写累了他就会说，我们去找充电器充充电，乐乐就是他口中的充电器，看到乐乐，大家就开心，烦、累、恼、怒这类的感情都沾不上身。

乐乐是一个很安静的Baby，几乎不记得听过她哭。她也很善解人意，不到一岁就会开玩笑，让大人开心。她出生前后，央金正开始教学。母女连心，我想她在央金肚子里，已经体验了很多次"央金歌舞法"了。那一段时间，央金每天都唱歌给她听，还练习觉之诵一两小时。难怪她一开始会站立，只要一听到音乐，就会开始跳舞，给她一个麦克风，她就会拿着嗯嗯啊啊地唱。

不过那一段时间，我们的事业刚刚开始，必须四处奔波教学。乐乐刚满三个月，央金就带着她飞来飞去。我父亲曾笑着说，这孩子以后智慧一定非常高，因为"行万里路胜读万卷书"，而乐乐第一年，就和我们一起从亚特兰大来回洛杉矶两次，然后又来回北京、上海、台北多次，还跟着我们来回广州、昆明、郑州，甚至还有英国伦敦和乡下的城堡……这么小就带着跑，我们也很心疼，但她当时只喝母乳，只能带着飞来飞去，还好她很乖，在飞机上也不哭闹。

的确孩子会将男孩升级为男人，这一年多来，看着乐乐成长，我觉得自己也成长了，内心涌出一种前所未有的爱心。也使我更感恩我的父母，很能体会到他们对我和弟妹的爱。

孩子就是小天使，我和央金很注意，不把大人的左脑想出来的东西强加到孩子身上，尤其她还小，我们很用心给她足够的爱，物质玩具方面，倒是没怎么重视。

我和央金也在思考乐乐将来的教育问题，我们倒不一定要她走一般教育的道路。我们希望找到孩子的特点之后，让她去学习到有用的东西，也会花很多时间在家里教育她，关于做人的道理，保护她的灵性，启发她的慈悲心和智慧。

在计算机普及、人工智能发展的时代，针对个人的交互式学习方式应该很快会被开发出来。更重要的，很多小孩子在六七岁之前都知道自己的过去生，而且能看到我们大人看不到的世界，比如有时候会看到一个小孩很专注地看着空中笑，对空中说话，但是大人什么都看不到，其实是他看到了一些大人看不到的景象、人物或世界。但是绝大部分人的这种能力在六七岁之后就关闭了，很可惜。如果能用合适的教育方式，让这些孩子一直保持这些能力，人类社会才会有真正的进化。

所以我希望从小教乐乐一些基本的、日常生活中的禅修方法，培养她认识和管理自己情绪的能力，开发她的爱心和智慧，我希望她能受到这样的教育。

有了乐乐以后，我有一个很强烈的体会——对于一个想修行证悟的人，当然不一定要走娶妻生子这样一条路，但是如果有婚姻和孩子，其实是非常好的修行经验。在婚姻中你会面对各种心理考验，是和一个人在山中或寺院中完全不一样的修行机会。如果想要帮助众生，更是需要亲身经历众生的悲欢离合、喜怒哀乐之苦才行的。

菩提伴侣，共同愿心

我和央金时常会谈到，别的夫妻要是不懂这些修心的方法，他们吵架之后怎么办？会不会留下怨恨呢？没有解开的结就永远忘不掉，下次还会提出来吵。而且男人女人的逻辑完全不一样，互相了解的程度一般也很低，如果没有这一套方法，可能真的会有很多问题出现，我们很希望有一天能够用这些方法帮助很多夫妻解决婚姻中的烦恼。

有些朋友觉得我们的婚姻可遇不可求，无法效法，认为对一般的夫妻来说，"有共同修行的目标和帮助众生的愿心"这个要求可能太高了。关于这一点，我倒是觉得并没有必要一定要一起修行或度众生，只要对自己有一定的生命管理和情绪管理的能力，婚姻就可能健康发展。生命管理能力包括对自己的起居、饮食、卫生、生活习惯、对人礼貌和尊重等，而情绪管理更深一层，包括对内心觉察、对烦恼本质的觉观，以及对烦恼本质和起因的体悟。如果没有这些管理能力和方法，爱情过去之后就会难以相处。

现代社会中大家压力都很大，要挣钱养家，在社会上勾心斗角尔虞我诈，一天下来又累又烦，难免会有情绪和摩擦，如果对情绪没有管理能力，不了解这些烦恼的运作方式，它生起来也不知道如何处理，就很容易没事变成有事，小事变成大事，大事变成了仇恨，最后吵架离婚，甚至还可能发生更悲哀的事情。

"觉察"心念和"觉观"烦恼这些禅修方法，是一些很有效的，帮助我们认识和掌握自己心念的方法。通过这些方法，时常把自己放在一个安静的状态，"觉"的状态，也就更能体谅对方的辛苦和觉察烦恼的根源，使婚姻更幸福和有意义。

我想，有机会通过婚姻，使我和央金熟悉了这些禅修方法，体悟到心性，是我们婚姻探险之旅最大的收获。

第十一章　念完阿弥陀佛回归觉性科学

要找到适合自己的修行方法 / 修行是一条逐渐深入的路

烦恼真的是修行最重要的助缘 / 熟悉觉性

生活中的修行逐渐稳定 / 愿心逐渐浮现 / 觉性科学

将禅修科学化、现代化、生活化

根据学员需求而设计的觉性科学课程

错误的禅修观念 / 觉性禅修的次第

怎么知道自己修行是否正确？ / 随缘开始演讲和教学

教学相长 / 五六年可能修到什么地步？

帮助企业带给员工快乐的心愿 / 在北京举办觉性科学论坛

父亲开场演讲 / 觉性科学新知

禅修在企业领域的应用 / 禅修在公益文化领域的应用

实用的禅修方法 / 我们的心愿

要找到适合自己的修行方法

二十多年下来,我深深体会到,每一个人一定要找到最适合自己的修行方法,因为每一个人的需求和生生世世的因缘是很不一样的,有人用传统的方法很有效,有人用现代的方法很有效。就像吃药一样,本身没有高低,最重要的是适合自己的病症。

曾经有一次,佩姬·洛克菲勒邀了十几位朋友一起在我们加州的家中禅修。一天下来,大家极为欢喜、融合,对生命、宇宙的见解也相当一致。

我问说:"大家愿意分享一下各自是透过什么方法或宗教找到心性答案的吗?"

当然,大家都愿意分享。来的朋友们中,有无神论的、天主教的、基督教的、伊斯兰教的、印度教的、犹太教的,还有美国印第安人传统的、南美印第安人传统的、回教苏菲的、修南传佛法的、以及修习藏传佛法的央金,和自汉传佛法禅宗入门的我。

那次活动给我印象很深。宗教,只是找到答案的方法,本身并不是答案。大家都觉得,追求生命和宇宙真正答案的人,是能够和平共处,互相尊重的。但如果陷入了自我意识,觉得"我"的方法是最好的、最高的、最伟大的,甚至是唯一的,那么即使在同一个宗教里,都会出现很多无谓的纷争。

而我自己,对生命和修行有了一定的理解后,也逐渐将传统的修行方法与科学的理论和工具融合。我觉得对现代人来说,科学比较客观,没有争议,也不会落入宗教纷争。

修行是一条逐渐深入的路

修行一定要有长远心,不是一朝一夕、一月一年可以成就的。但只要方法用对了，持续练习，每过几个月，回头看自己的时候，会觉得自己前一段时间怎么智慧那么低，那么糊涂，那么简单的烦恼都过不去。甚至有时候，自己没什么感觉，但是旁边的人会说你怎么变了，变得不计较、没什么脾气，变得开心、没什么烦恼了……这就是进步。

修行是一条逐渐深入的路。有点境界，千万不要自以为是，以为这就是了，以为修成了，甚至出去吹嘘，想要教育别人。很多次，我有了些体会和境界，以为自己到了，结果发现只是站在了下一站的起跑点，回头看时，有许多路是错的、弯的，有一些根本不必走，还有不少是走路的方向错了，以至于拖泥带水，浪费了很多时间。我很希望大家不要犯我曾犯过的错。

像是我最初接触佛教，参加禅七，通过静坐将心静下来，得到一种轻安，很舒服，一坐可以坐很久，以为这就是了。其实，轻安只是一个很初步的觉受，是修行的初步，还差得远了呢。

又以为继续努力静坐就是答案，练久了有一天就会"开悟"，于是我参加了几十次禅七，期待开悟。但是后来却发现，静坐和开悟并不能画上等号。

一段时间，我以为没开悟是因为禅修没能达到无念，思想念头太多。于是，更努力地使自己没有念头，反而念头更多，停不下来，使自己很灰心，觉得业障深重。

之后又以为修行的关键在于消业障，在没搞清楚到底什么是业障的情形下，开始拼命修忏悔，觉得只要忏悔多了，自然能修成。后来却发现，形式上的忏悔和认知心性，并没有直接的关系。

然后，我以为要"出离"才能修成，于是放下一切，出家为僧。虽然有不少精彩有趣的经历，但其实只是换了一种生活方式，和心性修行也没有直接的关系。

在寺院中没找到，又以为是自己功德不够，于是拼命地做公益，把积蓄和家产都捐光了，才发现功德并不是一个东西，是需要具足的修行条件与心态。

以为没得到真正的大法，不停地四处参访高僧活佛。虽然很欢喜感动，但这些努力大多都是无谓的"心外求法"，浪费了大量的时间和生命。

现在回头看，我修行的前14年（1989～2003），只能叫做"相似的修行"，意思是好像在修行，又好像不是在修行。读了大量的经、拜了大量的佛、持了大量的咒、捐了大量的钱、建了大量的寺、帮了大量的人……自以为很有功德，其实和证悟没有直接的关系。

这也使我常想起禅宗达摩祖师和梁武帝的对话。梁武帝建设了几百个寺院，布施了无尽的钱财，还时常讲经说法度众生。他是一个皇帝，能做的当然比我多千百倍。他问达摩祖师："我做了这么多事，功德是不是很大？"达摩祖师很干脆地回答说："没有功德。"梁武帝听了一肚子气，再也不理达摩祖师了。最后挺可怜的，做了那么多好事的梁武帝，是被部下关起来活活饿死的。

这是什么意思呢？如果没有带着"觉"行善，没有带着"觉"求法，没有带着"觉"禅修，没有带着"觉"生活……修行就不会使我们走上脱离烦恼、离苦得乐的路；最多只是做了很多好事，有一天可能有个好果，但是和我们从烦恼中解脱出来毫无关系，也不会产生智慧。这就像是如果我们因为感情失意或其他原因心中有无尽的烦恼，我们跑去寺院上香拜佛捐钱，甚至念经拜佛，都不会减少内心的烦恼，是同样的道理。

想要解决烦恼，不论是生活中的小烦恼，或是事业失败、亲人死亡的大烦恼，乃至于死亡的究竟烦恼，一定得先生起"觉性"，也就是认出心中那一个不动的自己，然后通过"觉"，一步一步地深入认识烦恼的运作方式，它的起承转合，它的成住坏空，再进而认出它空性的本质，最后能够骑乘甚至运用烦恼的能量。

莲花生大士在《莲师建言》中说："不能减少烦恼的方法是没有什么用的。"就是这个意思。

虽然我第一次参加禅七时，就经验到初步的觉性，但是我没有认识它的重要性，因而疏忽了，没有珍惜。反而误以为是要继续"拼命努力"，要修更多法、读更多经、持更多咒、忏更多悔、捐更多钱、打更多坐才能证悟。当时还真以为修行就是如此了，后来才知并非如此。

而2003年事业的挫折，帮助我体会到了觉性，找到了那个不动的自己，经验到烦恼即菩提，一切境由心生。那是一种悟境，算是开始走上了真正修行之路，但不是证悟。

2003年以前，我挺喜欢和人分享我的修行经历，可以说是有一点好为人师。2003年以后，我体会到修行完全是自己的事，各人生死各人了，没有谁能救谁，于是在十年之中，除了和父亲、央金、上师们，很少和人谈论佛法修行。

十年中，我一直想解决一个问题，虽然体会到烦恼的空性本质，也经验到一切外境真的是自心的化现，但到底怎么把修行跟生活结合起来，还是一直在尝试，一直到2013年，学业、事业、道业，这三方面才开始真实地连了起来。

烦恼真的是修行最重要的助缘

我修行多年来很大一部分的烦恼，来自生活的不安定，因而心中总是有些烦恼挂心，像是有一团隐隐约约的烦恼之火在燃烧着。但现在回头看，反而是这个原因，使我的"觉性"逐渐越来越稳定。

我特别发现的确顺境不好修行，一开心，什么都忘了；而逆境来时，烦恼生起，"觉"会自然生起，反而比较好用功。

离开寺院，离开麦肯锡投入家族公益之后，生活一直都比较拮据，当然不能算穷困，在基金会工作时，从来没领过薪水，居无定所，大多时间住在父母家或是朋友暂借的家中。倒不是没有赚钱能力，而是在体悟到"觉"的禅修方法之前，没有信心在生活中修行，不知道怎么把事业和修行合而为一，总担心去做事业会耽误了修行，一直到2013年，才有了把握，在生活中、工作中、家庭生活中，其实随时随地都可以禅修的。

因此，早年总想全心投入修行，但受生活所迫，必须花不少时间工作赚钱，但内心对赚钱又没有兴趣，总在修行和赚钱之间挣扎和矛盾。回到麦肯锡和投入NPP新公益伙伴两年有些收入，之后又成了勒紧裤带借钱做公益。在美国的三年，多数时间不知道下个月的房租和生活费从哪里来，但总会有些零星的企业顾问收入，能过得去。

2009年央金失去她北京的房子以后，我们的情形更辛苦些。所幸总会出现好朋友，有的借房子给我们住，有的让我们住在他们家中。奇怪的是，在这十几年中，虽然自己经济挺辛苦，但通过NPP、GPC等，我仍然能帮助很多人，好像我命中帮别人募款、赚钱，都很顺利，也很容易，但为了我自己，就总是不成功。

　　但现在回头看，所有生活中的苦恼，都是一场又一场迫使我更加用功修行的梦，想起过去的辛苦和烦恼，反而有一种感恩的感觉。

　　这也使我时常想到《莲花生大士传》里有一句："得到法宝藏就得不到财宝藏，得到财宝藏就得不到法宝藏。为什么呢？因为修行就是这么一回事！"财务最艰难而修行又没成就的时候，我曾经想过，哎呀，修行太难了，要是我能拿点法宝藏换成一点财宝藏多好，不过也从来没有成功过！反正这些年来，为了自己赚钱，就总是不成功。

　　是不是有法就无财，有财就无法呢？我现在倒是觉得并不一定如此。如果一个人掌握到"觉"的修法，是可能兼顾的，像历史上许多修行的帝王将相、大商巨富一样。但能兼得的前题，是对金钱没有执着，虽然拥有但随时能布施、能舍出去，才可能财法两得。想要一面带着野心贪图名利权势，一面修行成就，是不现实的。

　　更深入地说，这是一个科学物理现象。有句关于修行过程的名言，修行前看山是山、看水是水，之后看山不是山、看水不是水，最后回归看山又是山、看水又是水。这是指禅修时，当我们深入觉性，会先离开三度空间和时间，进入其他时空，继续深入心性，才会自在出入于现实生活的三度空间时间和高次元时空。而钱财是三度空间中具体的物质，对金钱的执着，会把我们卡在三度空间中，无法提升。如果真的做到拥有金钱而不执着金钱，而且也没有因为拥有金钱而产生我慢，那么财法是可能两全的，只是对大多数人不容易做到如此而已。

熟悉觉性

　　虽然经济辛苦，但是2003年终究迎来了修行上的突破，认识了烦恼的本质，经验到什么是"空性"、"一切境由心生"、"一切有为法，如梦幻泡影"。这使我觉得多年来的辛苦，都是值得的，使我对修行有了更大的信心和欢喜心，要是拿万亿资产来和我换，我也不干。

但是新的问题又来了，下一步我的人生该做什么呢？烦恼逐渐少了，但在日常生活中还是会有烦恼生起，有时仍很强烈，虽然知道烦恼只是个能量，是"虚幻的"，但它们还是起起落落，该怎么根本解决呢？

于是我进入了一个新的修心阶段，一个很漫长的"熟悉觉性"的过程，直到2011年。那些年中，我一面投入公益事业，一面继续认真修行。除了练习觉性之外，也继续读了大量佛书。虽然在事业上、生活上一直有很多磨难，会使我生起烦恼，但慢慢地，我开始对自己有了信心，能感觉到烦恼出现的频率越来越少，即使出现，也会很早就有准备，不会让它在内心造成伤害。

以前我常担心自己慈悲心不够，功德不够，以为一定要拼命投入公益帮助他人，才能具足功德和慈悲心。但是，在更深入体验到"觉"之后，我不再担心自己没有慈悲心了，我有信心我有慈悲心，因为慈悲心是人人本来具足的。当一个人的心静下来，深入心性的时候，慈悲心它会在适当的时候自然流露出来，不需要表现慈悲，不用去告诉别人我很慈悲，也不需要每天练习慈悲，因为我开始有了信心，慈悲心是本来就有的。这时候，我的心才放松了，变得比较自在了，反而慈悲心也更强了。

我对弘扬佛法的感觉也很不大一样了。偶尔有人对修行感兴趣，我会分享我的经验，但是如果别人不问，我也不谈。不像早期，喜欢拉人信佛教，现在不会糊里糊涂地拉人了。遇到很多人说他不信，我会为他有点难过，但觉得他不信也OK，没什么关系。大多数人不想修行，只想过过日子，我觉得也挺好，反正有一天经历了些苦难，自然会想找方法，那时自然会有人帮他。甚至有人说绝对不想学佛，我会说那就不要逼自己学，先把心静下来，身心健康快乐再说。但是，只要有人真心想学，很认真地提问，我永远会倾囊相告，从不藏私。

生活中的修行逐渐稳定

2011年是极为重要的一年，我父亲根据他自己近三十年的学佛经验，将艰深的佛理，整理成了ABCD四个境界，各种佛经论典，不外乎来来去去地，用各种不同名词,在谈从A到B到C到D四个修行境界,使我多年的疑惑一下子云消雾散,各种名词教理全连在一起了。

自那之后,我渴求更多的佛法知识的心,一下子放下了,很深切地体会到永嘉大师《证道歌》中的"吾早年来积学问。亦曾讨疏寻经论。分别名相不知休。入海算沙徒自困。却被如来苦诃责。数他珍宝有何益"。

父亲又归纳出依据"觉"来禅修的"觉性禅修",结合了他自身禅修经验,大师们的教学,还有禅宗六祖惠能大师和莲花生大师的核心教授,形成了一套没有宗教色彩,现代人很容易在生活中练习,很快能有体会的禅修方法。

他一点一点地教我,亲自带着我体悟,包括很深的显空明觉四灌顶,如何体验明空不二、觉空不二等等。我开始对在日常生活随处都可修行有了信心。在那之前,内心深处总认为需要去特别好的地方才能修行,甚至有一天,我还是要回去寺院出家才行,觉得平常工作不是在修,而是浪费时间。

通过父亲的带领,从2011年开始,我逐渐把修行和日常生活结合在一起。这段时间总有各式各样的考验出现,顺境、逆境、成功、失败,内心看着,都觉得不是很大的事情,在这些事情中我慢慢养成习惯了,只要我心里想到,就随时随地可以禅修,随时随地可以练习智慧,随时随地练习慈悲。

我决定更脚踏实地地一步一步在生活中修行,慢慢地,我发现我的人在改变;我发现,通过认出心性,熟悉觉性,在日常生活中禅修,对我有天翻地覆的改变。

回到现实生活中把这些法,用在我的烦恼和生活习惯里。刚开始,我练习"觉察"自己眼、耳、鼻、舌、身、意的活动,而后通过"觉观"自己的烦恼和情绪,和我的烦恼合而为一,逐渐稳定了我的心性。慢慢地,我和自己的心印起来了,"觉照"到能所合一,体验到明空不二、觉空不二、显空不二的道理。

练习了几年,到现在仍不能说是有什么了不起的修行成就,但是我对日常生活中的禅修,已经有相当的经验和信心了,的确有方法可以不离开日常生活而修行。禅宗大师谈的"行亦禅、坐亦禅,语默动静体安然"、"吃饭穿衣喝茶睡觉都是禅"原来是这个意思。

对于大多数现代修行人来说,这是一条值得考虑的修行之路,不用离开家庭、事业，在生活里的任何东西、任何事都可以用来修行。练习一段时间之后，会发现自己的烦恼越来越少，越来越确信所有的情绪和现象都是心化现的，甚至见到自己的心性，而且越来越稳定。之后，如果你真的想要证悟实相、解脱生死，那时候你再去寻找上师，就不会走错路，上师也会更容易带领你深入修行。

"觉"的修行方法并不会很困难，每个人都可以做。知见可以通过书和影视学习，基础的方法也可以，但一些关键的方法，不容易用文字影视表现，需要有经验的老师带领。

我对这一套"觉"的方法充满了欢喜和信心，发现自己以前向心外求法真的是搞错了方向，佛法的确在生活中就可以修行。

现在，这些方法，已经变成了我生活的一部分。

但是，过程中我是像小孩学走路一样，爬起来又摔倒，摔倒了又爬起来，一步一步走过来的。

愿心逐渐浮现

佛法不离世间觉。离开了世间生活，并没有另外一个证悟可以找。

于是，2011年，我重新投回世间，除了公益之外，我本着广结善缘的心，也随顺因缘，去经验了不少世间的行业，像是金融投资、房地产、国际矿业、生物科技等等。在这个过程中，我带着"觉"，一直在看什么是我今生真正该做的事。

一直到2013年，能够承载我的"愿心"的事业，才逐渐浮现出来，也使我的心，一下子安住了下来。

先稍微谈谈我指的"愿心"是什么意思吧。愿心是指我们内心深处逐渐浮现出来，越来越清晰的，确定这一生想要完成的事情。

愿心和一般的心愿不大一样。一般的心愿像是小时候写文章要成为科学家、英雄、伟人、总统；稍微大一点想成为歌星、明星、运动员；之后想成为企业家、娶妻嫁人、生儿育女。

愿心和野心更不一样。愿心不是为了自己，是发自内心想要帮助人的心愿，野心是壮大自己，利益自己的心。两者是很不同的。

对我来说，小时候当然谈不上什么愿心。出国读书回国工作，也没什么大的愿心，只是一般年轻人的上进心而已。开始学佛以后，每天嘴里念的，像是"众生无边誓愿度"、"愿一切众生具足快乐与快乐的因、愿一切众生离开痛苦和造成痛苦的因"，都是一些美好的、善良的愿望，但离实际生活有相当的距离。

还俗之后，我把社会公益当成了愿心，把护持佛教当成了愿心。遭遇失败和挫折后，又卷土重来，重新投入公益，第四次回到麦肯锡，创造了NPP新公益伙伴，尝试公益创投和建立社会企业，又通过GPC世界家族公益会，很自然地走上了国际公益的大舞台。这样看来，公益应该是我的愿心了？我仍没把握。

到了2013年，修行开始的第25年，我真正的愿心才逐渐浮现出来。公益的确是重要的一环，但不是全部。

如今开始和父亲及央金一起推广"觉性科学"，才算是找到了愿心，开启了一个新的人生，一个充满欢喜的人生。

觉性科学

如前所说，2011年起，我父亲即开始整合他多年所学。近30年来，他收集了大量的心智科学方面的资料，而且他曾向四五十位大禅师和活佛学习，每次都记录了详细的笔记，他于2008年在圣山中闭关之后，对禅修和心性有确认性的体悟，然而，该如何推广呢？

禅修这门学问不是宗教，但由于古代没有今日的学府和教育制度；因此，数千年来，禅修的方法，是由宗教和寺院传承下来的，也因此，禅修时常被误认为是宗教。但事实上，禅修并不属于任何宗教，而是属于全人类的一门科学方法。

我们确信如果禅法能推广和普及，则对个人的行为、社会的和谐、国家的安定、人类的幸福，都一定会有极大的正面功能。但是，一谈"佛"字，就会落入宗教的局限；如果通过佛教界来传播，则更落入宗教，这该怎么办？

于是，我们开始思维如何将这些学问纳入正规教育体系，结合"心智科学"和禅修，形成了"觉性科学"这门新的综合学科，通过大学和研究院非宗教式的教学，将禅修这门学问科学化、现代化、生活化，让人人能学，成为人类未来通识教育的一部分。

心智科学是一门80年代兴起的综合科学，包括两大类：

一、研究意识与身心关系的学科：大脑学、认知学、心理学、医学、神经学、免疫学、基因学、人工智能科学，等等；

二、研究宇宙实相相关的学科：现代物理学、天文学，等等。

禅修，则是指帮助人将心静下来，深入心与生命，开发慈悲智慧的各种方法。不少人误以为禅修就是静坐，依照规定的姿势坐在那里，什么都不想。事实上，禅修是指一切动静中都保持"觉"——"带着'觉'生活"。禅法是开启自性、觉性的方法，如果你时时刻刻保持"觉"，你时时刻刻就在禅修。

其实，如果掌握了正确的禅修方法，不需要离开工作、家庭、日常生活；行住坐卧都是禅修，语默动静都是禅修。不只健康快乐的时候可以禅修，病痛烦恼的时候，一样可以禅修。健康快乐或病痛烦恼的时候，都可以禅修。

帮助人熟悉"觉"，"带着'觉'生活"的方法非常多，包括静坐、禅睡、吟唱、持咒、禅舞等佛门方法。还有茶艺、花艺、女红、瑜伽等艺术的方法。以及游泳、慢跑等运动的方法。

觉性其实是人人本有的，从来就没有离开过我们，是我们把它遗忘了，只要通过指引和练习，很快就能熟悉。

2013年初，在一次禅观中，我感觉父亲应该出三本书，介绍他的生平，他近三十年的修行心路历程，以及"觉性科学"。他同意后，我开始协助父亲整理资料和写书。

当年年底，将觉性科学引入学府的因缘开始成熟了，台湾大学邀请我父亲教授六节课的"心智科学与禅修"，是正式的大学通识教育的一部分。

接着，2014年2月，台湾科技大学也邀请我父亲授课，教授"觉性科学与禅修"的正式学分课程。我们设计了四个层级的课程，各1个学分，各18个小时，一半时间讲解最新的心智科学研发成果，一半时间带领学员实验适合现代人的禅修方法。"觉性科学一阶课程"、"觉性科学二阶课程"和部分三阶课程，已于5月教授完毕。父亲特别希望未来能培养出更多的教授，来推广这门属于全人类的知识，因此课堂中，除了大学生之外，也有不少对这门学问感兴趣的教授。

将禅修科学化、现代化、生活化

觉性科学的禅修实验课程，重点在于将禅修的理论和方法科学化、现代化、生活化。

科学化，是指建立清楚的教学体系，讲求效率和效果，包括将禅修理论和方法，根据现代人的需求归纳分类，并更清楚地列出修行的基本次第。同时和学府配合，研究针对不同性格和习性的人，哪一些禅修方法最有效率，对身心健康有哪些明显的效果。你可以想象，大学生、企业家、官员、军人、乡下老太太、运动员等，虽然每一个人的心性在本质上是完全平等的，但他们所需要的禅修方法并不一样，所以一定要科学化。

现代化，是指我们将禅修的理论化繁为简，整合复杂的理论体系和艰深的名词术语，使定义逻辑更为清楚，符合现代人的逻辑思考方法和科学知识。同时，我们归纳出符合现代人习性和日常生活的禅修方法，力求简单有效。

生活化，是指在我们需要不离家庭、事业，在日常生活中即可练习的禅修方法。而且是要立刻对身心健康有帮助的。

人类已经进入了高速的科技信息时代，很少有人能够放下一切到山里去修行，古代人很适用的方法，对大多数的现代人没有什么用处，主要就是因为不符合现代人的生活方式和节奏。

由于在学府教学，我们也很注意"去宗教化"。去宗教化不是要人不要信佛教，我自己本身就仍然是佛弟子，也仍然在向我的上师们求法。我们谈的去宗教化，是指远离宗教迷信，希望大家建立起科学的知见，不要糊里糊涂地对不合格的上师盲目崇拜，以至于受骗上当。

我们希望未来在中国，觉性科学与禅修，也能在正规的学府和科研机构研究和推广，而不是限于寺院和宗教。

根据学员需求而设计的觉性科学课程

古代佛法禅修的教学，当然不是根据现代人的需求而分出层次，使得这门学问，常给人深奥难懂、体系复杂、浩瀚如海之感。有点像是在幼儿园教三角几何，在大学教加减乘除，很混乱。因此必须纳入正规教育体系，有次第地教学。

根据现代人不同的需求，我们将课程分成四类，分四阶段教学。不同需求的人需要不同的科学知识与禅修方法。

每层级的课程都介绍科学知识和禅修知识与实验方法。重点在使学生能一面了解科学新知，一面学习调身调心的方法，亲自体验、感觉，并且能够在生活中应用。

课程	人的需求	适用人口	主要禅修方法
一阶课程	生活工作自在	90%	觉察
二阶课程	家庭事业圆满	9%	觉观
三阶课程	体悟心与生命	0.9%	觉照
四阶课程	体证生命实相	0.1%	任运

一阶课程：生活工作自在

一阶课程是针对希望身心健康快乐，但是对更深的心灵探索暂时没有兴趣的学员。也包括希望事业顺利、夫妻和谐、家庭美满等基本需求。一阶课程是基础，当自己身心健康快乐都难以达到时，过早地去思考心与生命的深层问题，像是生死轮回、特异功能等，虽然会增加新知识，也有些趣味，但是对自己生活和生命的意义不是很大，甚至会形成障碍。一阶课程是针对90%的人，规纳整理出的科学知识，都没有任何争议性，也不会超越一般人的理解能力，包括三方面：

一、科学的发展史：科学发展的过程其实障碍重重，包括早期宗教团体的反对，和近代科学权威人士的固执己见，等等。心智科学（Mind Science）涉及心灵领域，开始研究静坐、意识和大脑变化等领域，当然也免不了让一些保守的宗教界和科学界团体或者个人感觉到压力。

二、逻辑实证法——也就是一般人所谓的"科学方法"，面临的挑战和局限性。

三、心智科学成果——静坐与医学、静坐与大脑、静坐与快乐学。近20多年来，西方科学家研究静坐功能，发展迄今，已经有相当多突破性的研究成果，尤其在医学、免疫学、快乐学、大脑学等方面。静坐被证实对个人和社会具有可测量、实用性的效益。美国一些著名大学，于2014年起，开始正式开设了静坐的课程。

禅修方面，一阶课程仅介绍生活中最实用的方法。主要的方法是"觉察"禅修。"觉察"禅修，英文称为Mindfulness Meditation，也被译为静观、正念禅修，在欧美主流学府例如哈佛、耶鲁、斯坦福、哥伦比亚等，已经研究了三四十年，证明有减少忧郁、降低血压、提升免疫力、增加快乐指数等显著功能。

另外，一阶课程实验课程中也练习一些简单易行又立即有效的禅修方法。譬如引导学员体验纯然的"觉性"，练习在五分钟之内能帮助人恢复半小时睡眠的"禅睡"，帮助身心放松的"觉察呼吸"，帮助提升专注力的"觉察一物"等等。

二阶课程：家庭事业圆满

二阶课程是针对想要更深入了解生命和宇宙真相的学员。这样的学员，估计不到10%。他们事业基本稳定，家庭基本幸福，本人也相当健康快乐，开始会想到生从哪里来，死到哪里去；想深入自己的内心世界，了解自己的情绪、烦恼、自我意识等，究竟是如何运作的。

因此，二阶课程的科学知识部分，介绍全球主流学府和研究机构，包括美国主流学府如哈佛、耶鲁、史坦福、约翰·霍普金斯等的前卫的科学研究。譬如对心念的力量、生物能场、濒死经验、意识是否在肉体内、过去生是否存在、梦境、灵异现象，等等。许多新的研究，在过去几乎被忽视或被认为是宗教领域。

学子有这些科学知识做后盾，知见比较清楚，不会在心灵旅途中迷上神秘现象、灵异境界，被特异功能、神鬼灵媒人士迷惑，知道如何避免修行中可能遭遇的各种陷阱。

二阶课程的禅修则更为深入。不只是"觉察"眼耳鼻舌身意六识，也不只"觉观"到思想的动静，而是要能随时"觉观"到自己内心的思想、情绪、烦恼，进而认出它们的本质，开始真正降服烦恼。

许多人发现即使表面上事业家庭一切都不错，每天都有很多各式各样的念头不由自主地出现在脑海里，内心仍会生起各种负面情绪和烦恼。"觉观"会帮助人认识自己意识和心性的运作模式，进而体会到烦恼到底是怎么出现的，烦恼的本质是什么，怎么面对烦恼，怎么去除烦恼。

三阶课程：体悟心与生命

三阶课程的学员，上过二阶课程，但不仅仅想减少烦恼，也不只希望对生死、轮回等观念有科学性的认识，而是想要亲自体验心性的实相。

科学部分，三阶课程介绍科学家们，尤其量子物理学家和天文学家，他们对宇宙生命实相的观察，和禅修者在禅定中体验到的世界观，越来越相近。

禅修部分，教授"觉照"，是体验觉性和心性实相的关键方法。此"照"即《心经》中谈到的"观自在菩萨行深般若波罗蜜多时，照见五蕴皆空"的"照"，是一种身心放松、清明、安住的状态。这个方法也是藏传佛法中"大手印"和"大圆满"的禅修方法。这种状态保持一段时间，自然会体会到心性实相真实的面貌。

由于开发心性要有一定的基础，所以必须先上过前两阶段的课。之后还必须有决心用自己的身心做实验，亲自体悟；而体悟到的，是自证自明，心领神会的境界；这境界，是如人饮水，冷暖自知的。自知之后，再由"过来人"确认，这是最安全有效的方法。因此不只必须在上课时学会方法，还需下课一再实习、体验，不宜仅用言语文字去表达。

上过三阶课程的课，学员会对禅修有更深刻的体认，继续练习，假以时日，必能经验到一点自己的心性——所谓即使看不到满月，也能见到上弦月。这种体会，必然会令学员信心大增，更愉悦地走上开发觉性之旅，并知道怎样寻找有修有证的大师，继续学习，不会找错老师，也不会误入歧途。

四阶课程：体证生命实相

四阶课程相当于研究院的课程，是针对已经上过一阶课程~三阶课程，大概只有0.1%的人有这样的兴趣。四阶课程的学员通过熟悉"觉观"，对心念、烦恼、生命、轮回等都已有相当的体悟，而且真心想要开发自己内心的慈悲与智慧，以帮助自己和他人体验心性实相。

在这一个阶段的课程中，我们会引述和觉的禅修相关的最新科学研究成果。但是重点是放在建立更完整的禅修知识，并且透过"任运"，在自觉觉他的事业中，深入禅修。这一阶段的课程，我们也会恭请一些有修有证的禅修大师们一起教学。

以下是"觉性科学"四学期课程的教学大纲。

课程	主题	科学知识	开发觉性的知识与方法		
			核心方法	基本知识	练习与实验
一阶课程	生活工作自在	・现代科学发展史 ・典范与科学方法 ・心智科学发展史 ・禅修与医学科研 ・觉性与幸福学	觉察	・认识觉与觉性 ・觉性现实作用 ・烦恼运作模式 ・生活中的禅修 ・禅修基本知识	・放松的方法 ・禅睡的方法 ・觉察五识 ・15秒慈悲心 ・央金歌舞法
二阶课程	家庭事业圆满	・生物能场与念力场 ・濒死经验与死亡 ・心理学与催眠 ・西方身心灵优劣 ・特异功能与神通感应	觉观	・烦恼之轮 ・认识资料库 ・认清烦恼本质 ・无常、无我的概念 ・四无量心	・烦恼自生灭 ・清理资料库 ・觉观的方法 ・祝福的方法 ・央金歌舞法
三阶课程	体悟心与生命	・感官的局限性 ・蝴蝶效应/零点能量 ・暗物质/黑洞 ・全像投影/大脑记忆 ・多维时空/异次元生命	觉照	・觉性地图ABCD ・宇宙观和修行次第 ・传统修行知见与方法 ・重要修行观念 ・现代修行方法	・觉观五蕴 ・觉观无我 ・央金歌舞法 ・特殊观想方法 ・运用耳识深入
四阶课程	体证生命实相		自觉觉他	・觉性科学与佛法 ・心的定义与心法 ・无染觉性的法教 ・显空明觉四灌顶 ・大手印和大圆满	・央金歌舞法 ・无整宽坦松住 ・生起次第圆满次第 ・气脉明点与拙火等 ・央金歌舞觉醒法

错误的禅修观念

在禅修实验课程中，我们首先介绍禅修不是什么，去除一些错误的禅修观念。

禅修不是使念头停止，不是追求什么都不想的无念状态。念头就是我们意识的活动，也称为思想、心念，包括脑海中出现的画面、形象、文字等一切活动。我刚开始学习的时候，一直以为禅修是要把念头全都停止下来，保持什么都不想。结果越希望把念头停下来，念头反而越多。越修挫折感越多，觉得自己业力深重。其实是观念错误。现在回头想想,想通过禅修把自己变成石头,不会哭,不会笑,没有思想,实在是很傻的。

所以禅修不是把自己空掉,没有念头,而是要觉察自己的起心动念,念头和情绪一起来就能看到,然后不被它带着走。比如愤怒的情绪一起来,不是生气、和人家骂起来或是打起来,而是念头一开始就能觉察得到。禅宗常说"不怕念起,就怕觉迟",就是说,不怕东想西想,就怕不知道自己在乱想。

禅修不是发呆,傻坐,心智混沌。早年我自己曾陷入这个境界很长的时间,尤其是身心非常疲劳的时候,一禅修就陷入半睡半醒的状态,有时一下子半个小时一个小时就过去了,以为这是禅修。其实不如练习"禅睡",或是好好睡一觉,精神好的时候再禅修。

这种状态被称为"顽空"、呆定、发傻。有人一呆可以呆好多个小时,甚至很多天。禅宗称这种糊里糊涂的禅修为"冷水泡石头",意思是说这样打坐下去,即使经过千万年,仍然是一块石头,不会产生智慧。

禅修也不是把自己放在一个飘飘然的舒服感觉中。我有一段时间常进入一种极为安静、舒服的境界,一坐可以坐很长时间不动,也不累,出定后全身特别舒畅。我以为是修得不错了,后来才知道这是"执着轻安"。还好对轻安的执着比对奇异境界的执着浅一点,没造成什么问题。轻安是一个过程,你会发现,在那个境界里,快乐不需要别人给,自己就可以有,而且这种快乐比吃最好的东西、玩最好的东西都快乐。甚至禅定功夫更高的时候,坐在树下喂蚊子都可以非常快乐,当然,我没修到那个地步。

禅宗特别要我们不要执着这种轻安的快乐,因为一执着,除了使人卡在这里,无法进步之外,有时也会造成其他问题。举例来说,当人很执着轻安的快乐时,一被打扰就会产生很大的愤怒,感觉被人从美好的境界里叫了出来,就好像男女谈恋爱特别开心时,旁边有人走过来泼了一桶大便,他就会大怒,这个怒火会把他扰乱,情绪大幅震荡,从很静到很动,心智可能出现混乱。所以,不论是执着于轻安的境界,还是执着其他各式各样的境界,都会让人离开真正正确的禅修道路。

当然,禅修也不是坐在那里胡思乱想。过度使用左脑思考的人,刚开始禅修,一不注意就成了坐在那里幻想,做白日梦。虽然身体是打坐的状态,心里却是想东想西。这也不是禅修。

禅修不是追求神通能力、奇特境界。也有不少人禅修，总想着开发神通能力，像是开天眼；想看到特别的境界和景象，像是自己的过去生、天界、地狱、饿鬼、外星球……这不但是错误的观念，也是危险的观念。有的人把自己深层下意识浮现出来的景象当成是真实的，使自己的意识错乱，搞得自己神神鬼鬼的。有的人以为看到什么东西，误以为自己修行成就了。我们可以通过科学证明，了解在我们活着的这个四度时空以外，有无量无边的世界。但并不是要去追求亲自跑去这些世界。我们在日常生活中该做的事、该尽的义务、该照顾的人，已经忙不完了。如果你天天又想去看别的世界，会造成生活混乱，没有意义，而且危险，容易被有心人利用。

我曾经有一段时间禅修会进入一种定境，看到一些景象，我心想大概是悟了，一问之下，其实是"误"了，陷入了"执着境界"的误曲中。禅修久了的人都会偶然进入一些境界，往往会以为自己修成了，其实那正是要破除的执着。如果不知道的话，就会总想重复那些境界，于是就卡在那里了，无法进步。那些境界不是证悟，而是悟到自性和空性之前的境界，是由于修"止"而启发的。修"止"容易看到很多奇特的东西，甚至引发各式各样的神通，这是要小心的。这些境界有时比现在这个世界好玩有趣，很容易产生执着，跟现实生活就会越来越疏离，心会乱掉，所谓走火入魔时常就是这么开始的。

执着境界的人会特别向往禅修时看到的各种景象，渴望去天界、去美丽的外星世界，好像看电影《阿凡达》，觉得那里美得不得了，非常想去，想离开这个世界。如果过度执着，甚至这个世界的责任、家庭、生活都不想要了。但不要忘了，我们毕竟还有肉体，身体还活在这个三度空间的世界里，所以一定要从那些境界中出来，不能沉迷于其中。一沉迷人就容易混乱了。

禅修更不是连结神，连结各种能量。随便连结，是极度危险的。我要多强调一次，随便连结，是极度危险的，也是害人害己的。有兴趣的人，可以参考台湾大学校长李嗣涔教授的研究，在我们眼、耳、鼻、舌、身、意可以感受到的四度时空之外，的确有无量无尽的世界。然而，这些世界，有好的、有坏的，有善的、有恶的，有欢喜的、有恐怖的。稍微有一点现代科学常识的人，都能够理解这个现代科学观念。

佛门中将我们的心分为八个意识。眼、耳、鼻、舌、身，这五识是信息输入和输出的接口。我们能思想的意识，称为第六识。我们的自我意识，称为第七识。我们经过前五识输入，第六识判别，然后将一切信息储存回一个巨大的、超越时间空间的大储存器中，称为第八意识田，简称八识田。为什么称为田呢？因为储存的信息和记忆就像种子，在条件具足下就会发芽生长。不只是今生所作所思，包含过去生生世世的记忆，都藏在这里。

最浅的八识田是我们今生的记忆和潜意识；通过"觉照"，会逐渐深入，接触到过去生的记忆；再深入，则会进入所有众生共同的大记忆库，体会到心、佛、众生，三无差别。

根据这个理解，禅修时，总想着去连结神的人，90%是连到自己的潜意识中的幻觉，把曾经看过的电影，内心的幻想，混在一起，误以为自己修成了，受神眷顾了。这是挺危险的，一不小心，就会造成自己的心智混乱。

剩下的10%，其中大概又有90%是连到鬼怪的能量了，也就是俗语说的着魔。部分印度教很强调要和神连结，甚至说你和神连结，是某某上师的加持才成的，因此要大量捐钱给他，还有的要你以身相许，真的害人不浅。总想着连结或得到神谕是极为危险，也极为糊涂的，是出大问题或被利用的前兆。小心。小心。

99.99%的人，是没有能力分辨各种世界的善恶能量的。即使是修行人，也都知道不可追求境界，不可追求觉受。这是为什么"子不语怪力乱神"。禅宗祖师更说："禅修时，佛来佛斩，魔来魔斩。"意思是，不论见佛见魔，都不可心动。既然很难分辨，所以最好的禅修方法，不会出错的禅修方法，是保持"觉照"，知道都是自心化现的境界，都不执着，这是禅修极为重要的见解。大家千万要知道。

禅修时身心的觉受（感觉和感受），是身心静下来时，自然产生的科学现象。只要你禅修方法正确，身心会逐渐安静下来，在这一个过程中，你身体中的气息和气脉，会自然转化和净化，因而你的身体，可能会出现"八触现象"。动，身中的气息使你身体坐着时，想动来动去，有时缓慢，有时剧烈。痒，全身发痒。轻，觉得全身轻飘飘的。重，觉得自己像被压住了一样，很重，不想动或是动不了。冷，身体发冷。暖，觉得热热的。滑，皮肤摸起来像丝绸一样光滑。涩，皮肤摸起来像砂纸一样皮肤粗糙。

只要你身心放松，不理会这些感觉，慢慢地就会过去。这些都是自然现象，不善也不恶。就像慢跑、举重过后，不同部位的肌肉会酸痛一样。不执着，不去想它，一段时间后就过了。

另外，禅修久了，有的人脑海中会出现各种觉受和景象。这也是自然现象，就像我们睡着了会做梦一样。睡梦中有山河大地，有汽车楼房，有很多人群，还有人和我们说话，甚至有妖怪追我们，有过世的亲友和我们聊天。也有人梦到佛菩萨，梦到神明。最后醒来，其实只不过是一场梦。仔细想想，我们的心，的确有巨大的力量，能够产生这么逼真的梦。禅修时也是一样，我们的意识停下来了，左脑不工作了，心中自然会浮现出来像梦境一般逼真的各种景象。这都是我们自心的化现，千万不要执着，也不是什么大不了的事。真的就像我们会做梦一样，没有必要早上起来总是想着昨天的梦，也没有必要惊讶地和朋友谈论，自己昨天做了梦，梦到什么奇奇怪怪的景象，会把朋友给烦死。

然而，有些心存不轨的老师，会说禅修时身体出现的"八触现象"，心里出现的"各种幻觉和觉受"，是因为他们的能量加持而产生的，必须继续跟随他们，要不然就会如何如何的。或是要弟子捐钱，甚至以身相许。千万要小心这种老师。

这是为什么我一再强调，修行一定要带着科学家、现代知识分子的精神，了解基本的科学知识，学会正确的禅修方法。不要糊里糊涂地，将自己的身心交给别人，受骗上当，造成自身和家人的痛苦。

觉性禅修的次第

课程中，我们用现代人比较容易懂的、化繁为简的方法，介绍核心的禅修方法以及禅修的次第。这一套方法，是我父亲根据禅宗以及藏传佛法的"大手印"和"大圆满"禅修法教，所总结出来的，尤其是莲花生大士的《无染觉性直观解脱之道》、《密勒日巴尊者全集》，以及达波吉祥胜尊者的《显明本体——大手印实修指导手册》。

禅修的关键是"觉"。觉，有三个层次的练习方法，觉察、觉观、觉照。分别适用于不同需求的人，各有不同的功能。我们称觉性科学的禅修方法为"觉性禅修"，以特别强调"觉"的重要性。

主题	方法	练习	主要功能	同义词
生活工作自在	觉察	觉察眼耳鼻舌身意六识的活动	• 身：放松减压、免疫提升、血压降低 • 心：烦恼减少、平静祥和、喜乐、看得到自己贪嗔痴生起 • 应用：增强创意、判断力、对突发事件应对能力	• 察觉、注意、留意 • 觉察、静观、正念、留意当下
家庭事业圆满	觉观	觉观心念、情绪、烦恼等内心活动的本质	• 经验和认识心念、自我、情绪、烦恼的本质 • 通过经验明空而根本性地开始降服烦恼	• 观察、直观内心活动
体悟心与生命	觉照	觉照心的体性直到能所合一	• 体验空性——心性的实相 • 体验显空明觉的一如性	• 直观心性、胜观、大手印离戏禅修
体证生命实相	任运	无整宽坦松住任运"觉"的开展	• 慈悲、智慧、平等心自然显露 • 深入觉性、自在	• 任运、大手印一味禅修、无修禅修 • 保持平常心，将心安住在本来的面目

既然禅修的关键是"觉"，先来谈谈什么是"觉"。

在这里我尝试用看书的方法，帮助你体会到什么是"觉"。

你可以先看着这本书，眼睛放松，把眼睛闭起来几秒钟，你会发现虽然眼睛闭起来了，但是心中仍能感觉到这本书在前面，感觉得到书的形状和你的距离、位置、大小。那一个知道的感觉、感受，可以被称为"纯然的觉"或"始觉"，也就是开始体会到"觉"的存在。这是禅修的起点，也是禅修的关键。

要亲自经验到"觉"，最好是有合格的老师现场教学，也就是对"觉"已经有体会，甚至有证悟的过来人，他能够用各种不同的方法教你，带你体验一次，你就能很快体会到，哦！原来这个就是"觉"。这有一点像是学游泳，最理想是除了在岸上学会基本姿势之后，有合格的游泳老师带你下水，比较安全。禅修的一个重要秘密是：有"觉"即是禅修，无"觉"则不是禅修。这是我学习多年后，一位藏传佛法的大禅师告诉我的。不过，现在也不是秘密了，很多书上都有，只是多数人没有留意这个重要的秘密禅修口诀。

有了"始觉"，就可以进入"觉察"、"觉观"、"觉照"这三个方法的练习了。

觉的禅修的第一个层次是"觉察"。觉察也就是察觉、注意、知道的意思。方法是觉察自己的眼、耳、鼻、舌、身、意等六识的活动。也就是在禅修静坐时和日常生活中，保持觉察自己眼睛的视觉在看什么事物、觉察耳朵的听觉在听什么声音、觉察鼻子的嗅觉在闻什么气味，觉察舌头的味觉在尝什么味道，以及觉察自己的意识在想什么事情，有什么思绪。

"觉察"眼、耳、鼻、舌、身这前五识的活动，和西方近年来非常流行的Mindfulness Meditation类似。Mindfulness Meditation常被翻译成正念禅修、静观禅修、静心冥想等，事实上，仅是我们中国自古即知的禅修初步。Mindfulness Meditation一般只是觉察眼耳鼻舌身五识的活动，并没有触及第六识——意识。

熟悉了"觉察"，你的心会慢慢静下来，血压变低，免疫力提升，快乐指数增加。如果你有事业，在工作，你会发现自己的专注力能够维持很长的时间，创意比以前更多更清晰，对人事物的判断更准确，工作效率大幅提升。

但是，也有人用"觉察"禅修一段时间，变得什么事都不想做了，总在一种没什么念头，很舒服、轻安，又有点欢喜的状态中。这不是坏事，但不是正确的禅修。佛法将这种境界称为"执着轻安"，对这种感觉产生了贪心、执着。这时，禅修就难以再进步了，甚至会开始影响到工作和家庭，产生更多的烦恼。这种境界也被称为"偏空"的禅病，也就是偏到一边去了，以前执着世间的名利财色，现在执着一切都空，一切都不想要了。这是错误的"觉察"禅修。

值得一提的，是美国近年极为流行的Mindfulness禅修，其实就是用"觉察"的方式禅修，是禅修的初步。现在欧美已有数百篇学术论文证明其对身心健康快乐的功效，甚至谷歌、苹果、推特等公司已将之列为企业内部培训的一部分。

美国曾经流行的超觉静坐（Transcendental Meditation），其实比Mindfulness

更为初阶,是一套通过静坐和念诵咒语将心静下来的方法。

这些方法虽然有一定的效果,但是由于对心性没有更深的认识,并不能解决深层的痛苦和烦恼。我认识美国一些修Mindfulness多年之人,遇到失业、亲人死亡、病痛等等人生无法避免之事,原来的功夫完全用不上了。这是因为Mindfulness主要能帮人静下来、平和、提高免疫、增加创造力等,人会比较快乐,但是无法完全降服烦恼,因为对心与生命没有更深一层的认识。这也是为什么我们认为未来当觉性科学回到中国,被各大学术机构发扬光大时,中国会引领全世界觉性科学的发展。

要深入心性,需要进入觉的禅修的第二个层次——"觉观"。觉观也就是看着、观察的意思。方法是放松地、清楚明白地觉观自己的念头、情绪、烦恼,看着自己念头起落,观察自己情绪与烦恼的生起、住留、消失。不做任何分析,只是单纯地觉观。

一段时间,你会发现,情绪和烦恼,只不过是一团团自生自灭的能量,只要我们放松地观看着,不想去阻断烦恼,烦恼其实会自然消失。熟悉了"觉观",你就不会再害怕烦恼了。深入"觉观",是指你学会了运用烦恼的能量来练习禅修,有时你会看到烦恼背后的故事,最终会体验到禅宗常谈的"烦恼即菩提",你会发现大的烦恼,真的是深入"觉性之海",生起大智慧的好机会。你对烦恼,会有完全不一样的认识。

觉的禅修的第三个层次是"觉照"。"照"即是观音菩萨"照见五蕴皆空"的"照",是一种更放松、更开放、清楚明白地保持觉性。禅宗常用保持觉性"如如不动,了了分明"来形容这个感觉。藏传佛法大手印禅修用"无整,开放,松住"来形容。英文是"Non-fabrication, Open, Relaxed"。莲花生大士《无染觉醒直观解脱之道》则教导:"要点有三:清除过去之念,不留纤毫痕迹;向未来之念开放,不受他境所染;安住当下心境,不修整造作。如此的觉照,实在平凡无奇,无思无念地观照自我,若仅仅纯粹地观察,唯见明空之境,并无任何观者存在,当下只是纯粹的觉照而已。"

熟悉了用"觉照"的方法禅修,你会经验到"能所合一","能觉"和"所觉"合而为一。"能觉"是指我们的能够觉察、觉观、觉照的能力。"所觉"是指我们觉察、觉观、觉照的对象。像是练习"觉察六识"时,能觉是指视觉、听觉、嗅觉、味觉等，所觉是看到的、听到的、闻到的东西，等等。练习"觉观烦恼"时，能觉是观察的能力，所觉的对象是情绪和烦恼。

"觉照"练习久了，在因缘成熟的时候，你会体会到内心的觉性和外境合而为一，一切都是自心的游戏，都是觉性之海中化现出来的幻象。亲身体会到"能所合一"，对心与生命会有决定性、真实的认识，会生起很深的欢喜和自在。

要注意，"能所合一"可不是和什么神灵合一，也不是和什么能量合一，而是内心与外境的合一。

更为熟悉"觉照"，你对众生会生起很深的慈悲心，同时也会有更广的智慧。这也是验证自己禅修是否正确的重要方法。方法正确，一定会生起慈悲和智慧。方法错误，会生起我慢、自大，或是冷漠，什么事都不想做。

当"能所合一"逐渐成为生活中的常态时，自觉觉他之心会逐渐生起，不只照顾自己的自在和解脱，还要随缘帮助众生也认识、体验、回归"觉性之海"。在佛门中，自觉觉他之心，被称为菩提心；自觉觉他之行，即是菩萨们生命的意义。

当行住坐卧，不论任何外境现前，你都能保持"能所合一"的自在心境，我们离"本觉"，佛陀的觉悟境界，就又近了一步，最终都会融归"觉性之海"的本体中。

我们参考了不少国外的资料，发现西方在这个领域有两个很大的障碍。第一是西方文化中缺乏一些基本观念，尤其是没有"空性"与"境由心生"的观念，因此许多深入禅修的人，有的卡着无法前进，有的误以为自己证悟成圣，也有不少走火入魔。第二是深度不够，对全盘和次第阶梯不了解，因此特别希望觉性科学能在中国开展，进而帮助到全世界。

另外，美国的这个领域分成心智科学和相当于觉性科学一阶课程觉察禅修Mindfulness两大部分。但大多科学家研究理论但不研究方法，更不亲身实践；而企业界则是使用方法，但是理论不清楚。

也因此，学术界不少实验空耗资源或结论错误没有意义。举例来说，曾经有位大教授得到数百万美元的研究经费，研究祈祷是否有用，最后根据比照组与对照组病患的情形，总结出祈祷无效，是没有用的。

而台湾我父亲任科技部长时，曾经证实人的心念，是能对细胞起到物理作用的。当时实验是以不同心念培养大肠杆菌。一组用常用方法培养，另外两组的温度、湿度、养分也都一样，但一组用"恶念"培养，骂大肠杆菌说，你们这种丑陋的低等生物，杀杀杀，你们去死吧，这样每天骂每天羞辱它们。另一组用"善念"培养，一直对大肠杆菌说，好宝宝你也是一个可爱的生命，希望你好好活着，健康长大，给它爱心、温暖。结果实验数据出来，发现被"恶念"照顾的菌群，不只生长慢，很多连细胞膜都破裂了；而被"善念"照顾的菌群，成长速度比平常的快百倍，甚至千倍。

父亲请人重复实验多次，又用不同菌种实验，得到的答案都一样，证明了心念能直接起到物理作用，从而改变细胞的生长。同时，也发现，这种念力的力量和起心动念力者的两方面情形有直接关系。第一是他的定力，如果一面看电视聊天一面起念头，是没什么作用的；第二是他的关心用心程度。如果漫不经心，也没什么作用。而美国大教授的实验，是请了没经过禅定训练，对病人也不怎么关心的人参与实验，自然会得出祈祷是没有用的错误结论。

在企业界方面，如果仅练习方法，但是理论不清楚，其实也是一个很大的障碍，而且练习久了甚至会有危险。因此，我们决定一定要理论与实践相结合，除了以觉性科学大学一阶课程的知识和方法，帮助企业实现以上的功能之外，也希望能帮助大家对生命有更深的认识，也就是融入觉性科学大学二阶课程到三阶课程，甚至四阶课程的内容。

怎么知道自己修行是否正确？

正确的修行，是会体现在日常生活行为中的。对初学者来说，有四个简单的标准，可以用来检验自己修行是否正确。

第一，是否更清楚自己的心念和情绪？

修行的初步目的，是身心平静健康。但这并不是即刻可以达到的，一般会经过一段身心调适的阶段。举例来说，有的初学者会觉得，怎么不禅修还好，一禅修发现自己身体这里也疼，那里也不舒服；发现自己的心念纷飞，思绪又多又乱，以为是禅修造成的。其实，这是因为你的觉性生起了，能够觉察到自己的身体状况，能够觉观到自己的心念和情绪起伏。继续禅修，就会慢慢静下来。当然，如果因为静下来而感到身体某处特别不适，一定要去看医生，这或许是自己身体送给你的警讯，以前心太乱没感觉到。

要达到内心深度稳定的快乐，那更是要花一些时间。开始禅修后，会有一段"清理内心垃圾"的过程，要从我们的长期记忆库（八识田）中，将过去的受伤、痛苦、忧虑、愤怒、烦恼慢慢清掉，这是一个漫长而辛苦的过程。

我们内心中隐藏了太多我们不愿意面对的感情和伤痛，所以需要相当长的时间才能完全疗愈。但是只要我们带着"觉"，时常能看到自己心念和情绪起伏，一次次面对心中浮现出来的烦恼，会有一种清理一次，轻松一点的感觉，身心越来越平静和快乐。

如果修行了一段时间，身心疲惫，健康出现问题，不快乐，则有可能是用功过度，或者是用错功。修行正确与否，不在禅修能坐多久，不在于做了多少功课、懂了多少道理、诵了多少经、持了多少咒、拜了多少佛，更不在于捐了多少钱、上了多少头香。如果你越修越执着，自我越来越大，觉得自己是修行人，别人不是；自己的上师伟大，别人的比较差，这肯定是出了问题。我不是在批评别人，这些都是以前我自己曾经犯过的错，在这里向大家报告，不要落入这种错误的境界中。

如果修行了一段时间，在静坐时，心比较静，但在日常生活中仍不平静，甚至更躁。这有可能是因为静坐时陷入了昏沉和糊涂而不自知。也有可能是因为静坐时失去了觉察、觉观，没有保持觉性，心呆掉了，成了傻坐。或者执着或者沉迷于静坐时的轻松、安静的境界，也会造成静中和动中的反差。

关键在于在静坐时和行动中，都要练习觉察、觉观、觉照。如此保持觉性，会帮助你在日常生活更为平静、健康、快乐。

第二，自己的烦恼有没有减少？

在这里，烦恼不只是忧伤苦恼这一类的感觉。也包括自己的贪嗔痴有没有减少？因为贪、嗔、痴是会带给自己烦恼的原因。

如果自己贪权、贪名、贪利、贪神通、贪禅修境界的心都增加了，肯定是出了问题。有时候这是因为方向和动机都错了。可能你内心希望通过禅修多得到些什么。贪福报、贪功德，也可能会造成这种现象。很多人求神拜佛希望得到保佑，希望得到钱财，也可能会造成这种现象。

如果自己脾气变大了，愤怒更多了，也是有问题的。这可能是因为禅修的时候，心太紧张、用力过猛而造成的。也可能是急功近利，急着希望禅修有成就而造成的。

如果你更加糊里糊涂、不知不觉，比如口齿不清、思绪混乱、一下子掉个东西、摔一跤、发呆发痴，这有可能是你禅修时常陷入错误的境界中，把心智浑沌发傻当成了禅修。也有可能是你身心太累了，应该好好多休息。

不要忘了，烦恼减少是有一个过程的，因人而异，有人很快，有人一两年，也有像我这样要十几年的。在开始的时候，有人会有一段时间烦恼反而更多。关键在于是否更能看到烦恼的起落，有没有认出它的空性本质。

第三，自我有没有减少？

在日常生活中，别人对你的批评，你很自然地不放在心上。和人相处的过程中，非得怎么样不可的感觉逐渐减少，这都是自我在减少的象征。但如果越修越骄傲，觉得自己比别人高一等了，觉得我懂得比他们多，拥有他们没有的境界，甚至自以为修成菩萨圣人了，这都是很明显走偏了。要小心。

周围的朋友时常是自己最好的一面镜子，自己非常没有把握的时候，有时不妨可以问问好朋友，对你最近的言行举止有什么感受，有时候自己的进步或退步自己是看不出来的，但是在别人的眼中清清楚楚。

第四，自己的慈悲和智慧有没有增加？

什么是慈悲？什么是智慧？慈悲和智慧不是东西，而是我们面临外境时的反应。慈悲心增加时，你会变得温暖、有爱心。你也会更有同理心，会自然地从别人的角度看问题，体会到别人的痛苦和烦恼，进而想去帮助他们。智慧增加时，你不知不觉、糊里糊涂的时间会变少。你不会做出有害你自己身心健康的举动，像是常发脾气、暴饮暴食、过度抽烟喝酒。你的各种不良习惯和习气，都会自动矫正。在工作中，你的创意会更多，会知道别人的需求，心中会自然生起解决问题的方法。

尤其要小心的是自大自傲，这是最可怕的障碍，等于是修反了，要去北极，结果向南行了。会害人害己。小心小心。

如果你修行正确，时常保持在"觉"的状态中，面对各种人各类事物的时候，慈悲和智慧会自然生起，并不需要费力。

初学者用这四个标准评量自己的修行，就不容易出问题，也不容易被不好的老师所骗。

随缘开始演讲和教学

2003年到2013十年来，我一直在自修，极少和人分享修行经验。我觉得自己的修行仍然不够稳定，不希望扮演老师的角色，因此都在幕后，默默支持我父亲和央金的教学。但是2013年10月的一次活动，使我不得不改变自己的这个定位。

由于我父亲不方便时常来大陆，上海的一对企业家夫妻朋友，约了一百多位企业家朋友，请我为他们做一次关于"觉性科学"的演讲。

听众们事后的回馈，使我又感动又惭愧，原来中国大陆现在时机到了，这方面的"正能量"开始运作了，我不能逃避我应尽的责任和应扮演的角色。我特别感谢这些听众，尤其是安排我演讲的企业家陈荣团和吴婷夫妇。以下您会看到中国企业家的谦逊、智慧、好学的态度，很多人都在思考生命本质的问题，使我对中国未来能引领世界进入一个祥和喜乐的世纪，充满了信心。

学员：企业家×先生

宇廷老师的演讲最大的特点是将平时所说的"佛性"、"觉悟"等看似神秘的境界简单化，它不是圣人所及，而是人人皆可。修行不必远行，而就在当下。烧香拜佛者未懂佛。去掉形式，各法所说不过归于一个"觉"字然后活在当下。而宇廷的经历，恰恰有说服力地告诉大家这些。

一切都是能量的游戏。您的烦恼不过是一个能量，像捉贼一样，您看到它，它就没有了。我想所有人都了悟到这点，那社会就自然走入了"秩序"。

以前所说的大同世界，我一直觉得这一天的到来会很遥远，要等人人都了悟了宇宙奥秘生命根本才可。而宇廷似乎告诉了我一个快速的方式，如果每一个企业家让自己的员工安心、平静、有尊严，那么这一天很快就会到来。

　　　　　学员：全球第二大认证检验集团副总裁

　　活了半个世纪，还有太多的关于天地人的问题没弄明白，似懂非懂，朦朦胧胧。陈先生不愧为老师，两个小时的分享让我明白了很多，同时也意识到需要探究的更多。如下几点体会，不知是否贴切，有机会想聆听陈先生的教诲，并请指正。

　　每个人都同时脚踏两个世界，一个是知性科学研究的世界，用大脑去探究、分析，用逻辑论证的方法，去摸索真理；另一个是内在的、心灵的世界，无法用言语述说，只能内观、自省、感受，无所谓真理可言，一切是主观的感受。当这两个世界中无法给予合理的解释、找不到答案时，神秘主义抬头，一切归结于不可知、神秘的宗教或迷信……陈老师引进的觉性科学，很好地诠释了这个问题，对于两个世界中的临界面中包含的问题，提供了一条科学的思路。用科学的态度和精神对待一切的未知，用科学的方法研究、解决存在的疑问，让人容易理解、信服。

　　了解到修行来自每日的生活和工作中，"快乐自己，大家快乐"的理念，对所有人都实用，都能受益。有别于盲目的一味朝拜，视最高境界为出家的观点，非常真诚、现实，易于在现代生活中实践……现代企业家的善行不只是捐赠，最好的渠道是让每个人找到自己的快乐和幸福，通过影响他们的思想和灵魂改变人们对生活的态度……陈先生举出的知名教授研究的课题，非常有启发意义……

　　　　　学员：一位拥有五家地产公司的企业家

　　非常有幸能够参加这次活动，能够现场聆听陈宇廷老师的讲座并且亲身体验央金拉姆的心灵音乐，受益匪浅。老师的一些观点、方法，在听完讲座后已经尝试性地进行了实践，这里所说的实践不是通常所说的某种具象性的活动，而是将心里的一些想法、念头、感悟，按照老师指导的一些方向进行自我调整。就老师传授的心法，结合近期以来的一些实践，分享部分个人的心得与浅薄的见解。

　　老师的智慧，浩如烟海。就老师的演讲，有如下几点本人感受特别深：

　　首先，是老师所提到的"觉"。"觉"的概念覆盖范围比较广，比如人经常体验到的"痒",就是一种"觉",当然这只是最浅表的一种体验。另外还有"场",本人就有切身的体会:躺在几万元的大床上睡不着,倒在沙发上一会就睡着了,听老师这么一讲,终于明白了其中的道理。从"觉"、"场"这样的概念延伸出去,我们发现,大自然中还有着许多无法解释的东西存在,如老师所提到的耳朵听字、轮回、濒死等概念是当今科学尚未能完全解释的。

天道无亲,常与善人。老师提到基督教也好,伊斯兰教也好,佛教也好,各教派间本无矛盾,都是倡导教徒们从善弃恶的,结果是被加以利用,变成了政治斗争的一种工具。人之初,性本善,老师的观点很透彻地表明了这个道理:人应该多做善事,吃斋拜佛并不能减轻您所犯下的恶与错,而是不要去作恶犯错。智慧善行,扩大慈悲心,在帮助别人的同时,也会充实自己、幸福自己。

老师现场互动的5分钟禅睡是感受最深的,这个感受并不是仅仅是在5分钟里面睡着了,而是通过这个体验,切身体会到了"禅"的某种境界。世间的任何事物都是可以放下的,凡事放下了,您也就"空"了,不再为世事所累,让自己得到真正的放松,更深地体会到人生的意义。央金老师现场的天籁之音透彻心扉,将这份感悟又提升了一步,达到一个空灵的境界。

怎样才能更好地把老师所教授的一些方法得以利用,在日常生活中如何做好禅修?以老师的博学,一次演讲虽然短暂,却让我们如尝甘贻,似醍醐灌顶。这里,我们恳请老师在方便之际,能作更多的演讲,传授心法与方法,通过一些现场互动等,让我们得到更多的人生感情与指点。

学员:某有机公司总裁

声音,肢体,闭目,某种化学反应般的绝妙通感,让内在的自性透现,灵性的感知变得更为立体和舒润。宇廷老师讲授的内观能佑助我们对事物有更深层次的理解。平日里我们时常透过眼耳鼻舌认知身边的事物,但感官觉知的世界并非实相,我们看到的永远存在局限,如此了解到的"真相"或许并非如此。

正如宇廷老师所言,因果缘起,一切现象是互相关联的;然妙观察智非一日可得,在日常生活中找到觉,是禅修的第一步。于是,我们在这里,在路上了!以上便是我的观感、听感和触感。

学员:江苏某房产公司总经理

2013年的10月19日,夏未尽,秋已近。在这样一个心情已渐趋于平和的日子，应陈先生的邀请，和内子一起赴上海东方艺术中心聆听格莱美大师央金拉姆的"妙音静心"音乐会。10月20日上午，在上海环球金融文化传播中心会所，接受陈宇廷先生觉性科学洗礼："心智科学与人类智慧潜能的开发"的讲座，并再一次听到禅修大师、心灵音乐家央金拉姆的天籁之音。

　　两天的沟通，以及那天籁之音至今仍在我脑海中萦绕。回去后这一段时间，觉得这次上海之行在我人生可能又是一个转折点，也让我静下心来考虑一些问题，尤其对这次组织人的感谢，对老师们心灵引导的感恩和由此而来的感悟！

　　晚上的演奏会到第二天的讲座，让我经历了从感谢这次活动到感恩大师的心路历程。坦诚地说，我对音乐的理解水平是很不够的，但央金拉姆和几位格莱美大师却把一个不懂音乐的人引进了一个如此美妙的地方——在那里我找到了久别的故乡：天是蓝的，高山是那么的深邃，雪水安详地流淌，绿莹莹的草地一直湮没于无边森林，我随着如梦如幻的歌声，把自己幻作桀骜不驯的苍鹰，翱翔在蓝天白云下，世界是那么空旷，心胸是那么宽广；一会儿又似一个虔诚的修行者匍匐在古老的栈道，聆听大自然的声音，不为遇见只为贴着您的温暖；当歌声骤然停下的时候，我发觉不知不觉间眼眶早已湿润。

　　在物理学上，有共振现象，那是物体内在振动频率相等的结果，人与人之间又何尝不是，只是有没有这个触发点而已，08年的汶川地震把国人内心向善的一面全面触发，引起了海内外华人空前团结。央金拉姆的音乐一样能把人性中光明的一面回忆和激发出来，歌声中我们的灵魂再一次受到洗礼，人与人的心灵产生强烈共鸣，这让我感受到了格莱美大师的魅力，也突然明白，心灵的回归不是马上放下工作、家庭，拿起行囊，四处漂泊，寻找梦里家园，那可能是一种不负责任的冲动，真正的平静，不是避开车马喧嚣，而是在心中修篱种菊。所以我感恩！

　　第二天现代修行者陈宇廷先生把我们带到更高的境界。对我来说，应该是敬仰他能用科学的方法解释禅理，敬仰他几十年如一日证佛的历程，不束缚于原来的存在，不因于前师的理论，全心全意印证自然的、无上的菩提。他的讲座让我们深省、感悟。是的，我们很多人还达不到放下身心，到寺庙，到深山静坐、参禅。但于世也应安于平淡，做出正确的选择，依靠韧性和耐心完善自我。在情况恶劣时不消极，情绪不低落，静得下来，耐得寂寞，积蓄力量，寻觅时机。只有真正觉悟的人，才会运用正确的立场，科学地揭示人生的本质，尽管这个过程是痛苦的，但唯有经历涅槃，才能获得真知，才能颐养自己的心性！

如果一个人把顺境和困境都当作煅炼能力、锤炼品格的机会，那么在任何环境里都可以发出感谢、感恩的声音，当感谢和感恩达到感悟的程度，我想是不是我们大家又精进了一步！

禅之路漫漫其修远兮，吾将上下而求索。愿以此作与大家共勉！

教学相长

那一次之后，2014年三月开始，我和央金陆续应邀到上海、北京、广州、成都、昆明、郑州、南宁、沈阳等各地多次演讲和教学，至今已有2000多名学员，其中600位参加了两日的觉性科学一阶课程，许多学员事后还参与了"觉性科学和央金六法"的微信群，继续在生活中练习"觉性禅修"。

其中七八成都写来很感人的回馈，以及练习的心得和体会。这对我是莫大的鼓励，学员们的收获，重新点燃了我分享经验，帮助大家由科学入门，直接经验到"觉"的热情。在此深表感谢。

我们马不停蹄地四处教学，心中充满了感恩和欢喜。几个月下来，亲身体会到众生一体，教学相长的意思。自己感觉不只是教学方式一次比一次进步，内容一次比一次充实，学员的心得也一次比一次深刻，一次比一次持续。而且，我很惊讶地发现，我自己的"觉性"，也随着教学而更加深入，更加稳定。

常有学员问，您花了二十多年才体会到的"觉"的法教，是不是我们也需要这么长的时间才能体会到"觉"呢？经过半年的教学，我认为是不必要的。学员在课堂上，经过一两天的练习，从问答和问卷来看，大约90%都能体会到"觉"，因为纯然的觉性，是人人本具的。

那么，学员在两天中体会到的"觉"，和我体会到的"觉"，是一样的吗？

我认为"觉"的感觉确实是一样的。但在三方面有些不同：

第一，珍惜感。由于我是经过了千辛万苦以生命换来的，因此特别珍惜，刻骨铭心。

第二，深度。觉有几个层次。从练习"觉察"，到熟悉"觉观"，到保持"觉照"，深度不一样。

第三，稳定度。觉不难体会到。在顺境中，在一个人静坐时、快乐独处时，保持觉不困难。但在生活中，动中保持，则需要花一些功夫。要在逆境中，情绪烦恼来时保持觉，则需要更多的练习，才能稳定。

附件三中摘录一些比较有代表性的反馈和对话，可以看出为什么我对学员们这么感恩，对推广觉性科学，有这么大的信心。他们的收获，带给我莫大的欢喜与鼓励。

五六年可能修到什么地步？

我感觉，如果掌握了正确的知见和方法，一个认真的人，三四年就可以熟悉"觉察觉观觉照"，修到一个稳定的、欢喜的、平和的状态。当然，这和古代大修行人或菩萨们的稳定度和深度是不一样的，但至少到这个程度，就会很有信心，知道自己路走对了，只要继续认真努力去做，对生死也不再那么恐惧了。这时候不是真的了了生死，对死亡完全没有恐惧了，而是很有把握，只要继续走，一定会走到。而且继续往前走，也不像以前那么费力了。

再深入"觉性"几年，你会开始发现你在这里，是因为被你的肉体、你的大脑、你的感官给限制在这个世界里了，这个世界，它像梦一样，并不是真实的。第一次经验到这个境界之后，这个觉悟并不稳定，有时候有，有时候也会失去，但是你从此会很有信心，因为你已经亲自经验到了"一切唯心造"了，它不再是一个观念。

这个状态有点像电影《黑客帝国》里的Neo的悟境。在虚幻的计算机世界中，敌人开枪打他，他不会再怕得要死，但仍很努力地去闪避，因为被打到还是会痛，还是会"死"，死了就离开这个空间了。当你悟到这个状态，会更重视自己每天的言行，会更照顾自己的身体，同理心和慈悲心会自然生起，会更珍惜周围的每一个善缘，每一位朋友，每一位爱过你的人，每一位你爱的人。

在这个阶段，你也会体悟到痛苦到底是个什么东西。你会发现，痛苦烦恼其实是我们的一种感觉。用科学来说，它不过只是能量的暂时汇集。就像只要不摇动水盆，水波会自动平息。当我们带着"觉"，轻松地"觉观"着烦恼，烦恼的能量会自然回归本性。

学会了这个方法，当烦恼生起，你不会随着它而抱怨、痛苦，而是会像第三者一样"觉观"着它，也就是观看着这个烦恼到底在哪里？强度如何？哪里来的？如果烦在心里，心在哪儿？会慢慢开始了解烦恼这个东西，就跟我们周围的万事万物一样，全都是能量的组合，现代人都知道爱因斯坦"质能互换"的道理，我们看到周围的一切、以为是固体的东西，其实都是一种能量在振动，然后通过我们大脑这个接收器，将影像慢慢聚合起来，所以觉得一切都是真实的。

当我们亲身经验到这个世界是虚幻的时候，就会明白自己的烦恼也只不过是能量的起伏。一滴水滴进一个池塘里，会有水波出现，不理它，过一段时间就平息了。任何一种波动，音波、声波、烦恼的能量波，不去理它，它过一段时间也都会回归平常，那种平常就是我们本来的面目。

当我们发现这个事实之后，下次再烦恼就不会害怕了。这不表示不会生起烦恼情绪。修行并不是把自己变成块石头，被戳一刀也不痛，什么都没感觉，不是这样的。悟后我们还是会笑，还是会哭，但不会搁到心上，也可以说是会"痛"但不会"苦"。

我相信很多的读者曾经有过这样的经验：半夜从梦中醒来，哦，原来刚才是在梦里，然后眼睛一闭，又回到那个梦里了，但这次你会记得——"哎呀，我现在在梦里！"从此有一种自由感，充满了欢喜和创造力。

上面谈到悟到"一切唯心造"的状态，跟在梦中醒来又回去的状态有一点相似——你醒来之后再回去，即使见到妖怪出来抓，或者飞机坠落，或者被水淹没，你都不会害怕了，因为你知道自己在梦里。

但是，在梦里看到很爱的人，你还是会很开心，会笑。你不会说，哎呀我是在梦里，你们都是假的。觉悟的感觉会慢慢越来越清晰，越来越稳定。甚至你会想帮助梦中其他人也知道是梦，希望大家在梦中都能活得欢喜自在。

要想让这种悟境永远稳定下来，那是很大成就的修行人才能做到的。但是你毕竟已经体会到了，所以遇到小的动荡就不会那么烦恼或恐惧了。修行成就的人，一样会遭遇亲人的死亡、事业的失败、感情的挫折，你还是会难过，会痛苦，但是比一般人容易度过，因为你已经知道"我在梦里"、"一切都是自心化现"的这个事实了。

帮助企业带给员工快乐的心愿

经过这段时间的教学，我久远前的一个心愿，又逐渐浮现出来了——我特别希望帮助有心学习的企业家修行，尤其是中国大陆的企业家和高管。或许"修行"是个太严肃的名词了吧，我想做的，是帮助他们通过禅修，找到心愿，开发仁心和智慧。

帮助一个企业家或高管，等于是帮了他的几百位甚至几千位员工，如果把上下游厂商都算进来，很多企业家一个人就会影响到好几万人，甚至于几十万人的苦乐。当他的心安静下来了，家庭和谐了，事业稳定了，这种稳定的感觉，会自然地通过他的一言一行，通过他的每一个决定，影响所有和他相关的人。

在这一方面，许多美国企业已经将Mindfulness（类似于觉性科学一阶课程中的觉察禅修）作为企业培训的一部分，像是谷歌、苹果、推特等等。不少企业，甚至已经设有禅堂、静修中心。帮助员工将心静下来，只是禅修百分之十的功能，这些企业推广禅修，主要是为了提升竞争力、团队精神、创新创意能力，以及创造能够留住人才的工作环境。

我常觉得，如果把全国大大小小的企业，想象成是一个一个的大大小小的国家，如果每一个国的人民每天都生活在压力和烦恼中；国与国之间的相处之道，只有竞争、猜忌、侵略、吞并，那么上自国王下至百姓，人人自危，每个小国、中国、大国，乃至于全世界，都会充满了不安和无尽的烦恼。

但如果每一个国王和宰相，都能通过非宗教化的、科学化的禅修，将心安静下来，找到自心的觉性，开发出仁慈之心，开发出智慧；每一位员工，都能通过禅修，增加创意效率，身心健康快乐，则全国，乃至于全世界，都会充满祥和与快乐。

我觉得，这是所有中国人的向往，也是许多中国人的愿心。我相信，不少人的这种愿心，和我以前一样，是被埋藏在心底深处的。当外部环境太过艰辛，需要全副精力才能存活，才能成功的时候，愿心会被自己埋起来，先把眼前的事做好再说，我怎么能放下事业去修心呢？

然而，"觉性科学"的知识和禅修方法，并不需要离开工作岗位，不需要离开家庭，更不需要离开工作和事业，甚至能够让事业更稳、更强、更大，我想这应该是未来修行的趋势。

过去有一段时间，我突然非常有兴趣，佛陀给各国的国王些什么建议。我去找了十几本经典，佛说来说去，都在说同样一件事情，就是仁王护国，应修"般若波罗蜜多"。当时我学佛只有三四年，极为好奇，这个般若波罗蜜多是个什么东西？查字典，波罗蜜多是"到彼岸"的意思，而般若的意思是智慧。那么这个智慧到底是什么呢？

近年来我才体会到，智慧不是个东西，而是当我们面对外境时，从心中产生的解决问题、处理事情的能力。怎么修出智慧来呢？首先要经验到觉性，开始认识自心的运作模式，当我们很放松地和我们的觉性融为一体的时候，我们的心，会自然地综合我们过去所有的知识和经验，做出有智慧的决定。但是，当我们的心过于紧张、忙碌、烦恼，或者左脑思维过多时，我们这种智慧的能力会明显下降。

就像各国国王们是最懂得他自己国家的问题和百姓一样，各企业家和高管是最懂得他的产业、企业、人员的。而由于各国的情形都不一样，因此佛陀要国王们通过禅修，通过"觉"，开发出智慧，就自然能够圆满地处理他自己国家的事情。

也因此，在2014年底，我和父亲也开始想如何更能帮助企业家、高管和全体员工，应该设计怎么样的课程。其实，这十几年来，欧美已经有大量的科学文献证明，禅修能带给企业多方面的重要帮助，其中最显著的功能如下：

1. 提升专注力，增加工作效率，减少意外和错误；
2. 增加创新能力，宏观格局；
3. 提升面对压力的能力；

4. 增加对人的直觉、同理心，知人善任；

5. 提升领导力、团队精神；

6. 使人员身心健康，减少企业医药支出。

我们参考了不少国外的资料后，决定除了以觉性科学大学一阶课程的知识和方法，帮助企业实现以上的功能之外，也希望能帮助大家对生命有更深的认识，也就是融入觉性科学大学二阶课程到三阶课程，甚至四阶课程的内容。

我们会这么想，主要是因为我们中国人的根器更深，有很大一部分人，尤其是成功的企业家，在追寻更深刻的心与生命的知识，而且想要亲自体验，不只是初步地追求身心健康事业顺利而已。

不少国外的修行朋友曾告诉我说，大多数西方人，由于没有心性、轮回、业力等等观念，在事业成功之后，多数重视今生享乐，少部分有善心者会投入社会公益慈善，但仅有很少一部分会想到自己的生死问题，或追求更高的心灵层次。而许多中国人，事业稳定后，即会开始思考生从哪里来，死到哪里去，生命的本质是什么，轮回存在吗，我该如何修行。

我想，原因是虽然有些中国人也曾经在全球各地转世过，但大多数已经在这一片土地上轮回了很多次，生生世世在此学习过这些生命的基本知识和观念，因此事业一稳，身心一松下来，对生命的这些本质性的认识，自然又会浮现出来，而开始找寻答案和修行的方法。

修行的阶梯

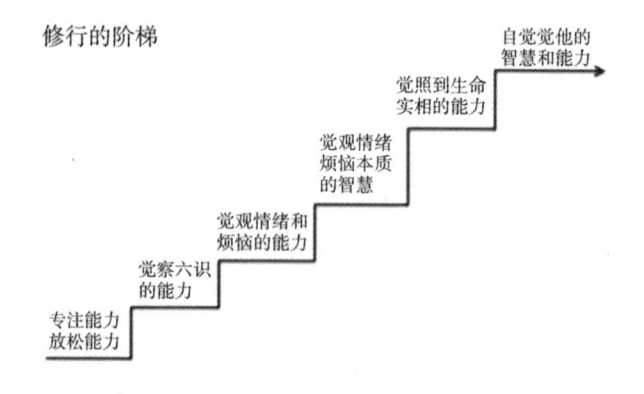

专注能力
放松能力
→ 觉察六识的能力
→ 觉观情绪和烦恼的能力
→ 觉观情绪烦恼本质的智慧
→ 觉照到生命实相的能力
→ 自觉觉他的智慧和能力

【图】修行的阶梯

在北京举办觉性科学论坛

除了教学，我们希望通过正规学府推广"觉性科学"的因缘也开始陆续出现。

在2014年十月，我们在北京举办了第一届"觉性科学论坛"，主题是物质文明与心灵/精神文明的结合。我们邀请了这些年来认识的国际企业界和科学界既有成功事业，又有多年禅修经验的朋友们一起参加。

大家对于中国的未来，都充满了期待与希望，都认为当中国人透过原本就在我们文化中的"禅修"，开发出内心的觉性、慈悲、智慧的时候，中国会对全世界的和平和繁荣，做出巨大的贡献。

早在十几年前的1999年，我父亲和我就曾经想办一个类似的论坛。我们总是觉得，当世界上有关键数量的人，对与心性、生死、轮回……这些观念，不单是有科学上的理解，而且透过禅修，有亲身经验的时候，人类的社会，会进入一个快速进化的模式，我们共同梦想的美好的世界，才会自然形成。

我父亲更是时常说："现在是一个知识和资讯极为发达的时代，但大多数的人，竟然对自己的内心世界有这么大的一个知识黑洞，真的是很不可思议。"

然而，举办这么一个活动的因缘，一直不成熟，十几年来总是办不成功。

直到2013年，我们应邀参加佩姬·洛克菲勒的婚礼。她当年66岁，和恋爱多年的加拿大心理学家完婚，邀请了八九十位来自全世界的好朋友参加。婚后第二天，大多数朋友们又一起参加了世界家族公益协会的年会。在会上，一个很巧合的情形下，点心时间，我和另外三位刚好一起坐在一桌。我和其中一位印度企业家乌代·肯可（Uday Khemka）先生，聊起了我的心愿，即我想在中国办一次世界性的觉性科学论坛。没想到他一听之下，就表示这一直是他的心愿，他在印度已经办了很多次帮助各宗教互相了解和融合的大型会议。他认为科学是最没有争议，最能够融合现代人类的工具。我们谈着谈着，有一种相见恨晚的感觉。

不一会儿，旁边的瑞士企业家克鲁格（Christian Kruger）先生和捷克的马力（Libor Maly）先生，也谈了他们各自的想法。原来克鲁格先生有40多年的禅修经验，而马力先生还是藏传佛法大圆满法的修持者。刚好我们四个有多年禅修经验的人碰巧坐在一起了，当然是一见如故，都觉得真正要帮助人类解决很多关键性的问题，解决各种矛盾，开发深层次的智慧，必须有非宗教的、科学性的、现代化的方法。

他们都表示愿意全力支持，在中国举办这么一个会议，也使我更有了信心，开始慢慢推动。

为什么大家认为应该在中国举办呢？我和肯可先生的一段对话，很能说明原因。肯可是印度SUN Group的继承人兼副主席。SUN Group是一个印度领先的家族式全球商业和投资集团，由Khemka家族持有，集团主要在印度以及前苏联的一些国家进行能源、矿产、房地产、基础设施、食品以及技术业的投资和经营活动。集团热心公益，资助建设并经营印度最好的商学院、非营利性的医疗联盟、年轻领袖的培训基地、社会公益家协会等等。

乌代本人在1997年的达沃斯全球经济论坛被选为"全球明日领袖"，领导集团的投资管理并创建多个焦点投资基金、风险投资公司，和印度著名的房地产私募证券公司。

印度人有个习惯，生命的前20年学习，之后20年成家立业，再20年要回馈社会，为人服务，最后20年必须修行，和心灵合一。他哥哥到了40岁，就开始多做公益，而他就更投入家族企业。

当天他说，我们印度和中国这个两个文明古国，已经把西方的各种科技和制度学得差不多了，有些方面甚至已经超越西方了。但是人类未来的方向是什么？他说，西方是没有答案的，我们不能跟着他们走，我们必须要恢复到我们的文化里面，回到我们的Spiritual Civilization。他谈的精神文明，意思是心灵文明，是比较高层次的精神文明，不只是礼貌礼节等世俗的道德观。

他认为，印度和中国应该一起帮助全世界。

他停了一下又说："严格来讲，这个帮助世界的重担其实是落在中国人身上的。"

我笑着说："您不必客气，佛法都是从你们印度来的。"

他说："我不是客气。我们也在中国做投资。我发现在心灵文明方面，中国和印度有一个很大的不同点。印度的心灵文明是你说有又好像没有，你说没有又好像有。平常什么场合都有人谈修行，看起来好像大家都在修行，但其实大多数人内心真正想的都是赚钱。饭后茶余，大家谈谈宗教的事情，也谈谈赚钱的事情。说是关心心灵修行，但其实是想要赚钱；说只是赚钱，好像又有一点点心灵修行，很混乱。

"甚至每天你走在街上，都会看到一些好像自以为在修行的这种人，有的脱光衣服头上点个红点，有的剃了光头穿着出家的衣服，他们有时会突然自认为是大师，能言善道，一副大显神通的架势，真的会有人跪拜、捐钱、乱哭一场，其实是一团乱。没有什么科学化的希望。我们印度人自己都没有搞清楚要怎么办。"

我问："那么您看中国呢？"

他说："中国很不一样，有非常好的机会在心灵层次帮助世界。因为你们中国几十年前，把所有心灵方面的东西一口气全丢掉了，把赚钱当成是人生追求幸福快乐的最终目标。之后很多人拼命了二三十年，赚到了钱后，清楚发现物质和金钱不是真的答案，开始找寻真的目标。这样的人再回头学习心灵修行，这种回头的力量是非常清净和非常强大的，不是把赚钱和心灵不清不楚地混在一起。由于中国有相当一批人已经到了这个地步，因此我非常看好中国未来可以在心灵方面帮助全世界，人类才能有真正的和平与幸福。"

我听了非常感动。

到了2014年初，我们看到习近平主席于2014年3月27日在联合国教科文组织总部发表演讲说，知道中国确实时间到了。我们一直认为，结合物质文明和精神文明，结合西方与东方的精彩，是当下人类最需要的。

而习主席那天说："实现中国梦，是物质文明和精神文明比翼双飞的发展过程……让中华文明同世界各国人民创造的丰富多彩的文明一道，为人类提供正确的精神指引和强大的精神动力。"使我们非常感动。

而更巧的是，那天瑞士的克鲁格先生刚好在无线电台中也听到这一段讲说，他说他当场感动得差点流泪，几乎不敢相信自己的耳朵，如果中国真的开始同步发展物质和心灵文明，这对人类实在太重要了。

当然，想要建立这样一个全球性的平台，自然有不少周折、障碍、闲话，但也有不少高人和好朋友参与帮忙，使论坛在10月19~21日顺利召开，可以说是播下了一个善良美好的种子。

200位来自全球的嘉宾,都是有影响力的觉性科学研究者或实践者,全是我们多年的好朋友或好朋友的好朋友,也有点像一个大家庭的欢喜聚会。与会的国际朋友包括在公益、慈善领域享有盛誉的洛克菲勒家族、芝加哥唐纳利家族等等。学术界朋友则包括清华、复旦、中科大、台大、台科大、高雄医学院、香港理工大学等两岸三地著名大学的教授、系主任,甚至前校长。企业界人士有国内外的实业家、创业家、金融投资家、大律师、会计师。地区则包括两岸三地、美国、德国、瑞士、印度、比利时、新加坡、韩国等。

1999年的心愿,终于在15年后实现了!

父亲开场演讲

觉性科学论坛可以说是我们二十多年的一个修行总结,但同时也是实现未来心愿的起始点。

父亲的开场主要有两点。第一是介绍觉性科学是一门结合禅修与科学的新学科。第二是强调科学化、现代化、生活化的禅修方法,是落实中国儒释道三家思想的关键。

他简要地说:"先从儒家谈起。儒家的根本是诚意、正心。诚意是我们的思想和念头要诚。但是我们的念头来去飞快,一个接一个,像流水瀑布一般,如果没有练习的方法,如何实际做到诚意呢?

"而'正心'的心又是什么?如何体会到心?如何正心呢?因此,一定需要有可以练习的落实方法才行,否则儒家就会变成了教条,成了批评别人的道德标准、口头禅。

"禅修主要由寺院传承下来,但禅修本身并不是宗教,而是一套套教导我们如何静心,然后深入认识自心和意识运作模式,乃至于体验心性本质的科学方法。

"所以要落实儒家思想,我们需要透过禅修,第一步先将心安静下来,看得到自己的思想,自己的起心动念,然后才能慢慢诚意、正心。如果连自己起了什么心、动了什么念、在想什么都不清楚，也不能自己做主，那修身、齐家、治国、平天下就更谈不上了。

"再谈谈道家。道家谈修身养性，而基本功课也是必须能够把心静下来。禅修是最好的方法。道可道，非常道。要体悟大道，更是需要禅修。用头脑去思考想象猜测，肯定是体悟不了大道的。

"最后，释家讲求明心见性，见性成佛，体悟'万法由心生'，更是必须深入禅修。

"因此，我认为，以禅修修练自己的心，是实践儒道佛三家思想的根本方法，也是中国得到世界尊重的关键方法，是中国文化能对世界做出的最大贡献。"

父亲的现场发言虽然简短，但是非常有力量，尤其是他的温暖、稳定、平静感动了全场的人。事后许多人来问我我父亲的年龄，是怎么修的，怎么感觉这么有能量，听到他说话自己的心就安住下来了。这也使我特别觉得，有时不在于讲了多少话，甚至不在于讲话内容，而在于人的自身修养，和自然散发出来的能量。

觉性科学新知

觉性科学论坛包含三方面内容。第一是最新科学知识，第二是在企业界的应用，第三是在公益和文化领域的应用。

我简介了觉性科学近年在全球的发展趋势，除了介绍欧美这方面的科研突破之外，也介绍了我们发现西方这个领域发展有两个很大的障碍。第一是深度不够，对全盘和次第阶梯不了解。这是由于西方文化中缺乏一些禅修的基本知识，尤其是没有"空性"与"境由心生"的观念，因此许多深入禅修的人，有的卡着无法前进，有的悟以为自己证悟成圣，也有不少走火入魔。

第二个障碍是理论与实践是分开的。美国的这个领域分成心智科学和相当于觉性科学一阶课程觉察禅修Mindfulness两大部分。但大多科学家研究理论但不研究方法，更不亲身实践；而企业界则是使用方法，但是理论不清楚。

也因此，学术界不少实验空耗资源或结论错误没有意义。举例来说，曾经有位大教授得到数百万美元的研究经费，研究祈祷是否有用，最后根据比照组与对照组病患的情形，总结出祈祷无效，是没有用的。

而台湾我父亲任科技部长时，曾经证实人的心念，是能对细胞起到物理作用的。当时实验是以不同心念培养大肠杆菌。一组用常用方法培养，另外两组的温度、湿度、养分也都一样，但一组用"恶念"培养，骂大肠杆菌说，你们这种丑陋的低等生物，杀杀杀，你们去死吧，这样每天骂每天羞辱它们。另一组用"善念"培养，一直对大肠杆菌说，好宝宝你也是一个可爱的生命，希望你好好活着，健康长大，给它爱心、温暖。结果实验数据出来，发现被"恶念"照顾的菌群，不只生长慢，很多连细胞膜都破裂了；而被"善念"照顾的菌群，成长速度比平常的快百倍，甚至千倍。

父亲请人重复实验多次，又用不同菌种实验，得到的答案都一样，证明了心念能直接起到物理作用，从而改变细胞的生长。同时，也发现，这种念力的力量和起心动念力者的两方面情形有直接关系。第一是他的定力，如果一面看电视聊天一面起念头，是没什么作用的；第二是他的关心用心程度。如果漫不经心，也没什么作用。而美国大教授的实验，是请了没经过禅定训练，对病人也不怎么关心的人参与实验，自然会得出祈祷是没有用的错误结论。

在企业界方面，如果仅练习方法，但是理论不清楚，其实也是一个很大的障碍，而且练习久了甚至会有危险。这是我们决定觉性科学一定要理论与实践相结合的原因，也是为什么我们希望未来觉性科学的研究应该由中国推广，才能真正帮助到全世界。

我作了报告之后，是请三位大科学家介绍由浅到深的觉性科学一阶课程到三阶课程相关的最新科学知识。最特别的是，这三位大科学家——一位大学系主任和两位大学校长，不但在科研方面深受学术界尊重，而且都有二三十年的禅修经验。这是极为重要的，因为具有亲身经验的人，其实验设计和理论形成才会更加深入与精准。

首先在觉性科学一阶课程层面，也就是针对希望得到身心健康、家庭事业圆满的人群，我们请到亚洲老年痴呆症的权威，台湾高雄医学院心理系主任杨渊韩教授。他本人有30多年禅修经验，向大家介绍了禅修降低血压、提高免疫力、缓解抑郁症、改变大脑结构，使人身心平静和快乐的最新科研。最使大家感动的，是杨教授的慈悲心。在他语言之间，能感受到他对中国将近2亿60岁以上人口，有超过1000万以上将罹患痴呆，每1.6分钟一名新增病患，以及75%的漏诊率，感到忧心忡忡，有巨大的急迫感。

他是两岸三地失智症研究计划的总主持人，粗估2040年中国失智症人口约2亿6千万，失智症平均存活7-12年，目前无药可治愈，但透过多年心理学科研，发现禅修对老年痴呆症有重要的缓解、延后，甚至于治疗的作用，因此我父亲和他也正在开始积极推广针对老年人的禅修方法。

在觉性科学二阶课程层面，我们请到台湾大学前校长李嗣涔校长。李校长曾是台大电机系主任，是我父亲当年在科技部时延请到的十位参加生物能场实验的杰出科学家之一，发表了大量非常有突破性的科学论文。他在觉性科学论坛谈的主题是"科学的疆界"，也就是最前卫，科学刚刚触碰到，但还不完全知道如何解释的现象。他分大中小尺度三方面介绍。

首先是大尺度宇宙的组成之谜，令人困惑。二十世纪末，科学家发现，宇宙并不是由我们过去认为的"物质"所组成的。正常物质，也就是我们五官所能感受到的、仪器能测量出来的物质世界，只占全宇宙的4%。而我们人类还不大懂的暗质（Dark Matter）和暗能（Dark Energy），各占23%与73%。听众们都很意外，原来现代科学对宇宙的了解，是极为有限的。

接着校长介绍了小尺度量子世界，也令人困惑。量子纠缠与非局限性（Quantum Entanglement and Nonlocality）。根据爱因斯坦相对论，光速是宇宙中最快的，不可被超越的速度。但当两个光子以光速向反方向飞去，不管飞了多远，都永远会保持变化不定但一致的极化方向，这表示两者之间的信息连结，是超光速的，显示真实的世界是一个不可分割的整体，超越了爱因斯坦的理论范围，对科学家而言，仍是个谜。

大尺度宇宙暗能量之谜和小宇宙量子纠缠之谜，和我们的日常生活非常遥远，好像没有什么关系，李校长又介绍了中尺度的谜——儿童潜能现象。

一般我们识字，当然要用眼睛看到，才能知道是什么字。眼睛完全蒙起来，或者在完全的黑暗中，当然就什么都看不到了。而儿童潜能现象是指1979年，数千名儿童被发现有能够用耳朵或手指识字的功能。而李校长任职台湾大学电机系时，进行了手指识字的实验。自1996年起至2004年，他分九梯次每次四天，每天两小时，训练了173位儿童。很不可思议的是其中41位出现了手指识字功能（读者有兴趣者可以参考李校长的《难以置信》系列著作）。

李校长准备了很完整的Powerpoint报告，解释了他们所做的各种生理测试，像是用电极测量皮肤电位；用多普勒超音波测速仪，测量中大脑动脉血流速度；用电脑色盘测试色彩的恒常性；还有测量EEG脑波频谱、fMRI功能性核磁振造影测试等等。

在三十多分钟的报告中，李校长的真诚、风趣、投入，让大家感受到真正的"科学家追求真理的精神"，都极为感动。

在觉性科学三阶课程层面，我们请到中国物理学界的泰斗，著名物理学家、中科院院士、中国科技大学前校长朱清时校长。

朱校长亦有近二十年禅修经验，著有轰动一时的《物理学步入禅境：缘起性空》。其中他以爱因斯坦的统一场论和霍金的"弦论"，与佛学经典《成唯识论》的"藏识海"进行比较研究，他认为是相通的。物质世界，是无数宇宙弦的交响乐，与眼前世界是藏识上因风缘而起的波浪，是极其相似的。他曾幽默地说："科学家千辛万苦爬到山顶时，佛学大师已经在此等候多时了！"这一论点，可以说，彻底动摇了二十世纪以来作为主流认识论——"唯物主义"的基础。

在论坛中，朱校长以现代物理学的最新成果，解释佛学的空性智慧。佛经中字数最多的是600卷《大般若经》，它是专门阐释空性智慧的重要经典。"般若"是梵语，指洞察万物皆空的一种智慧。《大般若经》的精华浓缩成了260个字的《般若波罗蜜多心经》。理解《心经》的关键是懂得"五蕴皆空"四个字。

而何为"五蕴皆空"呢？朱校长介绍：1932年，科学家证实：原子是由电子、中子和质子组成的。科学家们把比原子核次一级的小粒子，如质子、中子等统称为基本粒子。1964年，盖尔曼提出：质子和中子是由一种更微小的东西——夸克构成。然而，迄今虽然一些实验现象证实夸克的存在，然而单个的夸克至今未找到，因为夸克是极不稳定的、寿命极短的粒子，它只能在束缚态内稳定存在，而不能单个存在。所有的基本粒子，都是宇宙弦的不同振动模式或振动激发态。也就是说，宇宙是由宇宙弦组成的大海。基本粒子就像是水中的泡沫，它们不断在产生，也不断在湮灭。也就是说，是"空性"的。

既然最小的世界是如此，我们现实的物质世界，其实也是"空性"的宇宙弦演奏的一曲壮丽的交响乐。因此现代物理学和佛学的空性智慧，也是相通的。

在朱校长的演讲中，最使听众们感动的是他的人格。虽然身为中科院院士、中科大校长，但散发的能量非常平和、谦卑，完全没有一丝骄傲心、比较心，是一位温文尔雅的真正学者。

禅修在企业领域的应用

有了理论上对科学新知的了解之后，大会的主题是现实生活中的应用。这方面请到了我和央金这些年来在国际上交到的好朋友们作为演讲嘉宾，都是有影响力，有十年以上禅修经验，而且人格使人感动，有爱心、智慧、真诚的企业和公益界领袖。在这里简单介绍。

首先是禅修在企业方面的应用。

瑞士克鲁格工业集团第三代继承人克里斯丁·克鲁格。克里斯丁也是洛克菲勒世界家族公益协会的成员之一，是一位在欧洲很受尊重的公益家，散发着一种非常安静、真诚、欢喜的能量。有三件小事使我特别感动。年初在纽约见面的时候，他主动提出希望赞助觉性科学和这个论坛。我很意外，问他为什么。他说他自十几岁就接触到修行与禅修，父亲一直培养他静心的能力与爱心。曾经在三十多年间，每年都去印度闭关一个月。他告诉了我很多他和上师之间的感人故事之后说，"我很有福气，很幸运地能够这样接受上师的教导，但这样的学习方法，对大多数人来讲是不可能的。而你做的事，是把这样的学习，让大部分的人都能够有效率地学习，我认为这是对人类非常重要的事情，是非常值得支持的事情。"

第二是当我打电话和他商量他在大会上怎么样出场最好的时候。我问他是希望用演讲，还是座谈呢，还是什么样子的方式最好，时间长短有什么要求。他大概感觉得出来时我是在担心会怠慢了他。他笑着说："我修行三四十年了，早就没有Ego（自我）的问题了，我没有任何自我表现的需求或欲望。我是纯然来帮助您的，您要我多说点少说点都可以，要我不说话坐在底下当观众也没关系，完全听从您的安排。"我听了非常感动。

第三是当我问他的赞助，在大会中或广告文宣中有些什么要体现出来的要求。他也是笑着说："如果是一个商业运作，当然需要广告文宣的回馈。但这一次是一起在做一件有意义的事，你认为怎么做都好。我不需要任何宣传。"

在论坛中，他谈到自己总是很感恩，也总是觉得自己很幸运，能投生在这样一个企业家庭中。他一生很努力地投入发展家族事业，但是他从来没有为钱而工作，他的生活很简单，为自己赚更多财富从来不是他的动力，他唯一的动机，是把所有的员工像是家人一样地照顾好。

之后是中国上市公司绿谷集团的创始人兼董事长吕松涛先生。由于他是佛教泰斗南怀瑾老师的学生，我们称他为吕师兄。吕师兄很真诚地分享了自己透过三次巨大起落，由百亿身价掉入负债累累，而后透过一整年的闭关禅修，悟到生命的真谛和意义，找到人生的目标，又在六七年间建立了百亿上市企业的心路历程。

他公开剖析了自己人生的成功失败、酸甜苦辣。他介绍了自己人生意义的转化过程，从早年的事业成功曲线永远赶不上人生满意度，无止境地想赚钱；变成了到今日以治疗人类疾病，进而使所有人健康无病为人生目标，每天充实快乐地工作。

由于吕师兄的故事和经历，特别贴近与会来宾的心声，大家听了都极有收获，也被他的很真诚和自我剖析的勇气所感动。

会中印度工业与金融集团继承人乌代·肯可，也向大家介绍了他在全球推广心灵文明的心愿和经验。他认为中国是最有机会，也最有能力自文化中提炼出能帮助全世界的心灵资源，尤其是中国自古对禅修与生命的深入认识。来宾们也都被他对中国的热情与看好所感动。

老朋友韦恩·希尔比（Wayne Silby）的发言也使来宾印象深刻。韦恩是150亿美元的美国卡弗（Calvert）投资基金的创始人，同时是一位著名的公益家，美国社会公益投资家联盟的创始人。他也有二十多年运用科技禅修的经验。

我印象最深的，是在一次大型的公益论坛上，他走过来搂着我的肩膀说："Without spirituality, just philanthropy like this won't work."（公益慈善很重要，但若没有心灵层面是解决不了问题的。）我们都有十几年投身社会公益的经验，深深了解到，很多问题，尤其是社会公益方面的问题，不能只靠左脑的思维来解决，而需要结合右脑的感性、创意、灵感，还有无我的精神，才能够圆满处理。因此必须有心灵层面的训练我们的意识和觉性的方法。在这一方面，韦恩谈了一个他的亲身经验。在八零年代，他的投资基金事业面临倒闭的风险，因为当时美国出台了一个新的法规——允许商业银行涉足投资基金的领域，也就是说，在一夕之间，全美国的银行，都成了他的竞争者。公司上上下下，都非常紧张，在这生死存亡的一刻，他决定去禅修。他并不是用传统的禅修方法，而是运用漂浮箱（Float Tanks），在完全的黑暗中，他漂浮在水上，很快身体完全放松，心进入了安静、放松而又清明的状态。在这个时候，他脑海中不断浮出"合作、合作、合作……"的声音。他跳了起来，决定以帮助各大银行进入投资基金领域为策略，提供自己公司多年的投资专业经验，共同设计产品，由银行通路销售，结果几年之间，他化危机为转机，卡弗基金快速增长，成了百亿美元的大型投资基金。

禅修在公益文化领域的应用

在大会上，好朋友佩姬·洛克菲勒分享了她的经验。在三十多岁开始的20年中，她随她父亲，在全球各国展开了无数个公益项目。由于天天看到世界上痛苦的人，而且感觉越帮越多，永远没有能做完的一天，心中非常伤痛。有时她做得实在累了，只好躲起来休息不见人，但每次没多久，心中又升起了罪恶感，觉得解决这些苦难是她的责任，必须站出来承担。久而久之，她感到身心疲惫，很痛苦。

六年中，她多次来回于纽约的公益事业和她自己在蒙大拿州的广大牧场。她的禅修方法之一是一个人在大自然中行走。直到一天，她悟到一个重要的道理，要想解决别人的痛苦，必须先解决自己内心的痛苦。于是她开始定期到大自然的环境中安静地生活，万缘放下，将心安静下来。

这样一段时间以后，她又发现，世界上许多苦难的问题，无论是贫穷、饥荒、战争等等，其实都有解决之道。她常聚集全球的公益家、企业家、政治家，一起商讨各种对策，但是时常因为每一个人的自我意识Ego，而产生争执或找不到圆满解决方案。她想，哦，原来真正的问题是在于人的自我意识。由于她已经有了闭关观察自己内心的经验，她体悟到想要改变别人，必须先改变自己，决定在帮助人减少自我之前，必须先减少自己的自我。于是她又开始学习各种方法，更深入地认识自心。而且在几年前开始，在她家族的牧场和一些能量特别好的地方，针对世界家族公益协会的会员和一些特殊有影响力的公益和企业界朋友，开设在大自然环境中的静心培训课程。她发现人在大自然中，尤其是能量磁场特别好的地方，心很容易静下来，而当人静下来，烦恼和自我意识都会自然减少，爱心和灵感创意会自然显现，使事业和公益做得更加成功圆满。

大会当然也邀请了我的好兄弟，本书前面谈到的世界最大印刷集团第五代投资基金负责人唐爱益，这位待人平等，永远光明乐观的金融家、公益家。不过，座谈的内容既不是金融也不是公益，而是谈舞蹈和禅修，以及家庭教育。

我放了一段他的舞蹈短片，称为Lindy Hop，是美国1930、1940年代风行的爵士乐摇摆舞，也可以说是当时的街舞。来宾们看得目瞪口呆，但是充满了笑容，都没想到这个身高196公分的大个子，能够跳出这么美丽的舞姿。他说跳舞是帮助他体悟无我的欢喜的最佳工具，从最开始被嘲笑为"有两个左脚"，面红耳赤，完全没有节奏，到突破面子问题，放下自我意识，融入音乐和环境，享受韵律和舞蹈。他每年都会有好几星期，放下他金融家和公益家的身份，到世界各地参加一些连续好几天的舞会。在舞会中，什么国籍、宗教、职业、身份、金钱、地位的朋友都有，大家都像一家人一样地欢喜自在地一起吃、一起住、一起舞蹈。也使他能和各式各样的人，不分高低上下、贫富贵贱地自在相处。

他的这种平等心，和他小时的教育息息相关。在他出生的1960、1970年代，唐纳利（Donnelley）家族在芝加哥早已是一个家喻户晓的大富豪家族。据说他祖父喜欢火车，不但买了火车，还在自己的家园中，建了几公里的火车轨道！但他的父母很有智慧，不希望孩子在这样的环境中长大。于是决定搬到旧金山，父亲到学校当一位老师，开中产阶级的车，住中产阶级的房子。母亲投身社会公益活动，因此在他成长过程中，家中总有各式各样的访客，有时有无家可归、需要帮助的人，也有神父、牧师、音乐家、企业家、政客……最多的是各种老师、教授。由于父母待人平等欢喜，这也使他养成了这样的对人态度。

我又问，那他父母从小是怎么教育他的呢？

他谈了他记忆最深的经验。他父亲时常带他和弟弟，玩"做乞丐"的游戏，没房子住，在院子里用破纸箱叠起小屋，点些蜡烛，在里面快乐地谈天说笑。父亲总和他们说，如果他们真成了乞丐，一样可以这么开心快乐地活着。这不但使他从来不会看不起没钱的人，而且自己也没有失去一切钱财，成为乞丐的恐惧。他总是把一切生命中的好事坏事，都当成一个美丽的人生经验。这是相当不容易的。

还有一件有趣的事，是他父母从小都没有告诉他们关于他们家族企业的事情，所以他们一直都不知道家族的故事，更不知道自己是大富豪家庭的成员。唐爱益在十二三岁时，有一次看《吉尼斯世界纪录》，看到世界最大的印刷厂是Donnelley家的。他看到了很兴奋，跑去告诉他父亲："爸爸你看你看，世界上最大的印刷厂和我们的姓是一样的，连拼写的方法都一样，都是两个n，两个l，好有趣！"这时他父亲才把他和弟弟叫到一起，告诉了他们家族的故事，但他们仍然不知自己是富豪，因为他父亲仍然带着他们过着简朴的生活。他回到家族事业中，是在他耶鲁大学毕业后，到中国教书了几年，又投身社会公益之后，有一天被祖母叫了回去，要他参加金融投资才开始的。

在公益文化座谈中，我母亲陈曹倩女士也谈了她多年的心得。很特别的是，她20多年来，一直是禅修和文化创意并行的。她曾是中华花艺协会的理事长多年，投入发展中华花艺，是日本花道的始祖。日本插花与其民族性相近，造作剪裁较多，给人的常是一种比较孤寂、凄凉的美感。而中国人讲求文人插花，强调带给人丰盛、欢喜、谐和、富足。

她20年前创办中国女红坊，又成立母亲的艺术协会，日以继夜地一直致力于推动将中国女性的艺术现代化的工作。她整合了几十年来学到的女红、花艺、茶艺、陶艺等中国传统民间艺术，以现代的美感和方法呈现出来，并形成现代人在生活中可以使用的产品，以保留、传承和发扬这些珍贵的工艺。

自我懂事起，有无数人问过我，您母亲气质怎么这么好？这次会上更是如此。其实我母亲是结合了禅修和母亲的艺术。透过女红，培养专注和内心的安静。而当女人的心安静下来时，温暖、平和、慈悲、智慧，就会在生活中、一言一行中，自然显现流露出来。她说，在中国古代，男人是用琴棋书画来禅修，而女性，是透过女红、花艺、茶艺这些艺术，作为生活中的禅修。

我在我母亲身上，亲身经验和感受到这种生活中禅修方法的力量。

实用的禅修方法

很多朋友事后告诉我，这次论坛最特别之处，和觉性科学本身一样，是理论和应用兼顾，觉得是一场不曾经历过的、在中国大陆前所未有的论坛。

在每一段演讲和座谈之间，我们都加入了实际练习禅修的方法，让参与的嘉宾和来宾，不但学到新的科学知识，同时也学到和练习了在日常生活中有效有用的禅修方法，比如"禅睡"—— 一个帮助人在五分钟恢复三十分钟睡眠精神的方法；还有"觉察呼吸法"—— 一个帮助人练习专注，并且气闲神定的方法。

在众多方法中，会后来宾们表示印象最深的，是央金的觉性唱诵法。央金的唱诵，并不是一般的唱歌，而是一套以声音频率帮助人快速进入禅定的方法。三天的论坛中，央金的四次唱诵，每次都帮助来宾感受到声音频率对身心的影响，大部分的人都能很快安静下来，有些甚至进入了禅定状态。

在大会中，我们请到香港理工大学数位娱乐与游戏研发中心主任於积理教授，介绍了以声音频率禅修方面的科研，并介绍了他正在设计的科研项目——以央金唱诵法帮助人达到静心与治疗身心疾病。

我记得央金第一次唱诵之后，全场所有的人都进入了寂静清明的状态，觉得说什么都是多余的。一段时间之后，我请克鲁格上台发言。他从禅定状态中出来，慢慢走上台，笑着说："在这样一个已经圆满的状态中，我还能说什么才好呢？"

三天的论坛中，大家都极为感动，提出了很多在全球和中国推广觉性科学的想法和建议。会后我们采访了大多数的来宾，最后请大家用一个词来形容对这次觉性科学论坛的感觉。出现最多的是"感动"、"感谢"、"高度"、"温暖"、"爱"、"曙光"、"开始"……

的确，这只是一个开始，预计下一次大会，会邀请更多欧美的大科学家、企业家，探讨新的研究成果，禅修在各行各业中的应用，还有各种帮助人提升觉性的科技工具。

我感觉这次论坛，并不像个大会，而像一个有相同志向的朋友之间的亲切聚会一样，大家不但有共同的心愿，而且有具体的方法，希望能为人类创造一个更美好的未来。

我们的心愿

当觉性科学的研发回归东方，
由中国学府发扬光大；
当各行各业，
都有关键数量的精英，
通过正规教育体系，
学习觉性科学，熟悉禅修，
开发出自心中的智慧和慈悲；

那时，觉性科学将成为通识和常识，
人心和社会，都会非常安定和繁荣；
那时，中国将会引领世界，
使人类文明飞跃性进化，
进入大同世界！

附件一　一些关于学佛与修行的科学观念

以科学观念介绍佛法和修行
什么是"佛"？本体和"觉性之海"
什么是"佛法"？回归"觉性之海"的方法
什么是"空性"？大脑是一个调频选台器
什么是"修行"？带着"觉"融回觉性之海的过程
什么是"皈依"？／推荐阅读

以科学观念介绍佛法和修行

大师们解释佛法正见的著作都已经很完美了,不需要我多说些什么。

不过,古代由于交通不发达,很多地方甚至没有纸笔,许多法教都是由上师根据弟子的理解能力,以及那一个时代,那一个地区的习俗,通过口耳相传,教授给弟子的。两千多年下来,同样的境界和修法,可能变成了十多种,甚至是上百种专有名词和术语,使得佛法更给人浩瀚如海、永远读不明白的感觉。

其实,如果用现代人熟悉的科学名词术语来解释佛法的一些基本观念,是非常清楚易懂的。举例来说,"色不异空、空不异色、色即是空、空即是色",如果用古文来理解,是非常复杂、深奥难懂的。但是对现代人来说,只需要说是爱因斯坦提出的"质能互换",就明白了。

我在这里,尝试用不大一样的方法,用"觉性科学"的方式,也就是现代人易懂的、科学的观念和词汇,希望能帮助大家对佛法和修行有更多认识。

什么是"佛"?本体和"觉性之海"

首先,什么是佛?

宇宙以及所有的生物都是自同样的一个"本体"所演化出来的。根据大物理学家戴维·波姆(David Bohm)的形容,一切现象和生物,都是从隐性世界(Implicit Order)中呈现出来的显像世界(Explicit Order)。隐性世界无法被测量,但是蕴藏了出现一切事物的可能性。由隐到显的过程如下:本体出现波动,也就没有质量或形体的能量。之后出现的几率越来越高,密度越来越大,逐渐出现形态、形状、颜色。接着是密度更高、有质量重量的各种微粒子。微粒子再结合成为原子、中子、电子，乃至于宇宙及多维空间中所有的生命以及万事万物。

这个本体，本身是带有觉性的，说俗一点，也就是说它是活着的，有生命的。

我们都是从这个本体、这个带着觉性的、无始无终的、无边无尽的、似虚空一般的"觉性之海"中化现出来的生命。

古代没有这些科学名词，用实相、本觉、空性、法性、佛性、心性、真如、如来藏、真空妙有等名词来形容这个本体，这个"觉性之海"。很多时候，也简单地用"心"一个字，来代表这个本体。

我想和大家分享的第一个观念就是，这个本体就是所谓的"佛"。这也是为什么佛法常说"心、佛、众生，三无差别"。没有科学观念，就会觉得很奇怪，这三个怎么会一样呢？但是用物理学来解释，就变得很清楚了。佛法说心生万法、境由心生，也是在谈这个物理学的道理。只是古代用文言文形容，就变成了哲学、玄学，甚至于宗教迷信。

其实，万法由心生就是指我们都是从这个本体、这个"觉性之海"、这个"心"所显现出来的、化现出来的，对于有科学观念的现代人，并不难理解。

什么是"佛法"？回归"觉性之海"的方法

佛，意思是"觉"，因此佛陀也被称为觉者。法，是指方法。佛法实际上是一套教导我们通过"觉"，融回到"觉性之海"的方法。

《法华经》[1]中说得很清楚，所有的佛都是由于一件"大事因缘"才出现在世界上的。什么大事？就是让所有众生了解佛的知见，体悟佛的知见，进入佛的知见。佛的知见就是"觉"的知识和见解，也就是以上谈及的觉性之海。

---

1 《法华经·方便品》："诸佛世尊。唯以一大事因缘故出现于世。舍利弗。云何名诸佛世尊唯以一大事因缘故出现于世。诸佛世尊。欲令众生开佛知见使得清净故出现于世。欲示众生佛之知见故出现于世。欲令众生悟佛知见故出现于世。欲令众生入佛知见道故出现于世。舍利弗。是为诸佛以一大事因缘故出现于世。"

为什么要融回到"觉性之海"中呢？因为当我们变成了小水泡，离本体太远了，忘了自己是本体的部分，因此产生各种烦恼和痛苦。最常用的比喻是梦，由于我们忘了我们是在做梦，因此被梦里出现的妖怪、可怕境界给吓得头昏眼花，或被其中的爱恨情仇弄得一头烦恼。当我们醒来了，知道是一场梦，所有的恐惧和烦恼都消失了。

佛法，是一套觉醒的方法，教我们怎么在这场梦中，觉知自己是在做梦的一套方法。当我们熟悉了这套方法，虽然我们仍然处于现实的四度时空间世界中，过着形形色色的正常人的生活，但是我们的痛苦和烦恼会大量减少，因为我们知道是一场梦，是这个本体"觉性之海"化现出来的世界。

由于对世界的形成有以上的认识，因此佛法和西方定义的宗教完全不一样，并没有一个要大家崇拜的神，而是告诉众生我们都是自"觉性之海"中化现出来的，只要大家练习，人人都能融回本体，也就是"成佛"。

当然，我们现在是一个微小的水泡，离"觉性之海"的本体，离"成佛"，是有相当一段距离的。虽然如此，知道我们都是"觉性之海"的一部分，对我们的修行是有很大帮助的，虽然我们是小水泡，但是无论是水泡、水滴、浪花、大浪、海面、海底，都是海洋的一部分。用佛法的术语来说，就是"众生皆有佛性"。

什么是"空性"？大脑是一个调频选台器

"空性"是佛法的基本概念之一，也是曾经困扰我很久的问题。到底空性是什么？怎么体会空性？

其实，空性、佛性、觉性等，都是一切事物本体的代名词，从不同的角度帮助人理解和悟入本体，觉性之海。

很多朋友都曾经听过"色即是空、空即是色、色不异空、空不异色"。这是佛法著名的经典《心经》里大家最容易记得的一段。传说唐朝玄奘大师出西域去印度时，菩萨传授了他《心经》，作为他的护身法宝，帮助他少受了很多苦。这到底是什么意思呢？

从科学的角度来理解，其实相当清晰易懂。我自己是在2004年第一次体会到，但是要一直到2013年跟我父亲陈履安先生和妻子央金拉姆多次讨论后，才将这个观念和科学解释连起来。

简单地说，我们现在看到的世界，像是现在你能看到这本书，是因为有光线照到书上，反射进我们的视网膜，再被分析成大脑能接受的讯息，因此呈现出这个景象来。

请你试着停止三十秒钟，不要急着翻下一页。

听一听你周围的声音，闻一闻空气中的味道，感觉一下你的身体。

［开始静止］

［结束］

有现代科学观念的人都知道，我们现在存在于这个有长宽高组成的三度空间中，再加上感觉到时间的流动，形成了所谓的四度时空世界。我们的五官，眼、耳、鼻、舌、身，不停地吸收来自这个四度时空世界的信息。

有时我们清楚觉知，有时是下意识地，但是五官从来不停止吸收信息，将信息送到我们的脑中，因此我们能够觉知到这一个四度时空，觉得我们活在这个世界里。

我们的第六识，也称为意识，也就是我们能思能想的这个能力，又根据吸收进来的信息，不停地与这个世界互动，分析进来的信息，指挥我们的身体，让我们能够好好活在这个世里。

其实，我们可以把我们的脑想成是一个电视台的调频器。我们生下来就通过五官开始接收到信息，但并不清楚怎么分析。婴儿时期，我们对于长、宽、高、距离、时间、声音、味道、触觉都只有一个模糊的概念。慢慢地，我们开始聚焦和调频，这个四度时空的世界，越来越清楚，越来越熟悉，越来越习惯，久而久之，对四度时空的习惯，逐渐变成本能。

也就是说，因为我们的眼睛可以看到这些光波，耳朵可以听到这些声波，鼻子可以闻到这些香味，舌头可以尝到这些味道，身体有一定的密度和触觉，因此眼前你看着书的这个世界就呈现出来了。感觉上，这个世界是非常真实的。这也是我们一般体会到的世界。即使是释迦牟尼佛或其他证悟的圣人，当他们活在这四度时空中和我们交流时，这也是他们所感知到的世界，和我们是一样的。

不一样在哪里呢？

当一个人通过禅修，脑和意识不再不由自主地发送和接收信息时，我们能够收到的，就不只是这些光波，不只是这些音波、香味、味觉，甚至不受肉体感觉的限制。因此呈现出来的，是另外的各种世界。就像电视台的调频选台器一样，平常看着中央电视台，看着播报员在讲新闻。我们按一个钮，就可以调到其他的电视台，不同的内容就显示在我们面前。

当我们完全放松，保持觉性，进入禅修的状态，其他的世界就会出现。

熟悉了之后，我们可以调整到任何我们想看的电视台。

这时候你就会知道，哦！原来我们熟悉的这个四度时空的世界，只是万万亿亿一个世界里面的其中一个，当我们的五官调频对准着这个世界，这个世界就出现了。当我们调频进入了其他频率的世界，眼前的这个世界，对我们来说，变得并不存在，也就是"空的"，这就是佛法中的"空性"。

所以，"空性"不是指什么都没有，不是指虚空。

"空性"就是这么一个简单的科学概念。一点也不神奇，一点也不神秘。而且是人人可以体会到的。当然，这也是需要一些基本禅修的练习。

而更重要的是，释迦牟尼佛又清楚地说，虽然这些世界都存在，但是调整我们的大脑去看这些世界，不是我们禅修的目的。要特别特别记住，去体验这些不同的世界，不是我们禅修的目的。

我们禅修的目的，是离苦得乐。怎么离苦得乐？第一步要达到身心健康快乐。第二步要认识心与生命。第三步要体悟实相。第四步要开发慈悲与智慧，自觉觉他。

在禅修体会到空性的过程中，有的人会经验到各式各样的境界和世界，释迦牟尼佛反复告诉我们，千万不要执着，也就是说，不论是现在这一个四度时空的世界，或者其他那一些万万亿亿个其他的世界，都是"空性"的，不要沉迷在里面出不来。

在25年的修行路上，我看到不少朋友，禅修有了境界之后，生起了执着。有的人突然觉得自己比别人了不起了，是禅修大师了。有的人天天迷进去，去看那些各式各样的世界，忽略了现实生活。

修行最重要的，是了解和体会到"空性"的道理之后，要回到我们每天的现实生活中。当你体会到了空性，也就是亲身体验到我们的脑只不过是一个调频器，现在的世界只是万万亿亿世界中的一个显现罢了，你会对每天发生的事情有不同的看法，对周围的人有更深一层次的认识，而且自然地，这一个世界中的各种现象、各种事件、人我是非、爱恨情仇、生离死别，都不会使你痛苦了，因为你知道这一切，只是一个"调频的结果"。这也是佛法的本意，希望人人能离苦得乐。

有人曾经问我，人生本来就是充满酸甜苦辣，如果什么痛苦都没有了，那活着有什么意思呢？我只能根据我自己的体验来回答。

这是因为有人体会到了空性之后，感知一切是虚幻的，什么都不必执着，什么事都不用做，反正一切都不真实存在。这是落入了"偏空"，误以为一切都没有了，都是不存在的。

只要我们的肉体仍然存在，这个四度时空对我们来说是非常真实的，我们要努力好好活在这里面。你看佛经，佛有许多菩萨弟子，有国王，有大臣，有将军，有大商人，有小贩，有士兵，有打工的"上班族"，有家庭主妇，有乞丐，有妓女，有孩子，有老人，有病患。他们很多证悟了空性之后，并没有离开他们的家庭事业生活，仍然是在各自的生活中生活。

不一样的是，他们的智慧增加了，痛苦减少了，甚至完全离苦得乐，开始自在地帮助自己接触到的周围的每一个人。为什么呢？因为他们知道，这个世界是空性的，不是真实存在的；但是，既然我还活在这个世界里，就对这个世界以及在其中生活的人，有一份责任，要帮助他们也离苦得乐。这就是菩萨。

菩萨是菩提萨埵的简称。菩提就是"觉"，就是智慧。什么智慧？觉悟到什么呢？就是觉悟到空性。什么是萨埵？萨埵就是"有情"。菩萨就是觉悟到这一切是一个脑调频出来的世界，但是又对众生有情，不离开生活、家庭、事业，留在这个虚拟世界中，一方面圆满自己的修行，同时成就他人的修行。这样的生命体，就被称为是菩萨。

从科学的角度来说，我们人人都能做得到。因为这是我们的本质。

什么是"修行"？带着"觉"融回觉性之海的过程

真正的修行不是拼命向前冲，而是带着"觉"，融回觉性之海。

有了以上的科学观念，我们就会知道，没有人能修行变成佛，我们本来就是这个本体，这个佛性的一部分，只是我们忘了、不熟悉了。

佛教的《大佛顶首楞严经》卷四里有一段非常精彩的形容。我在这里用大白话形容。有兴趣的朋友可以去看原文。

释迦牟尼佛的一位弟子问他这个世界是怎么出现的。佛说本来就有一个"觉性的海洋"，一个有觉知的原始的能量体。这个觉性能量无始无终、无边无际，很平静、很简单地存在着。

一时，这个能量体觉知到自己的存在，就开始有了二元对立，也就是说原来一如的、简单的存在，化成了两部分：自己觉知的能力（能觉）看着被觉知的自己（所觉）。

接着，这个海洋像玩游戏一样开始动了起来，东边高西边低、南边高北边低……海洋觉得很好玩，慢慢动荡越来越大，形成了大海浪。海浪是本体的一部分，自然也带着觉性，也就是有生命，是活着的海浪。

能量的海浪的高处看着海浪的低处，低处看着高处。觉得很有趣，也继续地摇摆动荡。慢慢形成了能量的浪花，凝固成了各种的固体、液体，出现了热能、动能。传统的说法就是出现了地、水、火、风、空。

久而久之，复杂的宇宙、时空和生命体就出现了。漫漫浪花上溅起很多的带着觉性的水珠，水珠互相碰撞打散了又成了带着觉性水泡，水泡互相碰撞，越分越细，越分越小。

这些数以亿亿万万计的极微小的小小水泡，就是我们。

这个无始无终、无边无际的本体，就是佛。

古代曾经活在印度的释迦牟尼佛，原来也是一个水泡，但是这个水泡回归了大海，连回了波浪与海洋，因此他具有全然的智慧，以及无尽的慈悲。

这也是为什么称佛的慈悲心为"无缘大慈，同体大悲"。他关心每一个和他有缘无缘的众生，都和关心他自己一样。为什么呢？并不是佛有多伟大多努力修行，出现了一个巨大的慈悲心，而是一个简单的科学现象。有点像是我们的左手和右手如果都各有生命。他们两个会很佩服我们，因为我们对他们一视同仁，他们有什么感觉我们都能感觉得到，他们的苦就是我们的苦，他们的乐就是我们的乐。因为其实我们是一体的。

从这个角度来说，我们都是这个觉性的海洋、这个能量体的一部分，只是我们忘了。

而我们的觉性，也就是我们能够觉知的这个能力，是我们平常熟悉的四度时空与背后的"觉性之海"之间的"接口"（Interface）。因此，只要我们能在日常生活中保持觉性，逐渐熟悉这个我们本来就有的觉性，自然会慢慢融回到本体中，回归觉性之海的一部分，这就是修行成佛的过程，也是六祖坛经以及历代禅宗祖师不断提醒我们的。

像是有一首很出名的禅诗:"手把青秧插满田,低头便见水中天。六根清净方为道,退后原来是向前。"六根就是眼、耳、鼻、舌、身、意,清净就是保持清净无染的觉性。并不难,只是要养成习惯。

也因此,真正的修行不需要离开日常生活。学会了"觉"的禅修,不需要急着做人生上的大改变,不要突然做出辞职、离婚、出家、离家出走等等比较大的改变。最好先花一段时间,有系统地学习必要的知见,熟悉"觉"的禅修。不离开家庭、事业,在生活中熟悉"觉察"、"觉观"、"觉照"。

一段时间以后,你会找到你这一生真正的菩萨愿心,在事业、家庭生活中,带着"觉",实现自觉觉他。

《大佛顶首楞严经》卷四:"佛言。富楼那。如汝所言。清净本然。云何忽生山河大地。汝常不闻如来宣说。性觉妙明。本觉明妙。富楼那言。唯然。世尊。我常闻佛宣说斯义。佛言。汝称觉明。为复性明。称名为觉。为觉不明。称为明觉。富楼那言。若此不明名为觉者。则无所明。佛言。若无所明。则无明觉。有所非觉。无所非明。无明又非觉湛明性。性觉必明。妄为明觉。觉非所明。因明立所。所既妄立。生汝妄能。无同异中。炽然成异。异彼所异。因异立同。同异发明。因此复立无同无异。如是扰乱。相待生劳。劳久发尘。自相浑浊。由是引起尘劳烦恼。起为世界。静成虚空。虚空为同。世界为异。彼无同异。真有为法。"

什么是"皈依"?

皈依是誓愿、依靠的意思。有外、内、密三个层次的皈依。

第一个层次的皈依,被称为外皈依,皈依佛、法、僧三宝[1]。也就是我誓愿

---

[1] 《六祖坛经》中,禅宗六祖惠能大师解释皈依三宝为皈依觉、皈依正、皈依净。"佛者觉也",佛就是觉醒、觉悟、证悟的意思;"法者正也",法就是正确的见解与修行方法;"僧者净也",僧是指六根清净,一尘不染的菩萨圣僧和证悟的修行人。所以修行真正的依靠是自性觉、自性正、自性净。这"自性三宝"才是我们真正的皈依处,而不是皈依某一个人。

依靠"觉"而究竟成佛、誓愿修习"觉"的方法、誓愿以觉悟了的菩萨圣僧为友伴。

一般人想到的皈依，是以上的外皈依，很容易懂，有点类似上学注册，注册后成为正式的学生，可以得到教授的正式指导。旁听也可以学习，但是结果不同，拿不到文凭。

就这层意义来说，经过了皈依的仪式，就算是佛教徒了。

最重要的是，要问问自己，内心是否真的誓愿修习"觉"的方法，回归"觉性之海"，究竟成佛？

外皈依不是皈依某一位上师。一般说皈依了某某上师，其实是指那一位上师为我们进行了皈依三宝的仪式，不是皈依了他个人，这是一个经常被误解的观念。

为你做皈依仪式的上师类似于读大学时注册处的主任，见证我们正式入学了。我们读的是大学，不是拜他为老师。在这个外皈依的基本层次上，有些人误以为皈依出名的大法王、大活佛、大师，自己会得到多些好处或加持，其实不然。皈依是指誓愿走上"觉"的路，皈依的对象是佛法僧，不是某一个人。

第二个层次的皈依，是内皈依，皈依上师、本尊、护法三根本。

内皈依，皈依上师、本尊、护法，是藏传佛法密乘特有的修行方法。

究竟的上师，是指我们的自心中的"觉性之海"。我们自己的"觉性"，是自己最究竟的上师。本尊是从"觉性之海"，佛性本体中化现出来的能量。皈依本尊是指修习一套套与这些能量相应的禅修方法。护法是发了愿护持修行人的能量，皈依护法是指我们祈请这些能量帮助我们安心修行，不受干扰。

第三个层次的皈依，是密皈依，皈依见、修、行。

藏传佛法的密皈依见、修、行和汉传佛法禅宗的皈依觉、正、净意思相近。都是释迦牟尼佛当时的本意。

佛是"觉"的意思。究竟成佛是指完全融回"觉性之海"。皈依佛，就是我们誓愿依靠着自己的"觉性"，从烦恼痛苦中解脱出来。皈依法，就是誓愿练习这一套"觉"的方法。皈依僧，誓愿与菩萨和证悟的修行人为友伴。

以科学来说，皈依是与佛法僧的能量和频率链接。由于佛是"觉"、自心、自性等的代名词。皈依佛，就是与我们自性的能量和频率链接。皈依法，就是与这一套"觉"的方法和频率链接。皈依僧,就是与菩萨和证悟者的能量和频率链接。

注1:《空行法教——莲花生大师问答》:"皈依是一切佛法修行的基础……皈依代表誓愿或接受……皈依的根本要义是以佛为老师、以法为道路、以僧为修行的友伴。并誓言其为所得之果(也就是誓愿成佛)。"

推荐阅读

我刚开始学佛的时候,书店里佛法的书籍并不多,即使有,也多半是古文的。而现在市面上已经有大量教导佛法正确知见的书籍了。

就传统的佛教正见而言,喜欢学习简要的修行观念与禅修方法的朋友们,我强烈建议您阅读莲花生大士的《无染觉性直观解脱之道》、《莲师建言》、《空行教授》。

我建议想认真修行,而且又有时间的朋友们,可以花一些时间直接阅读佛经。像是《楞严经》、《维摩诘经》、《圆觉经》、《大乘本生心地观经》、《华严经》等,现在都有白话版本了。阅读几遍,对您会有很大的帮助。

想认真禅修的朋友,可以阅读禅修大师明就仁波切的《请练习,好吗?》,堪布竹青仁波切的《空,大自在的微笑》,还有《密勒日巴尊者全集》以及较为深奥但极为重要的达波吉祥胜尊者的《显明本体——大手印实修指导手册》。

对禅宗有兴趣的朋友,可以阅读《六祖坛经》,虚云老和尚、来果禅师等大禅师的书籍。另外索甲仁波切的《西藏生死书》,创古仁波切、宗萨钦哲仁波切、索达吉堪布的著作,也很值得大家阅读。

附件二　破除迷信的《楞严经》五十阴魔

第一类：色阴结束过程中会发生的现象
第二类：受阴结束过程中会发生的现象
第三类：想阴结束过程中会发生的现象
第四类：行阴结束过程中会发生的现象
第五类：识阴结束过程中会发生的现象
　　佛陀的结语摘要

> 《楞严经》是自古禅宗最重要的一本经典。其中"五十阴魔"部分,更是所有想深入禅修者的必备知识,实验手册要点。
>
> 以下是我父亲陈履安自修用的笔记。我觉得对修行人会有很大的帮助,对初学者也能避免被邪师所惑,所以征得他的同意,放在我的书中作为重要附件。希望有缘的朋友们看了有收获!

在禅修有进展时,会有各种感觉和感受,出现各种境界。

如果见解不正确,对生起的觉受和境界产生执着,不能识破各种大小魔事,就会落入魔境。

禅修时,如果能保持觉性、清楚明白、不执着一切觉受,就不会落入魔境。

魔境就是自己内心生起的障碍,以及从外界招惹来的能量干扰,还有因为自己邪见造成的害人害己的行为。外来的魔,是通过五阴,也就是五种盖着修行人自性的障碍,来扰乱修行人。五阴消散了,进入明觉中,那群魔就拿修行人无可奈何了。

切记禅修时,如果不自认为已成佛成圣了,对生起的各种善恶境界不生欢喜心,就称为"善境界"。如果认为自己证得圣果了,就会受到群魔的扰惑。以下是《楞严经》中"五十阴魔"的摘要。[1]

这五十个魔境,根据我们的五种心智活动,分成五大类[2]各十个魔境。当我们进入禅定,五类心智活动静止的过程中,各种境界就会出现。这五大类是:

---

1 除《楞严经》本身,内容依据宣化上人《〈大佛顶首楞严经〉浅释》、圆香居士的《白话版〈楞严经〉》、莫正熹居士的《〈楞严经〉浅译》。

2 这五大类古书翻译成"五阴",现代称为"五蕴",也就是我们所有的五种心智活动。

1. 色：五官觉知的颜色和形状、声音、香味、味道、触觉。
2. 受：心的感受、体验、知觉。
3. 想：头脑意识的思想、想象、念头、分析。
4. 行：经过思想后，身心的行动。
5. 识：过去储存的经验，也就是记忆。

要注意，每一个修行人，会根据自身的业力和修为，经验到不同的境界。不是每一个境界都会现前。要切记，境界和现象本身没有好坏，只有执着了才会被魔所扰，堕入魔境。

何谓执着？就是放不下、贪着境界、总想重复境界、好奇想多看看……尤其危险的是，没有证悟说自己证悟了、自以为成佛成圣了，如此魔会利用修行人的我慢而附其身。所以修行人要谦逊、慈悲，去除我执。

第一类：色阴结束过程中会发生的现象

第一类是指色阴结束突破一切实有的观念时会出现的境界。阴是一种"盖"着我们的障碍。色阴是指，我们长久以来，错把虚幻的外境——颜色和形状、声音、香味、味道、触觉，当成了真实存在。

当修行人深入禅定，念头自然脱落，心的本体开时显现，对"一切是实有"的错误见解也会消失。那时，修行人会觉受到感官所及的世界是虚幻不实的，一切如梦，知道这些都是自心的"幻觉"造成的。佛门称之为悟到色即是空、空即是色、色不异空、空不异色。

在色阴结束的过程中，也就是修行人突破"一切都是实有"的观念时，会出现下列十个暂时现象，都只是瞥然一现而已，不是圣人的境界。

如果不把这些暂时现象当成圣人的境界，不自满足生欢喜心，就叫做善境界。如果认为是已证圣果，就会堕入邪魔的陷阱，受群魔的扰恼。

这十个禅修时可能出现的"暂时现象"如下：

1. 意识出窍：你忽然意识出窍，跑到身体外面了，可以穿墙透壁，现代科学称为灵魂出体。

2. X光眼：你忽然能清楚看见自己身体里面的器官，甚至能把体内的小寄生虫取出。

3. 听到法音：你忽然能从虚空中听到说法的声音，或感觉十方世界同时对你传法。

4. 见光见佛：你忽然感到十方世界都变成紫金色，所有生物都变成了神佛；看到一佛受千佛围绕，百亿个不同的外星与多异次元世界和莲花同时出现。

5. 彩色宇宙：你继续降服妄念，禅定和智慧平等；修到没有念头时，忽然整个世界宇宙都遍满彩色，清晰明了。

6. 暗中见物：你修心使定慧均等，精光不乱，清明净澈，忽然在黑暗的室内，也什么都看得见。

7. 身如草木：你觉得身体和草木一样，刀砍火烧，都没有感觉。

8. 佛国现前：你忽然见到山河大地，都变成佛国了，光明遍满；又见诸佛遍满空界，楼殿华丽；下见地狱，上观天宫，毫无障碍。

9. 千里眼顺风耳：你忽然夜晚可以隔物遥视，观见远方城市街道，看或听到远处的亲友说话。

10. 以为悟道：你见到佛菩萨或上师成就者，他们的形体会不断变化；你会突然说出精妙的佛法。这是你修定时有杂念，引来天魔入心，不是证悟。

以上这十种会出现的"暂时现象"，都是由于色阴在自心的本体中交互涌动，而显现出这些现象。如果不执着，也就是说不当成一件放不下的大事，也不觉得自己有了这些经验有什么了不起，那这些都是好的经验。如果执着以上这些现象，认为自己证悟了，那是妄见妄说，会入魔境，落入魔道。小心小心，千万不可以执着这些境界，以为证悟佛果了。

再强调一次，以上境界不是人人都会出现，也不一定照此顺序出现。这些是佛希望刚开始修行的人能早一点建立正确的见解，不会走入邪道，受魔所扰。

所有魔境出现，都是因为你有贪、嗔、痴、慢、疑、我执放不下。如经中所记载："如果主人能时常在正确的禅定中，带着智慧照观察自心，不受自己内心的迷惑，则群魔的神通魔力不管如何厉害，也奈何不了你。你的障碍和错误认知消亡了，就证入自心的大光明宝藏了。那些邪魔鬼怪，只是一些幽暗之气，结成的假相幻形；而你的光明有如烈日。光明能照破黑暗。光一接近，幽暗自然消失，群魔又怎敢逞强来扰乱你的禅定呢？"

第二类：受阴结束过程中会发生的现象

受是指心的感受、体验、知觉。

修行人在禅定中，突破"一切都是实有"的观念之后，继续深入观照时，似乎见到自性光明，不过还是有一点被卡住的感觉，心没有完全被释放出来。心虽然能离开肉体，但心根仍卡在身体里，还是对"感受"有执着。有点像人被鬼压床（受梦魇），虽然意识很清楚，但身体不能动，这就叫受阴。

如果梦魇境象暂时停止，心就能离开身子，能反观心自己的本来面目，证悟到受即是空、空即是受、受不异空、空不异受。这时候，心体就可以自由来去，不再有任何障碍，这就叫受阴静止了。

在受阴结束的过程中，也就是你突破"心的感受"时，又会出现十个现象：

11. 陷入悲情（悲魔附体）

你见到心中光明，忽然觉得悲从中来，感伤众生迷妄，堕于苦海，自责不能早点证悟以度众生，因此用功太急，生出无穷的悲心，看见蚊子小虫，都像自己的子女一样，同情流泪。

如果你实时觉察，保持觉性继续禅修，过一段时间悲情会自然消歇，没什么大不了的。但如果你以为自己证得佛的"同体大悲"，你就会招引悲魔，乘虚而入，潜藏在你的五脏六腑之内，一见人就不禁悲啼哀泣，以致失去正受，而成为邪受。不但不能精进，反而堕落。

12. 过分勇气（狂魔附体）

你在禅定中看到佛殊胜的相貌，感激过分，心中生出无限的勇气，立志要修到和诸佛一样，而生出了自大的心，说自己只要一个念头，就可超越无限的时间，证悟成佛。这是因为用功太急，想一步成佛，而生自大之心，不合圣人按部就班的证悟的原则。

如果你实时觉察，保持觉性继续禅修，过一段时间自大的想法会自然消歇，没什么大不了的。但如果你以为成佛了，你就会招引贡高我慢的狂魔，乘虚而入，潜藏在你的心，控制你的意识，见人就说自己是最高最大的佛，要人们对他们顶礼膜拜，堕入魔道。

13. 落入枯竭（忆魔附体）

你由于定力多，智慧少，便会卡在色阴和受阴之间，进退不得。这时，心中突然生出大枯竭，落入死寂，没有新鲜活泼之气。如果你提起正念，使定力和智慧均等，则没什么大不了的。

但如果你长时间处于沉忆枯竭之中，会错误地以为这便是精进，甚至是证悟了。这是忆魔附体，控制你的心识，使你心不由己，开始堕落。

14. 以为修成（易知足魔附体）

你由于智慧多，定力少，因过于猛进用力，而造成失误，时常认为自己已经证得自心是佛，已经和诸佛的心一样了，甚至怀疑自己就是某某佛。

这是被易知足魔附体，得到一点点就满足过度了，以为用不着再修行了。这样不能经常自审、不知道自己修行的真实程度、不知道自己是否偏离正道，就会陶醉在邪知邪见中，沉沦堕落。

15. 无尽忧虑（忧愁魔附体）

你忽然生出无尽的忧虑，进退两难，自生恐怖，好像坐在针床上一样，心不想活了，甚至于求别人把自己杀了算了，早得解脱。

如果常常这样忧虑，忧愁魔会进入你的心中，使你自己拿了刀剑割自己的肉，鼓励自己快点死；有时会使你想躲进山林，不愿见人，自己沉沦堕落。

16. 欢喜过度（喜乐魔附体）

你在清净安详的禅定之中，忽然生起欢喜心，无法控制。见人就笑，在路边自歌自舞，自称已得了没有障碍的大解脱。

其实这是喜乐魔附体，控制了你的心，使你沉沦堕落。

17. 傲慢言证（大我慢魔附体）

你忽然觉得自己已经具足了功德，什么都够了，什么都满足了，已经证果、开悟、成佛了，生出各种慢心。看不起十方诸佛、声闻缘觉；不礼敬佛塔佛庙、毁坏佛经佛像；并对施主说佛像不过是金石土木塑的，佛经不过是树叶绢帛写的，我这个肉身才是真正的活佛，你们应该来拜我！这是大我慢魔附体，使你沉沦堕落。

18. 未证言证（好轻清魔附体）

你心中毫无挂碍，轻安、什么都随心顺意，得到快乐自在，以为自己已经成了佛了，甚至开始告诉别人自己成佛了。这是好轻清魔附体，使你沉沦堕落。

19. 落入空无（空魔附体）

你忽然觉得什么到头来的都是空的，反正死了什么都没有了。没有因果，一死永灭。造罪、行善一切都是空。常在信徒面前饮酒吃肉、行淫玩乐。你能以魔力各种巧妙言词，掩饰修行人破戒的恶行，诳惑他人犯罪，使人不疑。这是空魔附体，使你沉沦堕落。

20. 陷入淫欲（爱欲魔附体）

你进入了虚明的境界，深入心骨，忽然生起了无限的贪爱，见人就爱，爱欲心到极点。发起狂来，控制不住自己的情感。若能觉察你不是证悟了，不去贪恋安乐的境界，继续禅修，则没什么大不了的。

但如果你以为自己成圣成佛了，欲魔就会进入你的心腑，控制你的神识，说淫欲就是修行成佛的大道。还教化在家的修行人多行淫欲。与你行淫的人称为你的"持法子"。因为你这时有魔力支持，会吸收很多凡愚众生，做你的弟子，多至一二百，甚至上千上万。

等到魔欲满足，就会厌离你的身体。这时你魔力没了，平时又没有真的修行，最后将难逃国法制裁，死后还要堕入无间地狱。

以上这十种现象，都是受阴未尽时，禅观和妄想相互作用所产生的，妄认为证得佛果，执着这些现象，就会落入魔境魔道。小心小心，千万不可以执着这些境界，以为证悟佛果了。

有西方人问，过去几十年间，为什么会有很多在西方弘法的心灵老师会有很多脱轨行为。原因可能是因为这些老师不知道"楞严经五十阴魔"。因为自古以来，中国出了成千上万的大禅师，其中极少有脱轨行为的。

第三类：想阴结束过程中会发生的现象

想是指头脑的思想、念头、想象、分析、盘算。

你修正定，达到了受阴结束的境界，虽然烦恼还没有完全断尽，但心已经能够离开肉体，像小鸟出笼一样，来去自如，身体可以随你的意念，到达各种世界和空间。这时又有十个要注意的魔境。

21. 贪求善巧（天魔怪鬼）

如果你在禅定时，执着圆满，生出贪求创新的念头，想以善巧方便，广行佛事，教化众生，这时，就会有天魔附在别人身上来找你，对你说法。这个魔附身的人，不知道自己是着了魔，会说自己已经证悟成佛。

他会卖弄神通，会把自己变化成天神、出家僧人，会表演身体发光等各式各样的变化。这个魔附身的人，还会预言世界末日要来了，有水灾、火灾、风灾、饥馑、瘟疫、战争要发生了，使你生恐惧，只有追随他才能避难。你会被这个魔附身的人所迷惑，误以为他是个菩萨，深信他的教化，为了求消灾脱难，耗散家产，来供养他。这个魔附身的人还会摇荡你的心，破佛律仪，暗中行淫欲之事。

一段时间以后，魔破坏了你的修行，心满意足，就会离开。这时官方会认为魔附身的人和你们这些跟随者，都妖言惑众，伤风败俗，将你们通缉入狱，死于国法。

22. 贪求神通（天魔魃鬼）

如果你在禅定时，执着神通，生出想游历十方，大做佛事的念头，这时，就会有天魔附在别人身上来找你，对你说法。这个魔附身的人，不知道自己是着了魔，会说自己已经证悟成佛。

他会卖弄神通变化，能让所有听法的人看见他坐在宝莲花上，全身变成紫金光色。群众看了就会欢喜、赞叹、迷信、跟随。这个魔附身的人，喜欢说某人是某某佛，某人又是某某菩萨。你见他如此不可思议，于是心生渴仰，日日亲近，从此生出很多邪见，以致正智消亡，慧命断绝。

一段时间以后，魔破坏了你的修行，心满意足，就会离开。这时官方会认为魔附身的人和你们这些跟随者，都妖言惑众，伤风败俗，将你们通缉入狱，死于国法。

23. 贪求真理（天魔魅鬼）

如果你在禅定时，执着定心，生出贪求和真理合一的念头，这时，就会有天魔附在别人身上来找你，对你说法。这个魔附身的人，不知道自己是着了魔，会说自己已经证悟成佛。

他能让所有听法的人，都自以为开悟了，甚至有些各种神通，像是知道自己过去生、知道别人在想什么，或看见地狱，或知道人间的一些事，或有时创出诗词偈语。群众看了就会欢喜、赞叹、迷信、跟随。这个魔附身的人，会胡说有各种佛，大佛小佛、先佛后佛、男佛女佛。你见他如此不可思议，于是心生渴仰，日日亲近，从此生出很多邪见，以致正智消亡，慧命断绝。

一段时间以后，魔破坏了你的修行，心满意足，就会离开。这时官方会认为魔附身的人和你们这些跟随者，都妖言惑众，伤风败俗，将你们通缉入狱，死于国法。

24. 贪求探索万物根源（天魔蛊毒鬼）

如果你在禅定时，生起了贪求辨别剖析各种事物，想要研究物理变化、宇宙的开始和终点的念头，这时，就会有天魔附在别人身上来找你，对你说法。这个魔附身的人，不知道自己是着了魔，会说自己已经证悟成佛。

他有非常威猛庄严的长相，有神通能摧服座下求法的人，能让所有听法的人都佩服他。他们师徒会说自己现在的肉身就是佛身，是一代一代父子相传的。会说现在的世界就是净土，还有男根女根结合就是菩提等邪语。很多愚人，平日既不读经，也不学习正知正见，就会被他迷住，跟着他走。这个魔附身的人还会摇荡你的心，破佛律仪，暗中行淫欲之事。

一段时间以后，魔破坏了你的修行，心满意足，就会离开。这时官方会认为魔附身的人和你们这些跟随者，都妖言惑众，伤风败俗，将你们通缉入狱，死于国法。

25. 贪求冥感（天魔疠疫鬼）

如果你在禅定时，生起了心爱远劫的圣灵感应，贪求冥相契合，这时，就会有天魔附在别人身上来找你,对你说法。这个魔附身的人,不知道自己是着了魔,会说自己已经证悟成佛。

他能使听众看见他是童颜鹤发几千百岁的修行人,能让所有听法的人,都宁愿做他的奴隶,把一切钱财都给他,也不觉得累。他能让座下的每一个人,都知道他是先世的祖师,对他生起不二的信心,如胶似漆,不可分解。

师徒们会说自己现在的肉身就是佛身,是一代一代父子相传的。他会说自己前世,当时是我妻妾兄弟,今天我是来度你们的。带你到某某世界去。也会说在一个大光明天上,有位佛住在那里,所有佛都在那里,我带你们去。很多愚人,平日既不读经,也不学习正知正见,就会被他迷住,跟着他走。这个魔附身的人还会摇荡你的心,破佛律仪,暗中行淫欲之事。

一段时间以后,魔破坏了你的修行,心满意足,就会离开。这时官方会认为魔附身的人和你们这些跟随者,都妖言惑众,伤风败俗,将你们通缉入狱,死于国法。

26. 贪求宿命(天魔大力鬼神)

如果你在禅定时,突然生出贪求过去生生世世之心。这时,就会有天魔附在别人身上来找你,对你说法。这个魔附身的人,不知道自己是着了魔,会说自己已经证悟成佛。

他能使听众都知道自己的过去生,或说,某人现在虽然没死,但他现在已经变成了一个畜牲,让别人在那人身后,踏着他的尾巴,那人便站不起来。观众倾心信服。若有人疑,他立刻知道,当场斥责,以证明他有他心通。更于佛陀定制的律仪之外,增加一些苦行的方法。他诽谤出家僧众,责骂徒众,揭露他人隐私,不避讥嫌;又喜欢预言福祸吉凶,到时也能完全应验,毫发不差。

一段时间以后,魔破坏了你的修行,心满意足,就会离开。这时官方会认为魔附身的人和你们这些跟随者,都妖言惑众,伤风败俗,将你们通缉入狱,死于国法。

27. 贪求寂静(天魔山岳鬼神)

如果你在禅定时,生起了深爱禅定的境界,努力修行,不计辛苦,喜隐居在寂静的地方,来贪求寂静,这时,就会有天魔附在别人身上来找你,对你说法。这个魔附身的人，不知道自己是着了魔，会说自己已经证悟成佛。

被魔附身的人，会一面说法一面突然自空中得到一颗大宝珠，或者有时他又变作动物，口里含着宝珠，或种种杂色的珍宝，如宝印宝瓶之类，或衔着简册书籍牒符、印信之类，以及种种奇异之物。起先是交给其人，随后就附在其人身上。或者诱惑听众，说有明月宝珠，藏在某处地下，果然那块地，竟有闪闪的珠光照耀着，遂令所有听众，都叹未曾有这种经历。

他又喜欢食药草，如菖蒲黄精之类，不吃饭菜，或者有时只吃一麻一麦，但是身体不瘦，反而肥满充实，皆由魔力支持的缘故。有时，又诽谤出家人不修苦行。有时，又咒骂自己的徒众饱食终日。

他不怕别人讥讽嫌厌，口中又好说："某某地方有什么宝藏，某某地方有多少圣贤隐居。"跟随他去查看，又往往见到奇异的人，所以大家都很相信他。专门宣说淫秽之事，来破坏佛的律仪。

又常和他的徒众，一起暗中追求五欲：财、色、名、食、睡。有时好像很精进，但不修禅定，专修无益苦行。或专吃药草，或专吃树根，或忽喜忽嗔，忽勤忽怠，一切行为没有一定的标准，来扰乱修定的人。

一段时间以后，魔破坏了你的修行，心满意足，就会离开。这时官方会认为魔附身的人和你们这些跟随者，都妖言惑众，伤风败俗，将你们通缉入狱，死于国法。

28. 贪求神通变化（天魔大力精怪）

如果你在禅定时，生起了贪求神通和种种变化的心，想研求变化之根源，贪求神力。这时，就会有天魔附在别人身上来找你，对你说法。这个魔附身的人，不知道自己是着了魔，会说自己已经证悟成佛。

他说法时，手执火光，并将火光放在听众头上。听众头上的火光都变长数尺，但又不热，也不焚烧。或者在水上行走，如履平地，或于空中安坐不动，或入瓶内，或处囊中，穿墙越户，毫无障碍。但是他虽有神通，欲念尚存，执着自己的身体，所以怕受伤、怕刀剑。

自己说自己是佛身，穿着白衣，居然接受出家人的礼拜。他诽谤禅律，责咒徒众，揭露他人隐私，不避讥嫌。口中常夸神通自在，或使人看见佛土。这是魔鬼之力在迷惑人，不是真实的证悟。他赞叹行淫，不避粗恶的行为，把卑鄙肮脏的东西拿来都作为传道的法器。

　　一段时间以后，魔破坏了你的修行，心满意足，就会离开。这时官方会认为魔附身的人和你们这些跟随者，都妖言惑众，伤风败俗，将你们通缉入狱，死于国法。

29. 贪求神通（天魔精灵魔）

　　如果你在禅定时，生起了贪求心，爱研求万物的变化体性，贪求很深的空无，这时，就会有天魔附在别人身上来找你，对你说法。

　　这个魔附身的人，不知道自己是着了魔，会说自己已经证悟成佛。他说法时，能身体忽然消失，又忽然从空中出现。有时身体透明，如同琉璃，有时手脚一放下就发出檀香味，有时大小便也甜如蜜石。他用这些能力来迷惑众生。又诽谤戒律，轻视出家人。口中常说没有因果报应，一死永灭，不会有转世后身，也没有圣人凡夫的分别。他虽然得到空寂，仍潜行淫欲，受他淫欲的人，也得空心，也不承认有因果。

　　一段时间以后，魔破坏了你的修行，心满意足，就会离开。这时官方会认为魔附身的人和你们这些跟随者，都妖言惑众，伤风败俗，将你们通缉入狱，死于国法。

30. 贪求长寿（住世自在天魔）

　　如果你在禅定时，生起了贪求喜爱长寿的心，辛勤研究，想要长生不死。这时，就会有天魔附在别人身上来找你，对你说法。

　　他能说外星球和他方世界的种种情形，虽然相隔万里，但他可于瞬间往来，还能取来他方世界的对象作为证据。或在某间房中，叫人从东往西跑，走几年也到不了西壁。因此使人深信，以为是活佛现前。他常说，世界一切的众生都是我的儿女，所有的佛都是我生的，世界是我造的，我是第一位佛，是自然而成，不是因为修行才成佛的。

　　这是住在世界上的自在天魔，使其下属扰乱你，利用你的定力不够，来吸取你的精气，或让你看见他的形体，说能赐你金刚长寿之术。然后现美女身，和你行淫欲，不到一年，就把你的精气吸干了，肝脑枯竭。还常常一个人说话，听起来就像与魔在说，听众还搞不清楚。

　　一段时间以后，魔破坏了你的修行，心满意足，就会离开。这时官方会认为魔附身的人和你们这些跟随者,都妖言惑众,伤风败俗,将你们通缉入狱,不过你还没有受刑,就会先干死了。

修行人应当明白,以上十种邪见,都是禅定境界和自己妄想心相互作用而产生的。只是众生向来都是顽执糊涂的,本身不过是一个凡夫,但总是妄想一下子就能成佛。因此一遇着这些因缘,就会说自己已经成佛了。怎晓得这句大妄语一出口,就会使自己未来堕落到无间地狱去。因此,事先学习,通达佛理,提高知见,十分重要。

佛在此特别说,这十种阴魔,会于末法时期[1],假借信佛出家修道的名义,企图破坏证悟的正确方法。有的魔会附在别人的身上,有的魔会亲自现身,都会说自己已经成佛了。他们赞叹行淫,视为成佛的秘诀,破坏佛所制定的律仪,影响佛教的声誉,使修行求道的人,转变为魔王的眷属,将来死了以后,变作魔民,亡失了自己的佛性,而堕落入无间地狱中。

你们在我灭度以后末法时期,务必要依照我所说的,让人知道修禅时会发生的境界,不要让那些天魔,对修行人有机可乘。你们要好好地保持佛法,保护修行人,成就无上佛道!

第四类:行阴结束过程中会发生的现象

行是指心中微细的动念。

修正定的人,想阴既破,行阴现前,没有梦想,醒和睡一样。本觉妙明真心因无干扰,时常是清虚寂静,犹如万里晴空,不再有意识所缘的粗重前尘影事(意识已灭,尘无所依)。故观山河大地,如明镜照物,物来则现,物去不留,虚照虚应。陈旧的习气都洗净了,唯剩第八识的真体,湛然犹存。

生灭现象的根元,从此披露,对十方十二类众生,虽未通达他们受命的来龙去脉,但已见共同的生灭根基,犹如田间露气,幽隐细微,浮荡波动,清扰

---

[1] 佛圆寂后1000年为正法时期(或说500年),1000年为像法时期(或说500年),10,000年(或说5,000年)为末法时期,之后就没有佛法了。我们现在是在末法时期的开始。

清虚的澄净，故为众生浮尘四根流转变迁的枢穴，这就叫行阴区域。

假如这个清扰习习的性体，归到平静无波的识海，就断去行阴浮荡的习气，犹如波浪平息了，化为澄清的止水，这叫行阴尽，这个人就能超越众生浊了。观其所由，是幽隐妄想以为其本。

在行阴结束的过程中，天魔已经无法干扰或迷惑你了，但自己的心魔却可以使你堕入十种错误的路，称为行阴的十个魔境[1]。这十种禅定中出现的错误见解，都是由于禅定境界和自己妄想心交战于心中，发生的狂解。

如果你觉察，自能辨识，邪正分明、妄念一一起来就发现，不要让自己的心魔，捣乱自己。

第五类：识阴结束过程中会发生的现象

识在这里是指过去五识储存回心中的经验、记忆。

修行人破了行阴，以前的生死轮回，就像是漫长的夜晚，而现在看见东方已经发白了，将要大彻大悟证悟了。这时识阴现前。由于你明白了所有生物生命的缘由，你不会再被任何业力招感了。这时，天魔早已影响不到你了，但是，你仍可能太早心生满足，落入自己证悟成佛或是落入寂灭的境界。

在识阴结束过程中，也有十种识阴魔[2]。其中第一至第八种，是落入了偏见邪见，没有悟道而说自己悟道了，没有成佛而说自己成佛了。这样，你会因为大我慢心，而说出了大妄语。将来虽然会享受一段时间的善报，但是善报用完了之后，又会因为你生起了大我慢心，使自己堕落到无间地狱去。

最后两种，是声闻罗汉和缘觉所证得的果位，虽然不至于堕落，但也没到佛境，很可惜，好像快到宝藏之前就停了下来，再也不前进了一样。

---

[1] 一般人离此尚远，在此不录入。有兴趣之人可参考原文和大师们的译注本。
[2] 一般人离此尚远，在此不录入。有兴趣之人可参考原文和大师们的译注本。

佛陀的结语摘要

"你们要有大悲救世之心，在我灭度以后，务须将这些法门，对末法时代的众生多多宣布，使他们明白这些要义，不要受外魔和心魔的扰乱迷惑，不至于误入歧途。"

"过去无数的先佛，都是依照这些要点，过了一阴，又过一阴，而得到最终证悟，成就佛果的。"

"识阴破了，眼、耳、鼻、舌、身、意这六根就可以互相使用，生灭既灭，寂灭现前，就能证入菩萨的金刚干慧地，顿超十信、十住、十行、十回向、四加行、十地、等觉、妙觉这些菩萨阶位，而与本觉合一，证悟佛果！"

"这些是过去诸佛，在修止的同时，运用观的明了觉察，怎样微细分析邪魔外道的无上开示。魔境一旦现前，你若是了知他们的伎俩，马上就洗除自己的心垢，必不会落于邪见。心垢既除，则五种阴魔自然消灭。"

"内魔既已消灭，则外来之天魔，自然摧肝碎胆，所有魔王的眷属，无论什么大力鬼神、魑魅魍魉，岂有不魂销魄丧，夺路奔逃，潜踪匿迹的吗？"

"若是末世的愚钝众生，既不知道修习禅修的种种魔事，又不肯亲近有经验的老师，听经闻法，只知道盘膝打坐。这样的人，恐怕会遇着魔难。"

"这五阴就理论上来说，是可以顿悟，心开意解的。但是自心中仍有太多微细种子，潜藏于总记忆库八识田中，所以仍需由浅入深，逐步逐步，才可以把种子扫除清净。这即是：理则顿悟。乘悟并消。事非顿除。因次第尽。"

附件三　学员反馈与心得

上海学员的反馈／南宁学员的反馈
沈阳学员的反馈／成都学员的反馈
北京学员的反馈／昆明学员的反馈
广州学员的反馈

半年下来，大约向2000名有缘朋友介绍了觉性科学，其中大约600人参加了两天的"觉性科学与央金歌舞法"的一阶课程。大约九成都能体会到"觉"，学到在日常生活中修行的方法。

不过，我的心愿不是推广课程，而是希望觉性科学在大陆能和在台湾一样，早日成为一门正式的大学学科，或是能早日成立一个觉性科学研究院，有系统地培养老师与教授；开发更多适合各行各业，各种习性的人的教材；并且展开更多科研，研发觉性科技辅助工具。

以下摘录一些比较有代表性的反馈和对话，可以看出为什么我对学员们这么感恩，对推广觉性科学有这么大的信心。他们的收获和心得，带给我莫大的欢喜与鼓舞，认为觉性科学的确对于个人生活、男女和谐、家庭幸福、企业发展、社会安定，乃至于国家人类和平繁荣，都有很大的正面意义。

上海学员的反馈

A：上完禅修课后就回归到日常陀螺般连轴转的工作与生活轨道中，以前没有带着觉性面对时，时常对境乱心，生起种种或纠结，或着急，或忧虑，或迷茫，或生气……的情绪中，整个人的状态长时间从这些负面情绪中抽拔不出来，外在的事情或环境也或多或少呈现相对应的状况。

这几天我有意识地提醒自己觉性与我同在，看着一些情绪的升起，当身心习惯性紧张时，觉性温柔地提醒我放松；当一处理某件事急躁时，觉性就理智地提醒我缓和下来……和觉性相处很温暖，再没有孤独感。

B：参加完央金和宇廷两位老师的课，才真正懂得了行住坐卧、吃喝拉撒都是禅修。央金老师的书和音乐更是每日必需的精神食粮。此时才发现，不知不觉度过了这些年，经常丢三落四，忘东忘西，做事有失条理，说话不经大脑……

　　这两日，带着觉性对家进行清理。刚开始，觉性如风，需要不断地提醒自己，即使如此，第一次看到做家务事可以如此顺畅愉快，因为在觉性的过程中，心平静无杂念，物件的摆放自然有了它的归位，于是也很容易地找到家中我最喜欢的角落。

　　走在路上，体会老师讲的宽广的觉，周围的一切变得清晰起来，每一个瞬间当下如相机般定格，"你未看此花时，此花与当同归于寂，你来看此花时，则此花颜色一时明白起来，便知此花不在你的心外。"原来世间的美好都在一念间。

　　今天清理最后一个房间的时候，翻出了几年前的日记，太多的多愁善感和忧国忧民，而看到这些字眼时，我是面带微笑的。我觉得好有福报，因为你们，少走了好多弯路，不再迷茫困惑。

　　C：师父对小和尚说："修行前，是砍柴，挑水，吃饭。修行后，亦是砍柴，挑水，吃饭。"几年前，我说我看懂了，因为头脑理解了。而今天，我说我真的懂了，因为切身体悟到了。

　　三天的课程，the key is 觉。究竟何谓觉？应该就是那个，无法用精准词语描述，却可以清晰感知到它的存在。它好似在大脑层内靠后的一个清灵声音，你无法触及。却知，它在。它让你明确自己的一言一行，也让你时刻保持清明。当妄念来袭时，只要你提起"觉"，妄念就如一只顽皮的猕猴，立即逃窜得无影无踪。当你心思恍惚时，"觉"可以将你瞬间拉回当下，它让你全然经验自己的一喜一悲，一妒一怒，却不掉进情绪的陷阱。它的格局可大可小，有时像全频雷达，同时调动你的所有感官，眼观六路，耳听八方。有时又细如针毡，让你保持走在钢丝上那绝对的专注。

　　D：宇廷老师用自己传奇般的修行血泪史，和雄厚的权威科学资料数据，及一针见血的智慧解答，破除了我过往的许多修行困惑和迷思，并及时截堵了前方布满荆棘和陷阱的岔路。他慈悲地将开启自性之路宇宙真相的钥匙亲手交给你，他用男人独特的左脑思维告诉你，不要被幻象欺骗，不要被境界所执，不要迷，要觉。他说，生活中随处的觉，便是最深的闭关。

　　E：这几天深刻地感受到课程给我带来的好处。同样的外境，给我带来的感受却不同了。我更敏锐地观察自己和他人的心境，不被自己的愤怒和妒忌牵着鼻子走，我观察这些情绪，它们就散得无声无息，再次升起时，内心的微笑好像长辈看着调皮的小孩。原来心就是这么被调伏的，并不需要压制。~~一点点感触。

F：首次参加禅修就遇见央金和宇廷两位老师是幸运的，摒弃了我之前对于参佛礼佛的一些质疑和不屑，科学系统地初步了解觉性修行方法，体悟到觉性可改善个人情绪、生活，可促进心灵成长、充满力量！

G：宇廷老师的一些课堂小练习特别有效，能慢慢发"觉"，看着烦恼的念头的来去，慢慢练习自己对于这一能量的掌控。每个当下，把心跟身做完整的结合，脚到心到、手到心到，做什么就置心一处，不断地开发明觉。当然在这个过程，心很容易跑掉，跑东跑西，或是起种种的妄想，不厌其烦地耐心提醒自己，活在当下，开发明觉，有觉有知地去做当下正在做的事情。这段时间以来，发现觉性的开发对于自我的情绪控制初显成效，能明白他来也会走，坦然看着他就好。

H：回顾自己学习回来后的变化：1）回到家的第一件事不再是开电视机了，而是放央金老师的音乐。2）说话的语速变慢了，给自己思考的时间增加了，不再是脱口而出。3）努力锻炼自己的"觉性"，虽然经常会忘记，呵呵！我是典型的理工女，呵呵！所以你们也看到我的体会都是1、2、3、4清楚明了。我感觉宇廷老师的课非常适合针对理工男、理工女，破除以往接受的"科学"教育知识。继而央金老师的歌唱和舞蹈帮助我们打破思想中的条条框框。

I：虽然最近工作非常紧张，但是带着觉照力工作和生活，感觉人生很美好。第一，虽然觉知力不会时时刻刻保持，要不断找回来，但无论是开车，看书，走路，坐，做家务时，只要提起觉照力，就发现自己身体不同部位是紧张僵硬的，马上放松相应部位，特别是肩膀，总是处于紧张状态，每天坚持观照自己，放松自己，发现困扰自己多年的右肩周炎好转了很多，上下前后活动自在了，之前的疼痛逐步减轻，这几天不痛了，而且感觉身体上下也通畅了不少，这段时间身体排出了很多废气，走路都轻松很多。

第二，保持觉照力，我感觉自己心态也越来越平静了，现在孩子们互相嬉笑，哭闹，发现自己竟然很平静，没有了往日的勃然大怒，闹心了。遇到丈夫的误解和嘲讽，也很平静，没有了往常的争辩和怨恨。工作中不顺利的事，突发的事……面对的心态越来越平和了，面对当下及时调整策略，结果顺利顺心。

南宁学员的反馈

A：今日分享愤怒的修行。昨天晚上偶然听说某个人经常在背后说我不好，我顿时愤怒情绪上来，心脏也感觉跳得很快，马上想到这个人诸多不好的事，总觉得找机会要驳斥。这时候觉性在慢慢升起，我在愤怒！我为什么会愤怒呢？我平时打坐、禅修，怎么到这种时候，都不起作用了？是修行不够？还是？脑子像过电影般一幕幕闪过……宇廷老师教过的方法，愤怒时的修行，此时此刻观察自己，内心涌出的各种情绪，不带价值判断，只是一个观察者。慢慢地愤怒平息了，人安静了。究其原因，还是自己放不下名利，放不下，才会在意别人的评价，贪嗔痴在作怪！感谢觉，让自己从愤怒中走出来！感谢老师，让我们拥有最好的方法！

B：跟男友吵架了，情绪上来了，告诫自己带着觉性，慢慢地情绪平复、消失……紧接着察觉到是自己内心的问题，是因为自己内心存在着这样的诉求，当得不到满足，就升起烦恼。自己没有足够的心量与包容，所有能引起我们烦恼不快的事物，都可用来提醒自己，我自己内心还有这些不好的情绪存在。它们是来帮我们挑出心里的刺。当这么想时，觉得很对不起对方，是对方在成就自己，而自己竟然还嗔恨对方。顿时知道，没有无缘无故出现在我们生命里的人和事，这一切只是为了成就我们自己。感恩能觉察的力量。

C：在上完宇廷和央金两位老师的课程后，生活开始自动化归类为"觉中"与"不觉中"，平常日子里的丢三落四、有头无尾、言不及义、情绪起伏……都可以与同修打趣、打哈哈成一个字:觉……这一个字道尽内心种种自省，说尽了事事应该活在当下的专注……感恩宇廷老师以自身堪称豪华的修行兜转经历举案说法，说透了"觉性"的无可代替性，让理可顿悟，感恩央金老师传授我们从唱诵灵舞里直接感受觉的美妙，巩固觉的状态，让我们获得了生活中渐修悟道的方便法门！至于央金老师作为格莱美音乐奖主发出的天籁之音，那已经是学习的额外福利了！大恩不言谢，在享受老师成果的基础上，觉性修行的路途如同伴随了一道温暖金色的曙光，它会一直照亮如我平凡生活的觉性禅修之路。

D：有个朋友在学习成长后欣喜地报告："我终于可以觉察到自己说的话了！以前都是不假思索地脱口而出，很多伤人的话就这样无心出口，自己却不知道。"

E：以前浇花是担心死掉白辛苦了，今日带觉浇花觉得是花跟我一样口渴了。赶紧给它们补水。阿弥陀佛！读着前世今生，听着老师的音乐，同理心突然涌出，莫名的泪奔。感恩老师！感恩同修！

F：在培训时，我到会场外取一份资料，因为送资料的人已经等了很久，资料也很重要，按平时，我的心是焦急的，步伐是加快的，担心别人等得太久。这个时候，我用了老师教授我的方法，用"觉"去体会，步伐可以仍然很快，甚至比平时更快，但自己用心体会脚掌接触地面的感觉时，会惊奇地发现，步伐快但心并不焦虑，反而更轻松了，这种体会就是"觉"。在学习中，有一次小组开会结束，当我起身离开时，忘记用"觉"体会这个要离开的过程，脑子想其他事情去了，结果把手机落在沙发上，这就是我们常说的魂不守舍，魂不守舍就是不知不觉，就是没有觉。对于我们平常人，时时保持觉性是非常困难的，每天总有多时魂不守舍、不知不觉的困惑，属于正常的现象，不必焦虑，长期修炼才能形成时时带"觉"的习性。

G：整个过程感受到两位老师尽一切所能把您们体会到的实证体会用最简单最直接的方式传递给大家的那种慈悲和温暖。也感受到二位极其负责的态度（启迪每一位有缘者自我依赖，自我觉悟）。

沈阳学员的反馈

A：陈老师，感觉您所讲的"觉性"和金刚经所讲的"空性"有异曲同工之妙……您的"觉性"修行就相当于一个极妙的法门，让我们通过极短的捷径达到或者正在通向无比殊胜的境界！

B：最近又把您推荐的六祖坛经看了一遍，感受和初次读阅又有不同，而且结合慧律法师所讲的金刚经……深深体会到老师你所传授的法门之深奥及用心良苦，把原本深刻和精神的佛学要义，通过此觉性与觉知的理论加以平民化和普及化，使学生更加容易接受，老师真乃功德无量，除感恩无其他言语所能表达！

C：感激二位老师，辛苦了。宇廷老师苦口婆心的教导，让自己在修行路上省去多少弯路节省多少时间。感恩。我更加坚定修行的信念，增长了对自己的信心。欢喜。

成都学员的反馈

A：两天的觉性科学与禅修的课结束了。心仪已久的央金歌舞法体验了，宇廷老师的讲课却有些意外惊喜，用科学的态度禅修学习佛法，使我们可以少走弯路，找到正确方向！感谢两位老师！期待宇廷老师的大作早日问世！

B：陈宇廷老师诠释禅修：科学，智慧，顺应自然，放松坦荡。通过历练，去让自己更平和、更喜乐、更谦虚，没有妒嫉，境界不是一时就有，是依据自然的修行而来。现代人要根据自己的基础来修行，把迷信拿掉，把过度盲目、崇拜上师拿掉。当对心性的认知知觉更为普及的时候，人们会改变态度、习惯、行为、性格、价值观和生活方式。让自己身心和谐，才能带给身边人真正的喜乐！

C：老师在修行道路上所经历过的事情对我也有很大的帮助，可以让我少走很多弯路。我身边也有类似的修行人，执着地以每天念多少遍经做到功课为荣，并把上师当神一般来膜拜，他们可以把经文倒背如流，说得头头是道，让我很佩服。但是我发现他们佛经是佛经，道理是道理，并没有运用到生活当中和工作中来，甚至有的自我狂妄，所以我觉得仅仅念经做足功课也不是开悟方法，对"觉"的收获非常大。

D：小小感悟：觉知自己的言行，觉观言行背后的起心动念。觉的强化与肯定，令身心逐渐趋于轻安，从而做到转烦为智，心生慈悲欢喜；继而放松无为的今晨，在念头和念头之间那个停顿的片刻，有种特别的觉受一瞬而过，从造作到无造作。感恩！

E：禅睡：现在每天坚持"觉"的次数多一些了！在这个过程中有时会体会到自己突然安静下来了！2、昨天在开车开长途途中，在其中三个休息点尝试"禅睡"，效果特别特别好！到终点时，竟然没有了往日的疲惫，意识、头脑也很清晰。

F：课程结束至今，每天带着"觉"行住坐卧，时时有惊喜，时时有感叹！一切痛苦烦恼皆由无明的荒谬行为以及情绪所致，当随时保持"觉"后的每一个当下，如果无名的情绪正在生起的时候，只要你能够觉察，即使一点点，就能够限制它们的活动。"不知不觉"才是烦恼恐惧的真正根源，"觉知"不会妨碍我们的生活，反而让生命更加充实。通过那两天的禅修，听闻陈宇廷和央金拉姆两位大德的课程，真正感受到了两位老师的大爱，秉承佛陀的精神救苦救难广结善缘，把最朴素的真理提炼出来，如明灯照亮我们的心灵之路，让人充满法喜。

G：感恩老师，刚刚经验了"觉观"烦恼。很有效，烦恼愤怒来了，停下来，止住，闭上眼睛提起觉性，开始找烦恼的根源，很快释然经过了。虽然身体还有受烦恼的影响，但心意识清明了。

H：第一次端坐在办公椅上"禅睡"，用了宇廷老师教的方法，时间约26分钟，身体在全然放松的状态，"觉"一直在那里，看到身体的安然入睡，醒来后身体的状态很好，感觉比以前放下椅子"沉睡"好，醒来更容易，行动更麻利，十分地清醒。

I：在当今的国内，我们在家女性的修行者越来越多，而我们的老师都是男性出家人。央金拉姆老师作为一个在家人，她为我们总结了一套在家人如何在生活中保持觉性，如何在行住坐卧中禅修的方法，更贴近我们。宗萨·钦则仁波切讲：把佛法融入生活的唯一方法就是在生活中保持觉察。法王噶玛巴讲，禅修在古代有两种方法，一种是座上修，另一种是在生活中保持觉察，我们现代人更适合第二种。

北京学员的反馈

A：禅睡：昨天出差参加一个商学院的课程，上午十点半已非常困倦，课间休息时跑到附近的一个没人打扰的小房间禅睡。平时禅睡要么就睡过去了，要么就一直提醒自己保持觉不能完全放松下来。昨天一开始完全放松下来又快睡着了，我能感觉到大脑开始随意乱想了，也没管它，想着睡着了就睡，大不了晚一点进教室。后来就快睡着的时候，没准已经睡着了（我好像已经开始做梦了），然后一瞬间开始忽然慢慢地清楚了，很清楚很放松地坐着……过了一会听到摇铃，回去上课，觉得休息了好一会，其实整个课间休息才十分钟。然后下半段的课程非常清楚，体会到几分钟有半小时午睡的效果，其实比睡着效果好得多，因为禅睡完是直接清醒地上课，而平常从睡醒到跟上老师的思路，还有一个过程。很开心。

B：分享一下最近练习的一点心得。带着觉的时候遇到烦恼，只有苦，没有苦苦（苦上加苦）。生为人身，生老病死离这些苦注定是免不了的，但是有"觉"时就不会为苦而苦，沉迷苦中不可自拔。

昆明学员的反馈

A：最近在生活中体验觉的感受：平常我是一个一心几用，即使在做事的过程中也是心乱飞的人，随着体验觉的次数的增加，有时在动中、做事中会短暂地瞥见后面有一个很深很深的宁静，好美！带着觉完成的事情品质会更高！身体变得更敏感，只要提醒自己带着觉，便能感觉到身体的哪个部位是紧的，就赶紧让那个部位放松。所以终于发现了自己右肩胛骨，十年来经常痛是因为它一直处于紧绷状态，随着带着觉去放松次数的增加，居然现在缓解了好多！感恩两位老师，我会跟随你们的脚步好好地学习！

B：这次课程受益很大，我自己特别体验到央金老师能量场中的爱与慈悲，有强大的疗愈力量。非常希望将来帮助你们把这个方法推广成为一种生活理念、生活方式。现在大陆的夫妻亲密关系充满各种问题，你们的出现无疑是一种典范与指引，宇廷老师的课程比较能够满足到男性的逻辑头脑，你们课程结合起来正好帮助夫妻在家修行、共同成长，家庭和谐的重要意义真是不言而喻。

C：我个人的变化给您分享：自从我工作之后，已经有十来年几乎没有做过饭了，周围朋友逐渐都把我定义为女强人的类型，有时还会说我工作狂，我都会告诉她们那是因为我热爱身心灵成长这一行。但您的课程结束后这两周，我已经好几次亲自下厨研究并开始尝试做各种美食啦，虽然第一次，但味道很好哦……我突然发现了另一个自己，原来我坚定认为自己不喜欢不适合做饭呢，哈哈……当我享受做饭的过程时，发现我工作的时间一点也没被耽误，反倒因为我热爱生活的体验而让自己效率更高啦，感觉自己的生命更加真实和精彩……感谢！

广州学员的反馈

A：感恩、感谢！我二十年生活工作的经验、疑惑和自我探索都在您娓娓道来中得到了印证和契合！您科学、客观、逻辑地整合了科学和禅修；浅显、生动的讲解风格令我放松；让我在休息和修行上都有收获。特别喜欢您的自我剖析。您以亲身的体验来帮助大家更正确地了解"禅修"，似乎指明了一条简单的修行之路。我会按您教的方法练习，并希望得到体味之后能与您再度交流。也祝您一切顺利，好好休息，让更多人能接受到您传播的能量！

B：宇廷老师：谢谢您！在课程中让我明白了修行路上诸多法，去除了障碍。我很长时间在修行悟道中没有进展，在故事中寻找故事，找各种方法，而您提出来的保持觉知、觉性，这是最重要的。这次听您开示让我有种醍醐灌顶的收获，谢谢您！感恩您的慈悲开示！

C：感恩宇廷老师您分享的禅方法很核心、有正见，使修行走在正道上是第一重要的。您用科学的方法解释佛法，使现代人学佛不迷茫；喜欢您大白话式的开示，愿我们都能融入觉性之海。感恩央金老师带着宝宝来传法：唱诵对我的身体帮助很大，身体像个箱体共振，能量扩散到整个身体、面部及身体外面，感觉整个世界无限扩张。舞蹈让身体轻柔，还有其他四法在生活中的帮助都很大。祝福您们全家安康、吉祥！

D：以前认为觉醒是一种交换，以为觉醒即物质世界的得到。这次让我看到自己曾经的匮乏和肤浅。往常接触到的修行，因为自己感悟的偏差而觉得混乱。这次老师用非常朴素的语言和案例，让我体会了"觉"，因为有过灵魂出体的体验，包括其他一些特殊体验，往往执着其中，今天老师的教导把我引领到正确之路，预防痴迷此类现象。老师的课程，接地气，大道至简，值得更多人来"觉"，感恩至深！

E：感恩陈老师和央金老师！这次课程对我来说是一次提醒和总结，因为在修行路上所接触到的各种纷繁的说法和各种法门让我有很多疑惑，这短短两天确实是拨云见日，清晰了很多。也知道自己到了什么阶段，知道了什么是正见。虽然我知道自己还会像小孩一样在修行路上跑这跑那看点风景，但心里知道最终就是回到您所说的这个点。您们的出现就是让我更踏实地在生活中修，每时每刻，觉知和放松。再次感恩老师，您的深深的关爱！

F：亲爱的老师：我相信参加这个课程，是上天送给我在历经人生苦痛磨难时最珍贵的礼物，让我得以全新的角度、全新的态度去开始一个新的人生，面对离苦得乐，学着带着"觉"去与自己相处，面对自己生起的烦恼、念头、情绪及诸多的不安与难受，慢慢去与之相处，"觉"这颗种子，让它慢慢融回觉性之海。发现从这一刻起，自己开始学着去体验生命、掌握生命、享受生命，这是一个多么美好的开始。从此，我相信不再去烦恼"烦恼"，害怕"变化"。开始接受这个三维空间的种种无常，但最重要的是有了"觉"性的心与生活，这就是恩典。还有一点需要感恩的是，老师讲解的候选的知见，在我可以在选择候选时走上了一条正确智慧的道路，这是最欣慰的。让自己的心在体会"觉"后变得十分安定，开始建立起自己的理解与知见，这对我来说是一个很好的开始。衷心感谢老师的分享与给予，感恩老师播下的这颗种子，让我们可以带着觉性引领自己的人生。

G：1. 感谢宇廷、央金老师带来的课程；2. 在课程中使我懂得，在我的人生过程中，每时每刻保持觉性，看到自我，对自身的情绪，如何关注、转化和消除，是自身修行的最佳方法及工具。3. 对自我认知具有很大提高，增加了对人对事的判断认识能力。4. 家庭生活中的觉性，帮助我对夫妻关系、父子关系及父母关系产生一定的影响，转化观念，可以放下自我执着和固执，释放压力，更具有亲和感和亲密感。

H：学佛，灵性课程，游走求拜，闭关禅修。今天，我走进这个课堂：觉性科学与央金六法所有问题的答案呈现就是一个："觉"。我可以勇敢站在这个地球上，脚踩大地头顶蓝天。因为知道了，我们对受苦有执着，"如果我受苦，我就可以得到关注和爱"，于是选择受苦，这是一个意识。发现它、知道它，我现在愿意放下对"苦"的执着。它自由了，我也自由了。

I：收获：科学、清晰、条理地明白了禅修。我以前参加过内观课，觉得禅修是一个特别苦的修行方式，在打坐的时候注意力总是不在打坐上，妄念特别多，之后就是昏睡，所以在家的实修中没有坚持下去，这次所到宇廷老师的课，并且感受到"觉"，觉得禅修并不是那么累的修行了，其实在之前看央金老师的书后，就在家用央金老师的方法去修炼过，吃饭刷牙做家务等等，都带着点觉察，确实觉得心境好了很多，做事情专注很多，也不觉得累，所以应该有力量会坚持在家实修的，谢谢老师！感恩老师，禅睡很舒服！歌舞也会尽量去做！期待更大的变化！

J：通过陈老师的悉心讲解，使我明确了解到一切外在的方法、途径都只是辅助工具，工具真正的修行还是需要靠自己的觉和悟，任何华丽的炫耀的指引抵不过静静的觉性专注。

K：上了陈老师的课，了解到觉性是科学，不同于有些解释，玄乎其玄，云里雾里。明白觉是可感知可联系的，可培养可提高的。喜欢老师的课件资料和深入浅出的讲解，很大的收获。

L：听了您的课让我感觉到修行真的与自己有关，这也是我这段时间的想法，真是师傅领进门，修行靠个人，我这两天的感受是内心安静了好多，我也会慢慢在生活中去体验这个觉在生活中是怎样地感恩老师在生活中受了那么多的苦，又把这样的方法传授给学员们。与您们像是累世的因缘，能听到您们的传法，真是有福报的人。感恩老师们的辛苦付出，祝福您们一家人

M：首先感谢陈宇廷和央金二位老师的付出，将好的禅修方法与大家共享。通过课程中："觉"的体验，以及生活中的实际运用，让我有很大的收

获，带着"觉"去做事、行动、思考，自然而然就生出了智慧。我的性子很急，语速很快，音调也高。带着"觉"说话时，语速、语调都减缓降低了，内心充满了平静。

N：您好，深深地感恩您！短短的两天觉性科学课程，让我长期以来的许多困惑，得到了我认为最好、最直白、最清晰、最实在、最有益的答案！我心里非常地感动和感恩！您是传统和现代修行最好的典范，您的榜样本身就给了我们最好的答案。练习觉，保持觉，习惯觉，最终回归觉性的海洋，是人类回归快乐幸福智慧圆满的光明大道。

O：听了这两天的课程，感觉佛学对于我不像以前那么神秘，高不可攀，同时对觉性科学关于生活的指导有了更好的了解，感恩老师。

P：禅睡真好，以前经常失眠，白天精神不好，经常头晕头疼，自从学了禅睡，睡眠质量在变好，白天不舒服的时候让自己禅睡会儿，头脑变得清醒，干起事儿专注力也好多了。

感谢

感谢爸爸，您是我的明灯，带我入佛门，教导我修行，指引我心性。
感谢妈妈，您是我的海港，生我育我，永远给我照顾、温暖、信心。
感谢央金，你是我生生世世的老师、法侣、爱人；我们永远是一体的。
感谢所有教导过我的上师，没有您们的指导，我仍在苦海中沉浮。
感谢所有帮助过我的人们，没有您们的照顾，我走不到今天。
感谢所有伤害过我的人们，没有您们的考验，我就没有今天的成就。
最后，
感谢所有的读者，没有您们，这本书毫无意义。

念完哈佛念阿弥陀佛

作者_陈宇廷

编辑_来佳音　　装帧设计_壹诺设计　　技术编辑_丁占旭
责任印制_梁拥军　　出品人_李静

果麦
www.goldmye.com

以 微 小 的 力 量 推 动 文 明

图书在版编目（CIP）数据

念完哈佛念阿弥陀佛 / 陈宇廷著. —西安：三秦出版社，2015.1（2025.6重印）
  ISBN 978-7-5518-0164-5

Ⅰ. ①念… Ⅱ. ①陈… Ⅲ. ①佛教－通俗读物 Ⅳ. ①B94-49

中国版本图书馆CIP数据核字(2014)第286573号

念完哈佛念阿弥陀佛

陈宇廷　著

出版发行	三秦出版社
社　　址	西安市雁塔区曲江新区登高路1388号
电　　话	（029）81205236
邮政编码	710061
印　　刷	河北鹏润印刷有限公司
开　　本	890mm×1280mm　1/32
印　　张	11.25
字　　数	280千字
版　　次	2015年1月第 1 版
印　　次	2025年6月第 21 次印刷
印　　数	113 001-118 000
标准书号	ISBN 978-7-5518-0164-5
定　　价	68.00元
网　　址	http://www.sqcbs.cn

如发现印装质量问题，影响阅读，请联系021-64386496调换。